· 仅以此书向东北师范大学人文学院校庆 30 周年献礼

· 此书为东北师范大学人文学院重点学科建设阶段性成果

杨吉琳　金振邦　主编

汉语言文学论集

中国社会科学出版社

图书在版编目（CIP）数据

汉语言文学论集/杨吉琳，金振邦主编.—北京：中国社会科学
出版社，2018.9
ISBN 978 – 7 – 5203 – 2669 – 8

Ⅰ.①汉…　Ⅱ.①杨…②金…　Ⅲ.①汉语—语言学—文集
Ⅳ.①H1 – 53

中国版本图书馆 CIP 数据核字（2018）第 124948 号

出 版 人	赵剑英
责任编辑	刘　艳
责任校对	陈　晨
责任印制	戴　宽

出　　版	中国社会科学出版社
社　　址	北京鼓楼西大街甲 158 号
邮　　编	100720
网　　址	http://www.csspw.cn
发 行 部	010 – 84083685
门 市 部	010 – 84029450
经　　销	新华书店及其他书店

印　　刷	北京明恒达印务有限公司
装　　订	廊坊市广阳区广增装订厂
版　　次	2018 年 9 月第 1 版
印　　次	2018 年 9 月第 1 次印刷

开　　本	710×1000　1/16
印　　张	21.25
插　　页	2
字　　数	323 千字
定　　价	89.00 元

目　录

科学研究:探索未知世界(代序)

金振邦

什么是科学研究? 就是探索未知世界。它包括对已有知识和理论的继承和总结,但更重要的是认知全新领域,实现理论、技术和方法的创新。其研究内容具有科学性、探索性、继承性和创造性特征。美国资源委员会的定义是:"科学研究工作是科学领域中的检索和应用,包括对已有知识的整理、统计以及对数据的搜集、编辑和分析研究工作。"[1]

科学研究的文化意义。科学研究说大了,是一个国家、一个民族开拓创新、获取强大生命活力的前提和基础。就是对一个个体而言,能否具有科研意识,将决定他是否具有创造性和美好的未来。对于一个专业或学科来说,它能否获得生命活力和发展空间,也在于科研人员的激情和投入。离开了科研的驱动力,专业和学科的发展就会滞后时代,失去内在活力和能量。一个教师讲课再绘声绘影、生动形象,如果长此以往不断重复,没有新的理念和思维、新的视野和方法,就会成为老生常谈而乏味无趣。科研的根本,就是探索新的文化理念和思维,从而产生新的方法、手段和路径。

现在,我们已进入了大数据时代,数据库已成为时代的第六媒介。我们的学习、研究、生活等,都离不开大数据背景。我们不仅要了解大数据的实际应用,更重要的是研究这种新媒介形态,究竟带来了哪些全新的思维方式。维克托·迈尔·舍恩伯格的《大数据时代》认为,大数据正在变革人们的生活、工作和思维,开启了重大的时代转型。其最大转变,就是放弃对因果关系渴求,而强调相关关系。只关注"是什么",

而不需知道"为什么"。这就颠覆了千百年来人类的惯性思维，对人类认知和与世界交流方式提出了全新挑战。[2]大数据核心就是预测，将为人类生活创造前所未有的可量化维度。

我认为，数据库是从潮水般的无序和混沌中产生出来的有序组织。它将进一步改变信息传播方式，其中包括人们的生存方式、学习和研究方式等。媒介本身就是内容，数据库究竟集合了什么信息可能并不重要，而这种信息集合方式，就已包含着全新观念。作为第六媒介的大数据，体现了全新的媒介理念和思维模式。传统思维方式的维度和走向，往往是强调由点及面、以小见大、从个别到一般、由特殊到普遍等。这是由那个时代人们的有限视野所决定制约的。我们的认知方式只能是由一个点延伸到有限的面。而大数据时代的到来，可以说将传统的思维方式整个颠倒了过来，即由面及点、以大见小、从一般到个别、由普遍到特殊。这种思维方式的重构，极大地开阔了我们的认知视野，提供了透视、观照认知对象的全息背景辐射。它可大大提升人类对主客观世界的把握、判断、决策、预测的能力和效率。

科学研究的衡量标准。怎样评价科研论文和著作的学术水平？这是一个极为复杂的问题，没有绝对统一的标尺。不同的视角、立场和观念，会得出截然不同的评价。科研成果的学术价值，主要应由学术界同行来评价和认可，而绝不是刊物和出版社的级别。参加什么样的学术会议，在会议上的宣读级别（小组、大会和嘉宾发言），是否收录会议论文集，与会专家、学者的反馈，发表后论著的引用数量、给社会进步带来哪些影响，以及能否经得住历史岁月的积淀和考验，是判断论著水准的重要依据。有的成果当时似乎显赫一时，当时过境迁后则成为反面教材，一落千丈，被时代淘汰。典型的例子如姚文元的《评海瑞罢官》。有的著述发表时反响平平，经年累月之后常常石破天惊，令读者赞叹不已。比如刘勰的《文心雕龙·论说篇》："论者，伦也；伦理无爽，则圣意不坠。""论也者，弥纶群言，而研精一理者也。""说者，悦也。兑为口舌，故言咨悦怿；过悦必伪，故舜惊谗说。"书中对论说类文体的界定、要领，阐述得是那么精要，至今都难以超越。

但是，当下评价学术成果的理念和体制存在着极大弊端。相当部分高校为了在全国的排名,要求不同职称的教师发表高级别刊物的论文,或高级别出版社的论著。有的高校规定晋升各级职称和博导,对论文和著作的级别及数量有明确、具体要求。甚至对科研项目的有无、级别和到账学校的经费额度都有具体的要求。至于科研成果的内容,究竟解决了学科领域哪些重大问题,评审者根本不予关注。正是这种扭曲、急功近利的需求,导致版面费或明或暗大幅攀升,甚至令人咋舌。甚至想发什么内容论文、上什么级别刊物,都可以论价买卖。教育部曾经为此专门下达一个文件,禁止报刊和出版社收受版面费。但是,这种正义之声很快被湮没无闻,对乱收版面费的现实几乎没有任何影响。学术评价体制不加以改革,就不可能产生真正优秀的科研成果。有些默默无闻从事重要科研的学者和专家,常常被社会冷落和边缘化。

科学研究的选题原则。它对学术论文的写作及价值、成败至关重要。有人说,一个好的论题,就等于完成了论文的一半,这是很有道理的。学术论文的目的性具有头等重要意义。一个好的论题应具有两方面条件。一是选题必须具有现实性,有科学的价值。它应是急需解决的有关国计民生和学科发展的重要、关键问题,有的可能填补研究空白。换言之,论题应属于当前历史时期许多科学家长期思考的对象。一个选题如果脱离了当前国内及世界上科学运动潮流,就不可能取得显著成就。但也有某些例外选题,它虽然一时还看不到近期的实际应用,然而毋容置疑,它可能具有远期、潜在的科学价值。具体来说,选题要强调基础性、应用性、前沿性和边缘性。基础性,指某一学科的基础理论问题。它得不到坚实发展,学术前沿研究就不会有较大突破。应用性,指研究的现实针对性,现实生活中迫切需要解决的实际问题。它和人们的学习、生活和工作有着十分紧密的联系。前沿性,指某一学科所面临的尖端问题、最新的理论难题。它的解决往往需要调动全学科的理论积淀,需要研究人员攻关协作,它是这个学科发展的里程标志。边缘性,指研究问题已超出本学科理论范畴,开始介入其他相邻学科,需要多学科协作才能完成。在网络时代,纯粹的单一学科研究将不复存在,任何一项研究都将和邻近学科有着千丝万缕的联系。

二是选题要考虑作者的自身条件。其中最重要的是,研究者对所选题目必须具有浓厚兴趣，这是探索研究和撰写论文的巨大动力，是做出创造性工作的重要条件。它能使作者产生坚韧的忍耐力和克制精神，工作和探索的冲动感以及写作的强烈欲望。同时还要考虑从自己专业所长出发，扬长避短。从选题角度和技巧上看，题目要小而精，切忌大而泛。小题目往往能写出有价值的大文章，大题目反而容易写得很肤浅。题小，问题才能谈得精而深，才能写出有独到见解、观点深刻的论文。选题可以着重解决某个问题，也可提出问题，或综合前人之说。

科学研究的学术规范。什么是学术规范？就是指学术论文呈现的科学化、标准化形态。这是学术论文进行传播和沟通的重要前提。它具体包括国家关于学术论文的相关文件规定，比如中华人民共和国国家标准《科学技术报告、学位论文和学术论文的编写格式》（GB7713 - 87）、《文后参考文献著录规则》（GB 7714—2005）。还有多数人取得共识的论文审美原则，比如达意、信实、简洁、醒目、美观等，以及论文写作经过长期实践而约定俗成的格式规范。

学术论文规范的构成因素十分复杂，大致可以体现在以下一些文本因素中：封面首页（学位论文）、摘要和关键词、字体字号、引文格式、注释、参考文献、页码标示等。还有一些其他文本规范，比如注意语言使用的准确，减少错别字，如其它（他）、唯（惟）一、象（像）他、仨（三）个等。正确使用"的、得、地"，它们分别与定语、补语和状语相关联。尽可能多用短句，不要一段就一个句号。掌握数字的正确使用，公历世纪、年代、年月日，以及时分秒，应使用阿拉伯数字，如 19 世纪 90 年代，2000 年 5 月 10 日，不能使用汉语数字，如"二十世纪"，"五点十五分"。年份要写全称，如 2008 年，不能写成 08 年或零八年。属于中国纪年的，就必须使用大写数字，如乾隆三年。带有"几"字的约数，必须使用汉字，如七八台电脑。引文标注的版次、卷次、页码，除古籍应与所据版本一致外，一般均使用阿拉伯数字。[3]正确使用标点符号，它是思想层次的体现。如中文大写数字序号后不能使用点号（一．），应使用顿号（一、）；阿拉伯数字序号后不能用顿号（1、），应使用点号（1.）；不能使用大于或小于号（＜＞）代替单书名号（〈〉）；段落结尾不能使用分号；加引号文句如果是一独立分句，末尾标点在引号内，如果是构成分句的组成部分，则标点在引号外。

科学研究的道德准则。注重论文的道德规范，是当前学术论文撰写的一个十分重要的问题。它对于反对学术腐败，确立统一、科学的学术规范，提升高校学术水平，参与国际间学术竞争，具有重大意义。什么是学术道德？就是一个学者按照科学规律进行探索的诚信和价值观。他在前人学术研究成果的基础上进行新的学术探索时，应尊重和交代前人所做工作，客观说明自己是在一个什么基点上开始的研究。故意抹杀和隐瞒某种学术观点或成果的贡献者，抄袭和剽窃，把它占为己有，并肆意夸大自己研究的观点和理论，这就是学术道德的失衡和沦丧。但一般来说，版权法不保护思想和观点，只保护它的特定表达形式。

学术道德是学术论文的灵魂。高尚的学术道德才能够产生高水平的成果。这是世界范围内人们的共识。哈佛大学新生的《哈佛学习生活指南》，在显著位置赫然印着两段话："独立思想是美国学界的最高价值。美国高等教育体系以最严肃的态度反对把他人的著作或者观点化为己有——即所谓剽窃。每一个这样做的学生都将受到严厉的惩罚，直至被从大学驱逐出去。""当你在准备任何类型的学术论文——包括口头发言稿、平时作业、考试论文等时，你必须明确地指出：你的文章中有哪些观点是从别人的著作或任何形式的文字材料上移入或借鉴而来的。"[4]

借鉴和引用，与抄袭和剽窃有着鲜明区别。借鉴前人研究，是学术研究的基础。尤其在一个开放的网络新时代，任何一项研究都与许多领域的前人工作有着千丝万缕的联系，都需要借用他人思想来作为自己研究的出发点。前人的学术成果孕育并激发着后人的学术灵感。每一个研究者的学术贡献是有限的，他只能在学术研究的漫长接力赛中传递一棒而已。一个人想不依靠前人工作，特立独行，取得一鸣惊人的成果，在信息时代是不切实的。但是这种借鉴和引用，要注意适当比例，一般不能喧宾夺主，还必须注明引用作品的作者和名称，明确告诉读者，以示对前人劳动的尊重，并标示自己学术探索的空间和价值。"让我们决不藐视他们的令人敬佩的著作，也不抄袭他们。……让我们的智慧从他们那儿得到食物。他们给我们最高贵的营养，却不要吞灭我们自己的才能。……当我们下笔的时候，让我们的判断力将他们关在我们的思想之外。""模仿吧，但别模仿书，要模仿人。"[5]

抄袭或剽窃还不完全是同义词，前者侧重于文字形式的照搬模仿，而后者则是对他人论文观点框架和理论体系的全面克隆。抄袭和剽窃完全不同于借鉴和引用，这是一种缺失诚信、道德沦丧的表现。作者把前人思想和理论原封不动地引入自己的论文中，不加任何注释和说明，可以说这就是一种学术抢劫。论文如果引用过多就算抄袭，这可能过于简单和苛刻。关键还要看论文有没有作者自己的核心观点和理论框架，有没有作者的独到见解和创新理论。辨别是借鉴和引用，还是抄袭和剽窃，最关键的一点就是，对所引用的他人成果是否标注了作品的作者和名称。我们要做到文品不违人品。

还有一种特殊的抄袭和剽窃。那就是作者抄袭和剽窃自己。典型的就是人们经常批评的"一稿多投"现象。它并不是指作者同时向几个杂志刊物进行投稿的现象，产生这种情况常常与目前刊物杂志处理稿件的节奏缓慢相关联，出现这种情况作者实出于无奈。真正的"一稿多投"，是指作者明知一篇文稿已经发表在一个刊物，他只是对这篇论文稍加变换标题或部分内容，在另外一个刊物再次发表。这就是自己抄袭自己，是绝对不允许的。还有的把这部书稿中的章节原封不动地搬进另外一本著作，甚至原封不动改名后作为新书出版。这些做法都违背了学术论文道德和版权规则。

应该发展和普及识别抄袭和剽窃的现代化技术。在通过现代化技术手段加以防范的同时，另一方面还需要不断提高学术研究者的科学素养和道德诚信。

值得探讨和研究的问题。我国学术论文的规范建设，取得了一定进展，但应该说还是刚刚开始。其发展方向应是国家规范和约定俗成的统一。比如，各个院校学位论文的体制仍然是五花八门的，还存在一些问题值得研究。

1. 学位论文各组成部分顺序。根据国家标准《科学技术报告、学位论文和学术论文的编写格式》（GB7713—87），它应包括：（1）前置部分,有封面、序或前言、中英文摘要和关键词、目次页。(2)主体部分,有引言、正文、结论、致谢、参考文献表。(3)必要时有附录。(4)结尾部分,有供参考的文献题录和索引。虽然不同的学位论文构成部分会有所增减,但其结构顺序应符合上述逻辑秩序,以符合阅读者的接受心理。

2. 学术论文文后著录的不同体例。目前主要有两种形态:一是注释加参考文献。其优点是,一方面可以标明引述他人著述的具体出处,另一方面还能展示作者撰写论文的学术背景和视野。二是单一的参考文献。其功能就是标明论文中引用资料的具体出处。但其不便说明解释性内容,作者的学术视野受到一定的屏蔽。我倾向学位论文采用注释加参考文献体例,而一般学术论文使用单一的参考文献方式。

3. 注释或参考文献的标注系统。传统学位论文同时存在着中文和西文两种标注方式。如同样一个引文出处的不同标示:

〔美〕尼葛洛庞帝:《数字化生存》,胡泳、范海燕译,海南出版社1997年,第33页。

〔美〕尼葛洛庞帝. 数字化生存〔M〕. 胡泳,范海燕,译. 海口:海南出版社,1997:33.

之所以国家标准推行后一种西文标注方式,是为了"尽可能与国际标准保持一致,以达到共享文献信息资源的目的"。[6]我们虽然提倡注释或参考文献标注采用西文标点方式,但是,也应允许中文标点标注方式的并存。

4. 论文摘要及文字量。国家标准规定:摘要具有独立性和自含性,内容应包含与论文同等量的主要信息,重点是研究的结果和结论。"中文摘要一般不宜超过200—300字;外文摘要不宜超过250个实词。如遇特殊需要字数可以略多。"[7]它一般适用于期刊学术论文。但作为学位论文,中文摘要一般单独一页,其文字量应在500—800字为宜。同样外文摘要的实词量也应作相应增加。

5. 论文部分和层次标注的序号方式。国家标准提供了多种标注方式,比如第一卷、第二分册;第一篇、第二部分等,一般居中;1、1.1、1.1.1,左侧顶格,序号后没有标点,直接写标题。[8]此外,还可以使用

一、1. 这种方式，序号左侧应空两格，以及通过"段首显其志"的黑体字，来显示论文某一部分的层次。

6. 引用资料作者的国别和时代标注。外国作者是否需要加上国别，中国古代作者是否加上朝代，新的《文后参考文献著录规则》并没有具体规定。我认为还是应进行标示，如〔法〕〔宋〕等。有的还认为，引用外国文献时，其出版社所在地前也应标注国籍。

7. 学位论文引言（绪论）部分写作内容。有相当部分学位论文，引言所写内容不符要求。它应简要说明论文研究的目的和意义，相关领域的前人研究现状和自己论文研究的出发点，以及论文研究思路方法和基本结论，使其成为读者评价论文价值的参照系。

学术论文的道德和规范水准，是一个国家文化精神和学术实力的标志和象征，是精神文明建设的重要组成部分，应引起我们的高度重视。

〔参考文献〕

〔1〕〔佚名〕：《科学研究》，百度百科，https：//baike. baidu. com/item/% E7% A7% 91% E5% AD% A6% E7% A0% 94% E7% A9% B6/7477070？fr = Aladdin，2017 年 9 月 21 日。

〔2〕〔美〕维克托·迈尔·舍恩伯格：《大数据时代的变革思维》，比特网，2014 年 7 月 9 日，http：//info. chinabyte. com/139/13009139. shtml，2017 年 9 月 21 日。

〔3〕国家技术监督局：《出版物数字用法的规定》，博客，2017 年 2 月 13 日，ht-tp：//blog. 163. com/wang_ qm595/blog/static/2610408201293113839013/，2017 年 9 月 21 日。

〔4〕〔佚名〕：《哈佛的告诫》，豆丁网，http：//www. docin. com/p – 695822494. html，2017 年 9 月 21 日。

〔5〕〔英〕杨格：《论独创性的写作》，伍蠡甫《西方文论选》（上卷），薛诗绮译，上海译文出版社 1979 年版，第 496 页。

〔6〕中国国家标准化管理委员会等：《文后参考文献著录规则》，百度百科，ht-tps：//baike. baidu. com/item/% E6% 96% 87% E5% 90% 8E% E5% 8F% 82% E8% 80% 83% E6% 96% 87% E7% 8C% AE% E8% 91% 97% E5% BD% 95% E8% A7% 84% E5% 88% 99/8289993，2017 年 9 月 21 日。

〔7〕中华人民共和国国家标准：《科学技术报告、学位论文和学术论文的编写格式》，

百度文库，https：//wenku. baidu. com/view/a9791ac12cc58bd63186bd11. html，2017
年9月21日。

[8] 国家技术监督局：《出版物数字用法的规定》，2012 年 6 月 4 日，http：//
www2. shmtu. edu. cn/language/News. aspx？id = 3f520786 - 269e - 4bc7 - 8f2d - 155fb
18677b8，2017 年 9 月 21 日。

［作者简介］金振邦，1948 年生，男，上海市人，东北师范大学人文学院教授，
博士生导师，文学院院长。

古代汉语中主观性与主观化现象考察

张世超

据 Lyons（1977：739）论述，"主观性"（subjectivity）是指说话人在客观地表达命题的同时，还往往带有"自我"的语义表现，即是说，话语中还往往含有说话人对这段话的立场、态度和情感。"主观化"（subjectivisation）则是指语言为表现主观性而采用相应的结构形式或相应的演变过程。2001 年，沈家煊先生著文介绍国外语言学界关于"主观性"和"主观化"的研究成果（参看沈家煊 2001），在学界引起了极好的反响，陆续产生了一些有关"主观性"和"主观化"探索的文章。本文拟在学界已有成就的基础上，对古代汉语中与"主观性"和"主观化"相关的现象进行考察，尝试对一些现象的成因作出解释。

一 关于卜筮用语

1.1 殷墟甲骨刻辞绝大多数是商代人占卜的记录。商人在向神卜问吉凶时是有明显的主观倾向的，例如：

(1) 癸酉卜，争贞：旬亡囚（忧）？十月。 （合 11546）

出现于宾组，至出组卜辞中几乎成为卜辞定式的"旬亡囚（忧）"，意思是贞问一旬之中是否有忧患之事，然绝大部分情况下是问"旬亡囚（忧）"，绝少见问"旬有囚（忧）"者，反映了说话者的期待。

卜辞中还有一个"𡆰"字，亦多见于出组卜辞，旧释为"尤"，陈剑先生改释为"敃"（详陈剑 2007：59—80），亦多"亡𡆰（敃）"连文，意思与"亡𡆥"相近，如：

（2）甲戌卜，行贞：王宾叔亡𡆰（敃）？　　　　　（合 25299）

亦绝少见"有𡆰（敃）"之辞。

（3）上古草居患它（蛇），故相问"无它（蛇）乎？"（《说文》卷十三"它"字）

甲骨文中还有一个"𡥀"字，亦见有"亡𡥀"连文者，旧时有人据《说文》释"𡥀"为"它"。裘锡圭先生改释为"害"（详裘锡圭 1983），无论是"无它"还是"无害"，所表达的主观性是一致的。

1.2　春秋战国时期的占卜辞也是如此：

（4）自荆凥之月以就集岁之荆凥之月，尽集岁，躬身尚毋又（有）咎？许吉占之：吉，无咎，无祱（祟）。

（包山楚简 234、235 简）

（5）既腹心疾，以上气，不甘食，旧（久）不瘥（瘥），尚速瘥（瘥），毋又（有）柰？（包山楚简 245 简）

（6）以其又（有）瘇病，上气，尚毋死？（包山楚简 249 简）

"尚"，学界通常以为与典籍占卜用语中的"尚"相同（详见下文引例），训为"庶几"，乃希冀之辞。但这里是占卜中的命辞，占卜是要贞问吉凶的，我们在例（4）中将占辞一并录入，看其占辞，就可证明这点。因此，上引诸例中"尚毋又（有）咎"字面意思是"大概不会有过错吧"，实际上问的是"有无过错"。"尚无死"字面意思是"大概不会死吧"，实际上问的是"会不会死"。"尚速瘥（瘥），毋又（有）柰"字面意思是"大概会很快好起来，不会怎么样吧"（参看林沄 1992：85），实际上是问"会不会很快好起来，有无严重后果"。学界一般在"尚毋……"句后加句号，是把类似的占卜命辞误作祷辞了。

1.3　传世典籍中的卜筮用语举例如下：

（7）十八年春，齐侯戒师期，而有疾。医曰："不及秋，将死。"公闻之，卜，曰："尚无及期！"惠伯令龟，卜楚丘占之。

（《左传·文公十八年》）

说的是鲁文公将命辞定下，是一句倾向于齐侯早死的贞问，由惠伯命龟，卜楚丘进行占断。上例标点为杨伯峻（1983：629）所加，现在看来，"尚无及期"后应加问号。

（8）初，灵王卜曰："余尚得天下！"不吉。投龟，诟天而呼曰："是区区者而不余畀，余必自取之。"　　（《左传·昭公十三年》）

"余尚得天下"后，亦应是问号。"不吉"即是"天"的回答。

（9）公子亲筮之，曰："尚有晋国。"（《国语·晋语四》）

上例按通行的标点采录，"尚有晋国"也应是问句。

1.4　春秋战国时期的卜筮用语中的命辞部分是一种带有主观倾向的贞问，话语的内容与句法结构所反映的意思有一定的距离。这已经是一种主观化的现象。

1.5　实际上，早在商代的甲骨卜辞中，就已可见主观化的现象了。对贞是占卜的一种方式：或是这样，或是那样，请神决定一种结果。在商代的对贞卜辞中常可以见到两种可能中的一种语句动词前加有"其"：

（10）甲戌卜，彀：翌乙亥帝其令雨？
　　　甲戌卜，彀：翌乙亥帝不令雨？　　　（合 14153）
（11）甲午卜，宁贞：北土受年？

甲午卜，宁贞：北土不其受年？　　　　　　　（合 9745）

裴锡圭（2000）引述比利时籍美国华盛顿大学退休教授司礼义（Paul L. M. Serruys）之说曰："在一对正反对贞的卜辞里，如果其中一条卜辞用'其'字，而另一条不用，用'其'字的那条所说的事，一般是贞卜者所不愿看到的。"①

这是目前我们所见到的，时代最早的汉语主观化现象。

二　关于施动者和受动者

2.1　沈家煊（2001）指出："汉语、日语、泰语等语言的被动式都附带'不如意'的主观感觉。"在古代汉语里，施动者往往带有"成功、强势、位尊"的主观色彩，而受动者则往往带有"失败、弱势、位卑"的主观色彩。

2.2　古今汉语里一个典型的例子是"被"字句。张洪明（Zhang，1994）论证了汉语"被"字句的产生过程。"被"本为"覆盖"义，引申出动词的"施及"义，如《尚书·尧典》"光被四表"。后又发展出"遭受、蒙受"义，这是词义发展的重要一步。在此基础上，"被"经重新分析，成为用来引出施事成分的介词，表示被动意义。张氏认为，汉语的"被"字句是"移情"（empathy）这一主观化的产物。②

2.3　其实，在古代汉语中类似的现象还有很多。例如，自甲骨卜辞以下的文献语言里，帝、天、神、天子等在话语中出现时，往往要居于施动者的地位，如果他们处于非主语之位，则句子往往采用被动句式。

这种主观性表达的形成，源于"语用推理"（pragmatic inference）的反复运用（参看 Traugott，1995）。通常，发号施令，支配他人者为王、

---

①　司礼义之说见其《商代卜辞语言研究》，《通报》60 卷 1—3，第 20—33 页，又见其《关于商代语言的语法》，《中研院国际汉学会议论文集·语言文字组》，1981 年，第 342—346 页。

②　所谓"移情"（empathy）指"说话人将自己认同于……他用句子所描写的事件或状态中的一个参与者"。参看 Kuno，1987，p. 26。

诸侯等尊者，而受动者则为地位相对较低者。此种语境的反复出现，便形成了言者这样的主观倾向。

2.4　我们观察几个句子，看另外一个现象：

（12）齐人伐燕，胜之。　　　　　　（《孟子·梁惠王下》）

（13）〔宣公〕与晋战河阳，胜之。　　　（《史记·秦本纪》）

（14）楚人坐其北门，而覆诸山下，大败之。

（《左传·桓公十二年》）

（15）〔阖庐〕五年，伐越，败之。　（《史记·吴太伯世家》）

上面诸例，都是说主语一方打败了宾语一方，"胜之""败之"是同义的。对此，传统语法用"致动用"或"使动用法"解释。①

然而，"致动用"或"使动用法"只是解决了"败"的词汇义与语用义矛盾的问题，并未对其生成机制作出有效的解释。现在看来，这类现象的出现，都是受汉语主观性表达的影响的结果，是说话人站在施动者视角观察的结果。施动者为强势、成功者，受动者为弱势、失败者。正因如此，古人表达主语代表的人物打败仗时只能用"败于……"的被动句式。

2.5　"朝"的动词义为"朝见、拜见"，如：

（16）孟子将朝王。　　　　　　（《孟子·公孙丑下》）

然古书上"朝"之主语居于施动者地位，往往是强势、位尊者，如：

（17）〔齐宣王〕欲辟土地，朝秦楚。（《孟子·梁惠王上》）

"朝秦楚"的意思是"使秦楚来朝"。下面一例，更说明问题：

---

① "致动用"见陈承泽，1922/1982，第73—75页，杨树达，1929/1984，第102—104页，称"致动用法"。王力，1962—1964，称"使动用法"。

（18）虞卿请赵王曰："人之情，宁朝人乎？宁朝于人也？"赵王曰："人亦宁朝人耳，何故宁朝于人？" （《战国策·赵策四》）

按传统的语法理解，这段话中"朝"字的意义似乎很乱，但据主观性表达的原则去看，便很清楚了："朝人"，主语为施动者，故为强势、位尊者，意思是"使人来朝"；"朝于人"，主语为受动者，故为弱势、位卑者，意思是"去朝见别人"。与例16相比，例17、例18有着更为明确的主观表达。

2.6 古汉语里还有一个类似的动词"见"：

（19）阳货欲见孔子。 （《论语·阳货》）

阳货处于施动者地位，故为强势、位尊者。由这种"见"构成的句子，如果有介词"于"引进行为的关涉对象，其语意则特殊地突出这行为对象的尊贵地位。如：

（20）〔丈人〕杀鸡为黍而食之，见其二子焉。

（《论语·微子》）

"焉"相当于"于之"，"之"称代的是子路。以这样的句式表达"二子"对子路的恭敬和"丈人"对子路的尊重。

（21）鲁连曰："……梁客辛垣衍安在？吾请为君责而归之。"平原君曰："胜请为绍介而见之于先生。"平原君遂见辛垣衍曰："东国有鲁连先生，其人在此，胜请为绍介而见之于先生。"

（《战国策·赵策三》）

出于礼貌，平原君在对鲁仲连说话时，将鲁仲连置于介词"于"后引入，对辛垣衍说话时，又将辛垣衍置于介词"于"后引入，都是将其置于尊贵地位的意思。

三 时间词的主观化

3.1 时间词往往虚化，其结果是成为主观性表达的一种手段。

例如，while 在古英语中是个时间名词，意思是"时间"或"时期"。到现代英语中变为一个表时间状态连词，意思是"同时"，词义延伸，又变为让步转折连词，意思是"虽然"，使话语带有了说话人的主观判断。这种演变的机制，亦是语用推理。"while 连接 A 和 B 两个动作，表示在发生 B 的同时发生 A。由于说话人还主观上对 A 和 B 的同时发生感到意外（两件事同时发生的概率不高），因而产生出转折的意思。"（沈家煊 2001）

3.2 古汉语"肇"或作"肇"，本义为"开始"，《尔雅·释诂》："肇，始也。"《诗·周颂·维清》："肇禋"毛传："肇，始也。"是个表示时间的副词。在西周金文里，"肇"的"开始"义已经虚化，仅表示加重语气，有突出其后动词的作用。如：

（22）散季肇作朕王母弔（叔）姜宝簋。

（散季簋《集成》8.4126）

（23）梁其肇帅井（型）皇且（祖）考秉明德。

（梁其钟《集成》1.192）

（24）今余肇令女率齐师。　　　　（师袁簋《集成》8.4313）

（25）晨戉（肇）宁（贾），用作父乙宝尊彝。

（晨簋《考古》1989 年 1 期）

虚化为语气副词后，"肇"更多地表达了说话人的主观态度。

3.3 《左传·成公二年》有一段话，其中的一个词颇引争议：

（26）韩厥献丑父，郤献子将戮之。呼曰："自今无有代其君任患者，有一于此，将为戮乎?"

王力（1962—1964/2000：35）译曰："直到目前为止，没有能代替自己国君承担患难的人。"对于文中的"自今"，解释曰："从现在追溯到以前。"然而，这种从现在向以前追溯的方式，不符合我国人的思维习惯，古书上也未见有同样的表达之例。有人尝试用通假来解释，谓"自"假为"至"，然古音"自""至"韵虽同部，声纽却相别，古书上亦未见相通之例。还有人将前句视为结果句，译曰："从今以后将没有代替国君承担患难的人了，因为现在有一个这样的人要被杀掉了。"然如果是这样，则前句应加语气词"矣"，后句应加语气词"也"，而不是像现在这样在后句末加一"乎"。

3.4　这个问题涉及时间名词"今"，在古代汉语中，"今"往往不表时间。如：

(27) 今有一人，入人园圃，窃其桃李。（《墨子·非攻上》）
(28) 今墓远，则其葬也如之何？　　　　（《礼记·曾子问》）

查一下《经传释词》《词诠》《古书虚字集释》等书，会发现，"今"有"犹'若'也""犹'夫'也""犹'乃'也""犹'将'也"等十几条义项。其实，这些"今"都是时间名词虚化的结果。

3.5　与古汉语"今"最为相似的是现代汉语中的"现在"，"现在"在现代汉语中的某些场合已经虚化为"话语标记"（disdourse mark，参看Schiffrin 1987；Traugott & Dasher 2002 等），其语义焦点已不是时间的表述，而是说话人对其后内容的关注。

我们从北大现代汉语语料库中检出几例，以见其义：

(29) 现在，让我们来跨进音韵学的大门。
(30) 现在，在定理 3.14 相同的假设下，我们可以按下述方法求其基本解组。
(31) 现在，假设博姆博士已经洞见一切，也打破了自己的模式，那么就让我们一起来帮助另外一个人达到同样的状况。

古代汉语中的"今"与现代的"现在"同样，也是虚化，或者说是主观化形成的话语标记，其意义是言说者对话语内容的关注，或是提醒听话人对话语内容的注意。

3.6 西周金文中许多"今"都可以作如上理解：

(32) 今余易（赐）女干五。　　　　　（逆钟《集成》1.61）

(33) 今我赦女……今大赦女。　　（训匜《集成》16.10285）

(34) 今母（毋）敄（播），其又内（纳）于师旟。

（师旟鼎《集成》5.289）

3.7 上文提到的"自今"，应该是与"今"相同，词汇化了的一个结构。

四 结 语

Traugott（1995）认为所有语法化的过程中都涉及主观化，我们的考察表明，汉语的主观化现象出现得相当早，这是我们今后进行语法化研究时应当注意的。此外，以主观性和主观化视角观察，还有助于对传世和出土文献中的一些语言细节的把握。

[参考文献]

[1] 陈承泽：《国文法草创》，商务印书馆 1922/1982 年版。

[2] 陈剑：《甲骨文旧释"尤"之字及相关诸字新释》，《甲骨金文考释论集》，线装书局 2007 年版。

[3] 林沄：《读包山楚简札记七则》，《江汉考古》1992 年第 4 期。

[4] 裘锡圭：《释蛊》，香港中文大学国际中国古文字学研讨会论文，1983 年，收入《古文字学论集 初编》。

[5] 裘锡圭：《说"勹凡有疾"》，《故宫博物院院刊》2000 年第 1 期。

[6] 沈家煊：《语言的"主观性"和"主观化"》，《外语教学与研究》2001 年第

4 期。

［7］ 王力：《古代汉语》，中华书局 1962—1964/2000 年版。

［8］ 杨伯峻：《春秋左传注》，中华书局 1983 年版。

［9］ 杨树达：《高等国文法》，商务印书馆 1929/1984 年版。

［10］ Kuno, Suzumo, Functional Syntax：Anaphora, Discourse and Empathy. The University of Chicago Press, 1987.

［11］ Lyons, J. , Semantics. 2Vols. Cambridge：Cambridge University Press, 1977.

［12］ Schiffrin, D. , Discourse Marks. Cambridge University Press, 1987.

［13］ Traugott, E. C. , Subjectification in gramaticalization. In Stein & Wright 1995, pp. 31 – 54.

［14］ Traugott, E. &R. Dasher, Regularity in Semantic Change. Cambridge University Press, 2002.

［15］ Zhang, Hongming, The gramaticalization of*bei* in Chinese. In Paul Jen – kuei Li *et al.* (eds.) *Chinese Languages and Linguistics* 2. Academia Sinica, 1994, pp. 321 – 360.

［注］ 本文曾在 2014 年 8 月 "第十二届全国古代汉语学术研讨会" 上宣读。

［作者简介］张世超，1950 年生，男，吉林省长春市人，东北师范大学人文学院教授，博士生导师。

《诗经》"文字"语言视觉修辞研究

张宝林

[摘要] 本文以《诗经》中的文字作为研究对象，将《诗经》中能够产生视觉效果的文字进行归类分析论述，从摹形状物、望字生义、借形表义三个方面阐述这些文字的视觉效果和视觉应用，分析先秦时代中国古人如何利用文字的视觉效果表情达意。本文的目的在于更好地阐释语言修辞中的视觉现象，为人们将语言视觉修辞运用到其他领域提供方便。

[关键词] 诗经；文字；视觉修辞

引 言

汉字作为独特的视觉性表意文字，具有形声相益、视听兼备的修辞效果，透过汉字本身的字形及形貌变化就可以表达出生动形象的视觉效果[1]。本文主要以《诗经》作为研究范本，运用语言视觉修辞理论研究《诗经》中刻画事物的文字，对先秦时期中国古人运用到的能够传达出视觉效果的文字进行整理分析。

一 摹形状物

在我国悠久的历史中，汉字作为中华文明的重要载体，在很早之前就有学者对其形状进行研究。《现代修辞学》指出："同一个概念，可以用抽象的语言形式来表达，也可以用具体的语言形式来表达。而后者往往联系着一个特定的事物，足以引起读者的视觉、听觉、嗅觉、触觉等的直接感受，因而这类语言单位具有形象色彩。"在《诗经》这部中国历史上最早的诗歌总集中，利用文字形貌直接刻画所要描绘之物也有所体现。

（一）摹山水之状貌

［1］陟彼崔嵬，我马虺隤。（《诗经·国风·卷耳》）

人们在阅读《诗经·国风·卷耳》的时候，一读到"崔嵬"二字就会立刻感受到山石之高大与山势之崎岖。"崔"字，"山"在"佳"上，给人以完整耸立的视觉效果，而在古书中"嵬"也作"裵"，看其字就会让人有种曲折回环、复杂多变的感觉，而这个字本义也正是土地地势的不平。

［2］秩秩斯干，幽幽南山。（《诗经·小雅·斯干》）

《诗经·小雅·斯干》里用"幽幽"二字形容南山（即终南山），每每读到此二字，便立刻让人联想到巍峨的山中树木茂盛，两个"幽"如树木之茂盛之冠，随风摇曳于大"山"之中，极其形象地描绘出了树木环山而生、山林茂盛繁密的终南山。《说文》中说："幽，隐也。从山中玆，玆亦声。"造字本意便是山中有林可以隐蔽，所以通过一个"幽"字便可以让我们仿佛看到终南山山高林密的深远样子。另在《诗经·小雅·伐木》中亦有"出自幽谷，迁于乔木"。用树林深邃之义表现山谷之静谧，让人读起来就能感觉到山谷之间树木繁茂，环境深邃悠远，静谧自然。

［3］《诗经·卫风·伯兮》："其雨其雨，杲杲出日。"

诗中"杲杲"两字是"日"在"木"上，意为太阳高挂的样子，《说文·木部》上说"杲，明也。从日在木上。"单从字形上就可以看出"杲"的含义。"杲杲"两字叠用如同画卷般地向我们描绘出了一边是下着瓢泼的大雨，但是另一边太阳却高高地悬挂于树林之上的天空中，极为巧妙地描绘了这一奇特景象的状貌。

（二）摹人物之状貌

[4]《诗经·郑风·丰》："子之昌兮，俟我乎堂兮。"

此句描写男子身体健壮，如太阳般耀眼，"昌"有两日，如日光炯炯，即使是不知道诗中所要表达的具体含义，但是一读到此句也会立刻联想到男子头为"昌"之上"日"，身为"昌"之下"日"，全身如"昌"字般挺胸而立，体格健壮如同上下两个太阳般耀眼。在《说文》中，昌"从日从曰。一曰日光也"。而《说文·日部》则"昌，日光也"。在《广雅·释言》中为："昌，光也。"《玉篇·日部》中则："昌，明也。"

[5] "折柳樊圃，狂夫瞿瞿。"（《诗经·齐风·东方未明》）

"瞿"字上有双"目"，意在表现"狂夫"瞪着双眼看的样子，所以借用拥有双"目"的"瞿"来形象地表示出"狂夫"瞪视之貌，让我们在阅读时也会被"瞿"字双目圆瞪，而感受到如同书中之人立于面前般的那种吹胡子瞪眼睛的状貌。

（三）摹动植物之状貌

[6] 摹动物之貌

《诗经·秦风·黄鸟》："交交黄鸟，止于棘。""交交"本应是形容鸟鸣之音，然而"交"字状貌小，给人一种小巧的感觉，正如《毛传》中说："交交，小貌"，用"交交"修饰"黄鸟"让读者不止听到黄鸟清脆的鸟鸣声，两个"交交"本身就像两只小小的黄鸟一般降落在那里，仿佛一不留神两个"交交"就会脱离书面，像黄鸟一般飞入空中。巧妙地将黄鸟的状貌用文字的形象表现出来。使读者见"交交"便如同见黄鸟。在《诗经·小雅·桑扈》中也可见到"交交"的使用，"交交桑扈，有莺其羽"。在《诗经·小雅·桑扈》中"交交"也起到了《诗经·秦风·黄鸟》中的作用，用其外在的字形呈现出小巧玲珑的如"交交"二字一般的桑扈鸟。

《诗经·小雅·南有嘉鱼》："南有嘉鱼，烝然罩罩。"诗中"罩罩"二字本义是捕鱼的工具，但是在《马释》中则说明："罩罩、汕汕皆叠词，形容词，不得训为捕鱼器。"从"罩"的字形上看，很明显诗中是将"罩"作为模拟"嘉鱼"的形态而使用的，在先秦的金文的篆书中，"罩"字正如同一条大鱼般，上部的"网"鱼之首，网中的"卓"字则如同鱼的鳞片般错落有致，一个"罩"字如同一条游动着的大鱼，而"罩罩"则是多条这样的大鱼，为我们呈现了一幅画面感非常灵动的众鱼游于水中的场景。

[7] 摹植物之状貌

《诗经·周南·葛覃》："葛之覃兮，施于中谷，维叶莫莫。"诗中的"莫"字金文、篆书中上下左右由四个"屮"（草）组成，两个"莫"字连用就是八个"屮"。此句旨在形容葛藤之叶茂密繁盛，"莫"本无形容树木枝叶茂盛的意义，但是读者读至此处即可看见八个"屮"于眼前，便能立即明白诗中所言葛藤枝叶茂盛的样子。

《诗经·国风·桃夭》："桃之夭夭，灼灼其华。"此句读之便觉出手不凡，"夭夭""灼灼"将桃花的艳丽绝伦描绘得淋漓尽致，尤其是"灼灼"二字，刘勰《文心雕龙·物色》中便把"灼灼"状桃花之鲜，看作思考千年也难易一字的佳构。《说文》中"灼，从火勺声"，火色红亮，读者读之便能仿佛看见盛开的桃花如同火焰般的色泽红艳，富有极其茂盛的生命力，给读者以强烈的视觉冲击，使其瞬间身临其境，感受到桃花盛开时令人兴奋的震与撼的感觉。与"灼灼"类似的摹植物状貌的还有"昔我往矣，杨柳依依"（《诗经·小雅·采薇》）中的"依依"等。

《诗经·小雅·楚茨》："楚楚者茨，言抽其棘。"诗中"楚"字上端有两"木"，二"楚"则是四"木"，诗用"楚"之多"木"形象地刻画出蒺藜密密丛生的繁多的样子，可以说看见"楚楚"就仿佛看见了众多草木杂乱丛生的状貌。

《诗经·小雅·黍苗》："芃芃黍苗，阴雨膏之。"诗中"芃"字上部为"艸"，下部为"凡"，整体看来正如同草木奋力向上生长，让我们仿佛看到了一幅田地中黍苗生长茂盛、繁多喜人的图画。而在《诗经·鄘风·载驰》中也有"我行其野，芃芃其麦"，用"芃芃"形象地表现出原野上麦子如"芃芃"两字所显现般得茂盛的样子。

二 望字生义

刘勰曾说过:"心既托声于言,言亦寄形于字。"[2]汉字字形经过大脑的识读,与存储在大脑中已有的知识发生碰撞,通过文字引导读者潜意识中对某一事物(即文字所代表事物)的固定印象,并由此使读者读诗时完成由文字到具体形态的转化。

[8]《诗经·郑风·子衿》:"青青子衿,悠悠我心。"

此句是在形容一位穿着青色衣襟的男子。"青青子衿"一句给我们呈现出来的是一位衣着淡雅、面容清秀、风度翩翩的贵族君子。"青青"二字叠加,不仅是在客观地描绘男子衣襟的颜色,也利用了"青"作为颜色名词在人头脑中的潜意识的反应,着重给人以清爽、自然和优雅的视觉感受。

[9]《诗经·卫风·硕人》:"手如柔荑,肤如凝脂,领如蝤蛴,齿如瓠犀,螓首蛾眉,巧笑倩兮,美目盼兮。"

此句运用了大量的视觉修辞,通过对硕人(美人)卫庄公夫人庄姜的手、肤、领、齿、首、眉以及笑的时候的眼睛的描写,为我们刻画出了一位拥有着绝世容颜和高贵气质的美女,让一位有着修长的手指、雪白紧嫩的皮肤、细长的脖子、洁白的牙齿、靓丽的容颜、漂亮的眉毛,笑起来则更加美丽,闪亮的眼睛如秋水般有神的贵族美女出现在我们面前。这句诗运用了大量的对"硕人"庄姜外貌的比喻化描写,成功地将庄姜的美貌通过她身体各部位的样貌特征体现出来。而在诗首句中"硕人其颀,衣锦褧衣"中,一个"颀"也让读者看到这个字时就有一种身长的感觉,"颀"字本身就显得修长,用于此处形容硕人,读者读后,身材颀长的美女形象呼之欲出。

[10]"视尔梦梦,我心惨惨。诲尔谆谆,听我藐藐"(《诗经·大雅·抑》)

诗中"梦梦""惨惨""谆谆""藐藐"生动地在我们面前描写出了被劝之人如在梦中未醒般地浑浑噩噩,劝导之人看到被劝之人如此堕落而心中惨闷忧愁,劝导之人对被劝之人教诲不倦耐心教导,然而被劝之人却不理不睬轻视不听。"梦梦"言其生活糊涂如梦,"惨惨"言其心中苦闷之惨状,"谆谆"言其教导之真切、耐心,"藐藐"言其态度不恭。四个叠词所用,立即便可让我们在读至此处时感受到纨绔子弟的玩世不恭和长辈对晚辈的行为担忧苦心教导而不成的无奈,让读者见其字便可体会其情。

[11]《诗经·鲁颂·泮水》:"穆穆鲁侯,敬明其德。"

诗中"穆穆"一词读起来就有肃穆之感,尤其在先秦时期,"穆穆"一词多形容君主贵族作为臣子时恭敬端庄之貌,比如《诗经·大雅·文王》就有"穆穆文王,於缉熙敬止";《诗经·大雅·假乐》中有"穆穆皇皇,宜君宜王";《诗经·商颂·那》中有"于赫汤孙!穆穆厥声"等,由此可见在先秦古人眼中,"穆穆"是最能体现贵族符合礼法恭敬上天君主样貌之词,通读《诗经》即可让读者读至"穆穆"便可以瞬间了解诗中所言之人的特征特点,不需再做注引。

三 借形表义

故有冰说:"一个汉字的构造就是一种建筑,其中有美学也有力学。"汉字属于表意体系的文字,其字形的建构与意义有着极其密切的联系。因此,人们表达时往往会注意汉字形体表意功能的显现。同样意义而字形不同的字,在成文时就会有不同的效果[3]。

[12]《诗经·周南·樛木》:"南有樛木,葛藟纍之。"

诗中"樛"本义为弯曲的树木,《说文》中说:"下句曰樛。从木翏聲。"而"樛"又同"朻"是一字而形不同, 《毛诗》《尔雅》中作"朻",有:"丩者、相糾繚也。凡高木下句。垂枝必相糾繚。故曰從木丩。丩亦聲"的解释,由此可以通过"樛"和"朻"的古字中看出,"樛"和"朻"字都是形状弯曲的样子,但是"樛"和"朻"又有所差异,"樛"只言树木弯曲,"朻"不仅言树木弯曲,还有高而长的含义在里面。在《诗经·周南·樛木》中的樛木既然可以"葛藟累之"便可推论其木必然不高,由于两字都能从外形就可看出其样貌,如果将"樛"换作"朻",那么就会使读者在读诗时产生误解,见"樛"字就可以了解到樗木的样貌是如何，读诗时也可时刻如同亲眼般地看到"南有樗木，葛藟累之"中生长得弯弯曲曲而不高的樗木。

[13]《诗经·周南·芣苢》："采采芣苢，薄言袺之。采采芣苢，薄言襭之。"

诗中"采"为动词，《说文·木部》中说："采，捋取也。从木从爪。"在金文即篆书中"采"由两个部分组成，上部为人手抓取状，下部为草木，人手抓取草木为"采"。在《诗经·周南·芣苢》中我们可以生动地看到妇人于途中采摘芣苢的形象，"采"这个字在《诗经》的语言视觉研究中有着重要的地位，"采"在《诗经》中的很多篇目中都有所使用，并且其使用范围和目的大都相似。在一些文献中记载："周南芣苢《传》曰。采、取也。又曰。捋、取也。是采捋同训也。詩又多言采采。卷耳《传》曰。采采、事采之也。此謂上采訓事、下采訓取。而芣苢《传》曰。采采、非一辭也。曹風采采衣服《传》曰。采采、衆多也。秦風蒹葭采采《传》曰。采采猶萋萋也。此三傳義略同。皆謂可采者衆也。"由此可见"采"作为一个有着鲜明视觉效果的字，如果将诸如《诗经·周南·芣苢》《诗经·秦风·蒹葭》《诗经·周南·卷耳》《诗经·唐风·采苓》等中的"采"换成与"采"同义的"捋"或者"取"的话，在阅读时就不会那么清晰地在视觉上反映出人们用手一下一下地采摘植物时的动作和情态，从而势必影响其独特的视觉艺术感受。

四 结 语

通过对《诗经》中"文字"的视觉修辞研究的归纳和整理，我们不难发现在《诗经》中通过文字来传达视觉修辞的现象是存在的，而且不是个例。这说明在中国古代诗歌体系创立之初，利用汉字的象形表意功能来表现所要描绘的事物的状貌和形态就已经是一种较为正常的现象了。由此我们也可以得出一个结论，即在《诗经》所处的年代中，中国先秦时期的古代诗人就已经懂得如何利用汉字作为表意文字所具有的独特的视觉修辞作用来表现单纯的文字所不能表现的某些情景或者状貌了。在当今生活中，语言作为一种抽象的、概括的符号系统，在表述情感、再现情境时，不能直观而真切地还原现实生活场景、展现丰富感官体验，而语言视觉修辞的出现恰好解决了这一难题。语言视觉修辞联结了语言文字符号与视觉图像系统，并通过各种修辞手法，呈现出生动形象的视觉效果[4]。

[参考文献]

[1] 郭敏娜：《语言视觉修辞产生的基础及途径》，硕士学位论文，长春理工大学，2008 年，第 56 页。

[2] 陈汝东：《当代汉语修辞学》，北京大学出版社 2004 年版，第 137 页。

[3] 张宝林：《唐宋诗词"文字"语言视觉修辞研究》，《长春理工大学学报》2017 年第 1 期。

[4] 陈汝东：《论修辞的视觉效果》，《福建师范大学学报》2005 年第 4 期。

[作者简介] 张宝林，1972 年生，男，黑龙江人，东北师范大学人文学院教师、副教授。

"刑名居左"考

张宝林

[摘要] 在古代社会中，人们逐渐赋予左与右以丰富的社会性内涵，把左右概念与等级制度相联系，尚左或尚右的观念往往影响着人们社会地位的高低，进而又引申扩大到社会其他领域。古代刑法中的"刑名居左"现象正是尚左思想下的产物。本文试图从尚左思想渊源和劳动需求角度出发，探讨这一现象产生的依据及背后的文化意义。

[关键词] 刑名居左；尚左思想；劳动

"左"与"右"原本是日常生活中表示方位的名词，但在古代社会中，人们赋予了其丰富的社会内涵，用左右表示尊卑关系，从而形成尚左或尚右的等级观念，这种等级观念在不同的历史时期、不同地域、不同场合对人们的要求不尽相同，因此不能一概而论。这种观念在古代刑法中也有强烈的渗透，"刑名居左"就是一种典型现象。

"刑名居左"是指古代刑法中肉刑的执行顺序以左为先的法律规定，具体是指在执行肉刑过程中，先损害罪犯的左半部分，以达到对罪犯的惩罚和对他人的警示作用。如《秦简·法律答问》中记载："五人盗，赃一钱以上，斩左趾。"上古的其他肉刑亦以左为先，这究竟是什么原因呢？

一　古代尚右思想对"刑名居左"的影响

（一）"刑名居左"现象思想探源

广义的肉刑，起源于"杀人者死，伤人者创"的原始同态复仇论，至夏、商和周成为国家常刑，有三典五刑之说，秦及汉初相沿不改。《荀子·正论》载："世俗之为说者曰：'治古无肉刑。'"所谓"治古"，指的是尧、舜太平盛世。《汉书·刑法志》载："禹承尧、舜之后，自以德衰而制肉刑，汤、武顺而行之者，以俗薄于唐、虞故也。"这是说，肉刑始于夏、商和周三代。

《礼记·檀弓上》记载："孔子与门人立，拱而尚右，二三子亦皆尚右。孔子曰：'二三子之嗜学也，吾则有姊之丧故也。'二三子皆尚左。"注曰："吉事尚左，阳也；凶事尚右，阴也。此盖拱手而右手在上也。"所讲的乃是先秦时流行的观念。由此可见，先秦时期曾经流行以国君为上、为尊、为左，以臣为下、为卑、为右的观念。《老子·三十一章》载："君子居则贵左，用兵则贵右。"当时人们认为左阳右阴，阳主生阴主杀，故用兵贵右。而刑罚，先秦时期多半是伴随着战争、俘虏等出现而施行的，《左传·僖公二十五年》"德以柔中国，刑以威四夷"，又《左传·成公十三年》"国之大事，在祀与戎"，吕思勉《先秦史》载："刑之始，盖所以待异族。"从中可知先秦时战争是国家的大事，而刑罚又是与战争息息相关的，用兵贵右，用刑自然也以左为先。并且，刑罚在先秦属于凶事，如《礼记·既夕礼》中"吉事交相左，凶事交相右"，以及《老子》中"吉事贵左，凶事贵右"等。吉事，即周代五礼中的吉、嘉、宾三礼；凶事，即五礼中的凶、军两礼。刑罚，属于军礼中的刑赏之礼，自然也属于凶事。因此，先秦军队中刑右比刑左程度重，所以初犯刑左，再犯刑右。"取"字甲骨文字形为"𠂤"，本义为割取敌人战死战俘左耳以计数献功，即为此佐证。

至秦汉时期，秦国经变法后国力不断加强，并统一六国，由此秦帝国建立，君主专制始成。由此，秦汉时期的思想观较先秦也发生了转变，以德行为主的天道变为君道为主的地道、人道，刑法的制定自然也要体现出这一点。根据《逸周书汇校集注·武顺解》中记载，古时人们认为"天左旋，故尚左，地右行，故尚右"；《尸子》中也有类似记述："天左舒而起牵牛，地右辟而起毕昴。"秦帝国在军队方面同样尚右，如："兵甲之符，右在君，左在杜"，军功爵"右庶长"尊于"左庶长"都能说明在秦朝的刑罚是右比左重。至于秦之后的汉朝历来有"汉承秦制"的说法，并且汉时仍有以"断右臂"谓斩断敌方要害或占据重要之地之说，如《后汉书·虞诩传》中记载东汉时期的虞诩曾有言："贼不知开仓招众，劫库兵，守城皋，断天下右臂。"虞诩用断右臂而不是用断左臂比喻占领要害地区，说明汉人意识中认为身体的右边比左边重要，自然汉时在对身体施以刑罚时也会觉得在身体右边施刑比在身体左边施刑重。

秦汉后至元明大抵也是如此，略有不同的是清，清时刺配"初刺右臂，次刺左臂，次刺右面、左面"。与古时肉刑初犯刑左，复犯刑右的顺序倒了过来，这是因为在清朝时期刺配之刑多在汉人身上施行，很少有满人被执行刺配之刑，而清一般以满人担任左职，汉人担任右职。所以执行刺配时要体现出满人比汉人尊贵的思想，故刺配时初犯刺右，复犯刺左。

（二）各朝刑名居左现象盘点

最早可考的时期是西周时期，如 1976 年固原庄白出土的西周刖足奴隶鬲、西周刖人守门方鼎；1988 年宝鸡茹家庄出土的刖刑奴隶守门方鼎；1989 年山西闻喜出土的西周刖人守囿铜挽车。这些刖人形象皆为右足健全，左足残缺，可见西周之时刖刑已有初次施刑刑左的情况。

至春秋战国，《韩非子·和氏》记载的和氏献璧寓言中和氏初次献玉被砍左足，二次献玉被砍右足，由此可知春秋时期刖足初犯刑左，复犯刑右。同时期《左传·昭公三年》中"国之诸市，屦贱踊贵"更是说明刖足在当时是普遍存在的，而非个例。

到了秦汉，有云梦秦简《法律问答》中"五人盗，臧一钱以上，斩左趾有黥以为城旦"[1]；《将司人而亡》中"斩左趾为城旦"等刑名居左现象。汉代有张家山汉墓竹简《二年律令》中"故劓者斩左趾，斩左趾者斩右趾，斩右趾者府之"；《津关律》中"斩左止以为城旦"；《告律》

中"奴婢自讼不审，斩奴左止"以及《汉书·刑法志》里"夷三族者，皆先黥、劓、斩左右趾、笞杀之、枭其首，菹其骨肉于市"[2]等史料记述"刑名居左"现象。

肉刑在西汉被废除，然而其尚右思想仍影响着历代刑法。

如元《大元通制》第十条盗贼罪规定："诸窃盗，初犯刺左臂，谓已得财者，再犯刺右臂。"清《清史·刑法志》亦记载："有刺事由者，有刺地方者，并有分刺满汉文字者。初刺右臂，次刺左臂，次刺右面，左面。"[3]

二 从古代劳动需求探讨刑名居左原因

（一）生理学角度看左右肢体的不同功能

那么，为什么先秦时期统治者会选择初犯时刑罚左侧肢体呢？或许也有出于劳动需要的考虑因素。

人体外观，看起来是左右对称的，但人体很多组织结构和功能并不对称。大脑控制人体躯干活动，在神经学研究中，往往将大脑分为左半脑和右半脑，它们控制和协调着人体的不同领域。大脑神经系统研究表明，大脑左侧半球控制逻辑思维和抽象思维，即掌管着语言功能。因此，大脑左侧半球有"语言脑"之称。大脑右侧半球主要接受非语言材料并进行加工处理，如对声音、图像、旋律的感知进行形象思维等。在现代教育中，儿童接受手工、绘画等操作方面的训练，是旨在开发大脑右半球功能的表现[4]。

大脑左右半球同样在身体左右侧感觉和运动支配上也有不同的分工。左侧半脑控制右侧肢体的感觉和运动，右侧半脑控制左侧肢体的感觉和运动。因此，身体左右侧分工也并不相同。左撇子在人群中的比例毕竟是少数，多数人用右手使用劳动工具。如果换成左手，就会感到相对于右肢的不自然和不灵活。就人的动作习惯和肢体活动能力而言，无论是肢体动用的次数、时间或强度，还是肢体的动作协调感觉及平衡协调能力，右侧肢体较强于左侧肢体。因此人类的劳动，往往建立在右侧肢体和左脑之上。

左手不方便做事，右手方便做事，右手是役使之手。古人同样如此。《管子·白心篇》载："左手出者也，右手入者也。出者而不伤人，入者自伤也。"尹知章语："左为阳、阳主生，故为出也。右为阴，阴主死，故为入也。"郭沫若注曰："古者操兵，左手执盾，右手执剑戟。"右手执攻击性的武器，也可以从侧面说明右手的灵活性。

由此可以推测，古人在实践经验中发现，右侧肢体比左侧肢体有更强的功能。因此在刑罚中，砍去左侧肢体作为惩罚后，仍然可以使用右肢完成劳动。至于黥刑、割左耳，也是古人认为"身体左面相对次要"的意识形态的表现。

（二）劳动工具的发展对右肢的依赖性加强

劳动工具是人体劳动器官的延长物和外化物，同时它也是反映生产力性质的综合性标志。农业起源于新石器时代初期，并不断得到发展。在最初的新石器时代，劳动工具往往以磨制的简单石器为主，如斧、铸、凿、刮削器等，形状简陋。此时，用左侧肢体和右侧肢体的区别并不是太大。

先秦文献在描述原始农业时已经提到了劳动工具，《易经·系辞下》记载："神农氏作，断木为耜，揉木为耒，以教天下"；《逸周书》中神农"作陶冶斧斤，破木为耜、锄、耨，以垦草莽，然后五谷兴，以助果旅之实"。耜、锄、耨、耜、耒，这些都是先秦农业中已经使用的劳动工具。《管子·海王篇》里有"耕者必有一耒一耜一铫，若其事立"，说明这些劳动工具在先秦已经得到了广泛的使用[5]。

跟新石器时代的斧、铸、凿相比，这些劳动工具的制作更加精密。许慎《说文解字·来部》中对耒和耜作了如下解释："耒，手耕曲木也"；"耜，耒端木也"。由此我们可以看出，这些劳动工具的使用需要肢体的密切配合，尤其是更具有灵活性和操作性的右侧肢体。因此，右侧肢体也更受到人们的器重。

（三）先秦需要犯人来弥补劳动力的不足

关于先秦的人口数量，各家说法略有不同，但我们仍可以从中作出推测。

《后汉书·郡国志》中刘昭注引《帝王世纪》称"及禹平水土,还为九州,今《禹贡》是也。是以其时九州之地……及周公相成王,致治刑错,民口千三百七十一万四千九百二十三人,多禹十六万一千人,周之极盛也。其后七十余岁,天下无事,民弥以息。及昭王南征不反,穆王失荒,加以幽厉之乱,平王东迁,三十余载,至齐桓公二年,周庄王之十三年,五千里内,……凡千一百八十四万七千人。"[6]

著名历史学家范文澜先生对先秦人口有过粗略地推算:"七国土地楚最大,秦赵次之,齐、魏、燕又次之,韩最小。人口楚、魏最多……如每城连乡村平均有一万户,全国当有人口三四百万。韩兵三十万,燕与韩相类似,两国当共有人口三百万,七国人口总数约计当在二千万左右。"

王育明在《中国人口史》中写到,"纵观夏商周秦四代,多年的古中华人口盛衰,大体上是四起四落……最后,随着诸侯国的壮大发展,人口又随之增长,到公元前四世纪前期,全境人口达到三千二百万以上。以后秦王朝进行了统一战争,统一之后人口没有得到恢复,又碰上天下大乱,到秦末汉初已降到两千万以下。"[7]

这三种观点虽不尽相同,但可以推断,先秦人口不超过两千万。并且由于连年征战,人口数量的增长也不会太快。由此我们可以推测,先秦存在劳动力人数不足的情况。

从劳动状况的发展看,《诗经》中有"十千维耦""千耦其耘"的语句,说明当时已经存在大田中使用大批奴隶进行大规模协作的情况。战国时期,诸侯争霸,七国兼并剧烈。在诸侯国连年的征伐中,粮草供给是一大问题,同时农业也是稳定国家的基础。战国初,魏文侯采用李悝变法"尽地力之教",所谓"尽地力之教",即开辟闲地,间种、套种多种农作物,实行连作制度。后期,秦孝公采纳商鞅变法,"废井田,开阡陌,任其所耕,不限多少"。由此可以看到,战国后期农耕已经由轮荒制发展到连作制,而农业的发展也意味着对从事劳动的人数的需求。

因此不排除刑名居左是在惩罚犯人的同时保留劳动力,迫使他们能够继续进行农业生产耕作的劳动。

三 由"刑名居左"展开的"尚左" "尚右"文化现象

虽然肉刑在汉代被废除，但是由"刑名居左"而产生的文化现象同样值得我们思考。

在先秦民间文化中有为数不多的以左为中心的记录。《尸子》中记载："天左舒而起牵牛，地右辟而起毕昴。"其意是说：天是从左向右伸展开的，以牵牛为起点；地是从右向左转动的，以毕宿和昴宿为起点。天道为阳，尚左，故以左为上为尊；地道为阴，尚右，故以右为下为卑。《素问》亦云："歧伯曰：上者右行，下者左行，左右周天，余而复会也。"这是古人观察天和地的相对运动而形成的认识。由此可见，先秦人在天道观领域持有天道尚左、地道尚右的观念。这一观念与阴阳观念相结合，形成了左阳、右阴，左阳为上、右阴为下的观念。

但实际上，我国传统真的"以左为上，以左为尊"吗？这方面可靠的科学的佐证实在不多，而与之相反，"我国传统以右为尊，以左为卑"的说法，倒是有不少证据。

从政治上看，早在商代，商人"国之大事，在祀与戎"的宗庙祭祀制度，就体现了"殷人尚右"的观念。甲骨文中多发现有"又宗"，学者多认为"又宗"之"右"为"左右"之"右"，"又宗"即为"右宗"，卜辞内容多为祈求降雨，而不曾有"左宗"出现。

成语"无出其右"，是说"没有人能超过他，没有人比他地位更高"，现在也指没人比他更优秀，这个典故出自《汉书·高帝纪下》中"贤赵臣田叔、孟舒等十人，召见与语，汉廷臣无能出其右者"。又如丞相设置中有"右丞相高于左丞相"一说，最早来自《史记·陈丞相世家》中"乃以绛侯勃为右丞相，位次第一。平徙为左丞相，位次第二"，说明汉代同样有以右为尊的习惯。

唐代文字学家颜师古也有"古者以右为尊，言材用无能过之者，故云不出其右也"一说。宋孝宗的《经进东坡文集序》有"东坡忠言谠论，立朝大节，一时廷臣无出其右"的文字。宋戴埴《鼠璞》："汉以右为尊。

谓贬秩为左迁，仕诸侯为左官，居高位为右职。"这里的"左迁"就是指官员被贬，被降职；这里的"左"，就是"地位低下"的意思。李白《闻王昌龄左迁龙标遥有此寄》诗，白居易《琵琶行》序"元和十年，余左迁九江郡司马"中的"左迁"也都是这个意思。[8]

在生活中，也能找到尚右的痕迹。孔子曾经称赞管仲："微管仲，吾其被发左衽矣！"这至少证明在黄河流域中夏地区，人们的穿着服饰一般为右衽，在服饰上也是尚右的。

在古人的居住习俗里，也往往有富贵人家居闾右，贫寒人家居闾左的习惯。《史记·陈涉世家》："二世元年七月，发闾左谪戍渔阳九百人，屯大泽乡。"《索隐》记载，"闾左，谓居闾之左也。……凡居以富强为右，贫弱为左。"在明朝著作《明帝纪》中也有"滨渠下田，赋与贫人，无令豪右得固其利"的记录。李贤注："豪右，大家也。"右姓之所以是高姓，豪右之所以是大家，是因为高姓大家这些名门望族都住在闾里之右。在一座房屋中，也是右室尊于左室。

由此看来，历代对左、右所属的文化概念存在一定偏差，关于我国传统"以左为上，以左为尊"的说法值得怀疑。

[参考文献]

[1] 中华书局编辑部：《云梦秦简研究》，中华书局 1981 年版，第 67 页。

[2] 宋洁：《"具五刑"考——兼证汉文帝易刑之前存在两个"五刑"系统》，《中国史研究》2014 年第 2 期。

[3] 张景贤：《中国古代的尚左与尚右观念》，《历史教学》2000 年第 9 期。

[4] 孟秀兰：《大脑及肢体的不对称功能》，《思维与智慧》2000 年第 2 期。

[5] 孙声如：《试论我国古代耕作制度的形成和发展》，《中国农史》1984 年第 1 期。

[6] 王育民：《中国人口史》，江苏人民出版社 1995 年版，第 43 页。

[7] 焦培民：《先秦人口研究》，博士学位论文，郑州大学，2007 年，第 27 页。

[8] 康清莲：《左右尊卑的文化内涵》，《晋阳学刊》2009 年第 5 期。

[作者简介] 张宝林，1972 年生，男，黑龙江人，东北师范大学人文学院教师、副教授。

唐诗语言研究综述

王　丹

[摘要] 近些年来，学者们对唐诗语言的本体研究不断成熟，主要集中在词汇和语法两个方面。词汇方面的研究主要集中在口语词、疑难词的考释上，现代语言学角度的研究尚比较有限；语法方面的研究主要集中在词类研究上，对句法研究较少。唐诗作为汉语史研究的语料尚未受到足够重视，相关语言研究还有深入的必要。

[关键词] 唐诗；词汇研究；语法研究

唐诗语言研究的成果不是很多，这一研究的兴起开始于 20 世纪 80 年代，是随着语言学的不断成熟而发展起来的。目前，对于唐诗语言的研究主要集中在以下几个方面。

一　唐诗词汇研究成果

(一) 传统训诂学角度的词语考释

这方面的专著可以分为两类。一是以唐诗作为部分语料的释词专著：张相《诗词曲语辞汇释》（中华书局，1977 年）；王瑛《诗词曲语辞例释》（中华书局，1980 年）、《诗词曲语辞集释》（语文出版社，1991年）；江蓝生、曹广顺《唐五代语言词典》（上海教育出版社，1997 年）；魏耕原《唐宋诗词语词考释》（商务印书馆，2006 年）。二是专门对唐诗进行释词的专著：魏耕原《全唐诗语词通释》（中国社会科学出版社，

2001 年）；张忠纲主编《全唐诗大词典》（语文出版社，2000 年）；陈怡焱主编《增订注释全唐诗》（文化艺术出版社，2001 年）；蒋绍愚《唐诗语言研究》（语文出版社，2008 年）。值得一提的是，在这一类专著中还包括了大量的唐诗选本、注本著作（约百余部）。如：项楚校注《王梵志诗校注》（上海古籍出版社，1991 年）；仇兆鳌注《杜诗详注》（中华书局，1995 年）；王琦辑注《李太白全集辑注》（中华书局，1995 年）等。

以往的多数学者认为诗词作为诗歌语言，在很大程度上受格律等的影响，不能很好地反映当时的实际语言情况，并且把研究都集中在对诗词中的疑难词的解释上，而张相《诗词曲语辞汇释》和王锳《诗词曲语辞例释》《诗词曲语辞集释》除了考释了疑难词之外，还注意到了对诗词中口语词汇的研究。在这些口语词汇中，有的一直到现代汉语中还在使用，从阅读的角度来说，似乎不需要对它们进行研究，但从汉语史研究的角度来说，它们是当时新出现的词语，是很值得注意的，这也是这两部书在汉语史词汇研究中的最大突破。

魏耕原《唐宋诗词语词考释》主要关注的是唐宋诗词中出现的"容易引起误解，或者索其义而不易"[1]的口语俗语词，在唐诗语词考释部分，分别对王维、李白、杜甫、元稹、白居易和寒山诗中的口语俗语词进行了详尽的训释。他的另一本著作《全唐诗语词通释》是专门以《全唐诗》《全唐诗补编》中的口语疑难词的训释作为研究目的的，为断代专书语词训诂研究。在释词时"采用了例证汇释，每条先立词义，次汇释，最后以共时或先时语料佐证，或者义有所据，则究其原因。后者有则言之，无则付阙如。共时语料，主要指敦煌变文、唐人传奇、史传、笔记、文集等，此谓横向的'通释'；先时语料指先唐诗、先唐文，此即纵向的'通释'"。

另外，蒋绍愚《唐诗语言研究》是对唐诗语言进行综合性研究的一部著作。分别从格律、词汇、句法和修辞四个方面对唐诗的语言进行了全面探讨。在"唐诗的词汇"一章分别对唐诗词汇的构成、研究唐诗口语词汇的意义以及唐诗口语词汇研究的概况和方法进行了总结。"唐诗的句法"一章则主要分析了唐诗的句式、唐诗的省略、唐诗的错位以及唐诗中几种特殊的句式。

《唐五代语言词典》《全唐诗大词典》《增订注释全唐诗》可以作为《全唐诗》释词的工具书，其中《增订注释全唐诗》不仅对每一首诗进行了注释，而且还搜集了大量佚诗，使《全唐诗》更为完备。

关于唐诗的选本、注本著作，学者们把目光更多地转向了李、杜、白之外的唐代诗人，如高适、岑参、王梵志等。

释词方面关注杜甫诗的单篇论文最多，并集中在对口语词、俗语词的考释上。较全面对杜诗用词进行训释的是徐仁甫的《杜诗注解商榷（一）（二）》（《四川师范学院学报》1977年第3、4期）和蒋绍愚《杜诗词语札记》（《语言学论丛》6，商务印书馆1980年版）。《杜诗注解商榷（一）（二）》不仅探讨了前人往往忽略的杜诗中的虚词，并对杜诗注解中存在的问题共百余条进行了详解。《杜诗词语札记》列举了杜诗中的44个词语，这些词语大都是汉语中常用的词语，但它们有些意义和用法既不同于先秦两汉，又不同于现代汉语，是汉语发展史上某一历史时期特有的意义和用法。殷孟伦、袁世硕《杜诗名篇中几个词语的训释问题》（《文史哲》1979年第2期）；蒋礼鸿《杜诗释词》（《语言文字研究专辑》，上海古籍出版社1982年版）；郭在贻《杜诗札记》（《训诂丛稿》，上海古籍出版社1985年版）；魏耕原《杜诗释词》（《陕西教育学院学报》2000年第2期第16卷第1期）、《杜诗语词考释商略》[《兰州大学学报》（社会科学版）2001年第29卷第3期]、《杜诗语词注释商略》（《唐宋诗词语词考释》，商务印书馆2006年版）、《杜诗口语词汇释》（同上）、《杜诗语词解诂》（同上）；黄灵庚《杜诗释词六例》[《浙江师范大学学报》（社科版）2002年第1期]在选词数量上虽不如前两篇，但也是对杜诗俗语研究较为深入的文章。有些文章是对杜诗中单个口语词的研究：王瑛《杜诗"恰恰"别解》（《中学语文教学》1983年第2期）对杜甫《江畔独步寻花·其六》中的"流连戏蝶时时舞，自在娇莺恰恰啼"中"恰恰"一词进行了探讨，并说明此句中"恰恰"并非前人所解"正好、恰巧"义，而应为"密密"义。《杜诗"不觉"义辨》（《近代汉语词汇语法散论》，商务印书馆2004年版）训释了杜诗《戏为六绝句》之一中"今人嗤点流传赋，不觉前贤畏后生"，一句中的"不觉"，认为该词在唐宋诗词中往往有"不料"的意思。樊维纲的《杜诗

"朱门酒肉臭"句释义辨说》(《杭州师范学院学报》1994 年第 5 期)一文针对近些年有些人对此句的"臭"释为"香"这一现象加以辨说,认为"臭"应依原训,释为"臭腐败烂"义。刘明华、夏秋权《杜诗"萧萧"解读》(《杜甫研究学刊》1998 年第 1 期),把杜诗中运用的最普遍的一个叠字"萧萧"做了详尽的考察,并对杜甫对该词的使用情况进行了分类分析。这类文章的特点是主要通过对该词的历时和共时的研究得出结论,从而使该词在杜诗中的释义能够更加精准。比较有新意的是樊维纲《杜诗互文例释》(《中国文学研究》1987 年第 3 期)把杜诗中采用互文这一修辞方式的诗句按六种格式,对其中词语进行了诠释。相对于口语词、俗语词的考释来说,对杜诗疑难词进行考释的文章较少:王启涛《杜诗疑难词语考辨》(《古汉语研究》1999 年第 3 期);魏耕原《杜诗疑难语词疑议》(《唐宋诗词语词考释》,商务印书馆,2006 年)、《杜诗疑难义考辨》(同上)等,对杜甫诗中不易索解的实词,以及难以用常见义训释的虚词分别进行了考辨。

　　元稹、白居易是中唐"元白诗派"的代表人物,而口语俗词在当时几乎是一种"流行语言"[2],这也体现在两位的诗歌中。与他们的诗歌释词有关的文章也是集中对其口语俗词的考释。入矢义高 [日]、董志翘译《白居易作品中的口语表达》[《苏州大学学报》(哲学社会科学版)1996 年第 2 期]一文对白诗中口语或俗语的使用情况作了总结,并对具有代表性的几个口语词进行了详尽的考释。蒋绍愚《白居易诗词语诠释》(《国学研究》2,北京大学出版社 1994 年版)一文诠释了白诗中的二十个口语词,所引例句除以白诗为主外,同时还证以唐代其他诗人的诗句。其中包括了动词、形容词和名词,有些词的意义和用比较灵活,在不同的上下文中有不同的译法,在现代汉语中很难找到和它对应的词,如"校""不妨""趁"等。魏耕原《元稹诗疑难俗词考释》[《福州大学学报》(哲学社会科学版)2006 年第 2 期]针对《汉语大词典》未收的元稹诗俗语词及《汉语大词典》所收元稹诗语词的释义进行了补充和考释。

　　近些年,唐诗作为口语语料越来越受到重视,使得以王梵志、寒山为代表的"游离于主流诗歌之外的白话诗派"[3]诗人的诗也越来越受到学者的关注。郭在贻《唐代白话诗释词》(《中国语文》1983 年第 6 期)对唐代寒山诗、拾得诗、王梵志诗及不明作者的五言白话诗中的口语词汇，通过"审辨字形"和"比类综合"两条原则进行了训释。他的另两篇文章：《〈王梵志诗校辑〉误校示例》（《中国语文》1983 年第 2 期）、《王梵志诗校释拾补》（《中国语文》1987 年第 1 期）集中对《校辑》中存在的一些可商酌之处做了匡补。蒋绍愚《〈王梵志诗校辑〉商榷》[《北京大学学报》（哲学社会科学版）1985 年第 5 期]从校勘、注释、音韵、标点各方面对《校辑》中存在的问题进行了考释；项楚《王梵志诗释词》（《中国语文》1986 年第 4 期）；刘瑞明《王梵志诗释词》（《固原师专学报》1993 年第 2 期）这两篇也主要是针对王梵志诗中的口语词进行考释研究；张慧欣《王梵志诗中俗语词初探》（《黑龙江教育学院学报》2008 年第 5 期）把王梵志诗中俗语词分为特称代词的俗语词、特指某种事物的俗语词、特指相貌身材及表情的俗语词、特指动作行为的俗语词及其他俗语词五类，并分别进行了探讨。魏耕原《寒山诗俗语难词疑议》（《语言研究》2006 年第 2 期）一文对项楚的《寒山诗注》中所存疑惑的两个词"认取"和"作"进行了考释。

还有一些关于唐诗释词的文章也都是以考释俗语词为主：郭在贻《唐诗与俗语词》（《文史》1985 年 10 月第 25 辑）一文中对"字面普通而义别者""字面生涩而义晦者"两类俗语词进行了训释。魏耕原《唐诗俗语疑难词例释》[《西北农林科技大学学报》（社会科学版）2001 年 3 月第 1 卷第 2 期]、《王维诗口语疑难词疑议》（《唐宋诗词语词考释》，商务印书馆 2006 年版）、《李白诗口语疑难词考释》（同上）。蒋绍愚《唐诗词语札记》[《北京大学学报》（哲学社会科学版）1980 年第 6 期]、《唐诗词语札记（二）》（《语言学论丛》10，商务印书馆 1983 年版；蒋礼鸿《唐语词丛记》（《浙江师院金华分校学报》1982 年第 1 期）；赵中方《唐诗语词释例》（《扬州师院学报》1986 年第 4 期）；马国强《唐诗语词札记》（《中国语文》1989 年第 1 期）、《唐诗语词札记（续）》（《黄海学刊》1989 年第 2 期）；另有两篇文章黄灵庚《唐诗"参差"义汇释》[《浙江师大学报》（社会科学版）2000 年第 1 期]和魏耕原《唐诗"连"之殊义辨析》（《枣诗师专报》2000 年第 4 期）是对唐诗中的单个词进行全面考察，从而找出该词在唐诗中所处不同语境中的所有义项。

目前，大多训释唐诗词语的文章，还是采用传统训诂学最典型的研究方式，其目的在于说解古书、指导阅读，因此往往是对一字一词或几字几词的解释、考据、分析，而很少注意到词的其他方面的问题，即使有所涉及，也是零星的，不成系统的。这与古代汉语、近代汉语词汇学的发展也有一定的关系。现在的唐诗释词研究也出现了新的趋势，即学者们不再像以往那样只关注那些难懂晦涩的词语，而是更多地关注了那些口语、俗语词，对一些常见却又难解其义的词尤其重视。

（二）词汇系统角度的相关研究

与释词相比，从词汇系统角度对词的研究相对较少，仅见两篇以词的结构形式为分类标准的文章。唐功敏的《李白诗歌里的偏正复合词》（四川师范大学 2006 年硕士学位论文）对李白诗歌里的偏正复合词的鉴定方法进行了讨论，并从意义和形式上对偏正式短语和偏正复合词进行了区分和界定。文章主要通过对李白诗歌里的偏正复合词的词义、词形及词性方面的研究，论证了双音词通过唐诗继续发展的轨迹。曹翔的《王梵志诗合成词专题研究》（华东师范大学 2007 年博士学位论文），考察了王梵志诗中由语素"阿、子、儿、头、家"构成的合成词，初步梳理了近百个合成词的产生和发展历史，补充了大型辞书中未收录的合成词，对部分合成词进行了重新诠释，并对词缀的鉴别标准问题、词缀的产生时代、词缀的历史属性等问题提出了新观点。

二 唐诗语法研究成果

唐诗作为比较重要的语料，许多大家都会把其作为比较重要的研究对象运用到自己的专著中，因此虽然关于唐诗语法研究的专书专文并不多见，但在多数的语法专著中都会以唐诗为重要的佐证材料。如王力的《汉语史稿》（中华书局 1980 年版）和《汉语语法史》（商务印书馆 1989年版）、［日］太田辰夫的《中国语历史文法》（北京大学出版社 1987 年版）等。唐诗语法研究可分为词类研究和句法研究两个方面。

（一）词类研究

与词类有关的研究并不多见，主要集中在名词、动词和副词三个方面。

名词方面主要是从语义的角度把名词进行归类并加以研究。王锳《唐诗方位词使用情况考察》（《吕叔湘九十华诞纪念文集》，商务印书馆，1995年），考察了方位词的范围和使用频率、方位词与各类词的结合及唐诗中方位词的泛向用法。于年湖的《杜甫新乐府诗的称谓艺术》（《杜甫研究学刊》2002年第4期）、《杜诗颜色词的运用艺术》（《广西社会科学》2005年第8期）、吴冰洁《颜色词以及在白居易诗歌中的运用》（《新学术》2008年第1期）等，这类文章虽然在研究词时也是按照词的语义来进行分类的，文中也涉及了各语义场的词在诗中的释义问题，但主要目的还是为了诗文的文学研究服务的，主要研究的是不同语义场中词的艺术运用和价值。韩晓光、郑昕蒂《杜甫诗歌中的特殊名词词组及其表达功能》（《杜甫研究学刊》2006年第4期），对杜甫诗歌中运用的一些较为特殊的名词词组进行了归类，并阐释了在诗中运用这类词组所产生的审美张力。

与动词有关的研究仅见3篇。蒋绍愚《白居易诗中与"口"有关的动词》（《语言研究》1993年第1期），分析探讨了与"口"有关的四组动词从《世说新语》到白居易诗到《祖堂集》的发展演变情况，并运用了判别旧词与新词的两种基本方法——统计使用频率和考察词的组合关系。王锳《唐诗中的动词重叠》（《中国语文》1996年第3期），文中以"望望、行行、去去、看看、送送、飞飞、泛泛；拍拍、掀掀、役役、念念、嗟嗟、喧喧、笑笑、哀哀"等词为例加以论证。指出唐诗中动词重叠的语法意义同现代汉语恰恰相反，不是表示时量短、动量小，而是表示时量长、动量大。韩晓光《试论杜甫诗歌中的动词运用》（《中国文学研究》2000年第1期），文中对杜诗中动词运用的几种方式及其审美功能进行了分析探讨。

虚词方面的研究，主要集中在对副词的研究上。张振羽《杜诗副词同义聚合体的发展演变考察》（《广西社会科学》2005年第2期），对杜诗中的副词作了穷尽性考察，并对副词同义聚合体的发展演变进行了初步的研究，总结了杜诗副词同义聚合体的发展演变规律。宋云凤《〈全唐诗〉总括范围副词研究》（吉林大学硕士学位论文，2006 年）在对所选总括副词进行穷尽式描写的基础上，总结了"全都"类、"共同"类总括范围副词的特点。杨惠《〈白居易集〉诗歌副词研究》（南京师范大学硕士学位论文，2007 年）对白诗中的副词分布情况进行了穷尽调查，详细描写了副词的种类、每个副词出现的频率、在句中的位置等，对白诗副词使用的全貌进行了概括。另有，韩晓光《试论杜甫律诗中的虚词运用》（《杜甫研究学刊》1997 年第 2 期），列举了杜诗中所运用的副词、介词、连词和语气词，并从审美角度总结了由于这些虚词的灵活运用所产生的独特效应。朱安义《唐宋诗词中虚词的修辞作用》（《濮阳职业技术学院学报》2008 年第 3 期）一文多列举李、杜诗中所运用的虚词，特别是对复音虚词有所关注，如"一何""一任"等，阐述了虚词在古典诗词中的修辞作用。

另有，钱学烈《寒山诗语法初探》（《语言教学与研究》1983 年第 2、第 3 期），分别从复音词的构成、代词与量词、虚词、句式四个方面比较全面地探讨了寒山诗中的各种语法现象及其在汉语史中的地位，并通过对寒山诗语法现象的描写，重新确定了几个语法现象出现的时间。

（二）句法研究

目前，专门研究唐诗句法的文章数量较少，仅 4 篇。其中 3 篇是对王梵志诗的研究：刘丽川《论王梵志白话诗中的"将"字句、"被"字句与"是"字句》（《九江师专学报》1983 年第 4 期）、《王梵志白话诗中的"被"字句与"将"字句》（《九江师专学报》1983 年第 3 期）集中对王梵志白话诗中的被动句式进行了相关的研究，分析统计了这一语法现象的产生、发展时期，并对几个相关句式进行了比较。钱学烈《从王梵志诗和寒山诗看助词"了、着、得"的虚化》（《深圳大学学报》1993 年第 2 期），分析了"了""着""得"3 个虚词各自的演变过程，探索了其中的一些规律，也对前人研究的不足做了一定的补充。

另有，钱学烈《试论〈全唐诗〉中的把字句》（《纪念王力九十诞辰文集》山东教育出版社，1991 年），对《全唐诗》在穷尽调查统计的基础上，对处置式把字句和工具式把字句进行了分析，进一步探讨了动词"把"向介词"把"虚化的演变过程等问题。

除这 4 篇专门研究唐诗句法的文章之外，有一些释词的文章为了能更好地训释词义，往往也要分析该词所在诗句的句式，但这些研究都比较零散。

综上，目前对于唐诗语言的研究大部分还是集中在词汇方面，而对语法的研究还比较薄弱。词汇研究也主要集中在释词方面，这是由于以往对唐诗的研究主要是为了指导阅读，所以，大量对唐诗语料的研究都是从释词着眼，并且偏重于对疑难词的训释。近年来，学者们又提出唐诗是一部重要的口语语料的观点，随之，对唐诗中口语词、俗语词的研究也在逐渐增多。其中俗语词包括方言词和口头语词，方言词有时也就是口头语词，二者不能截然分开。[4]口语词主要是指在当时人们用于口头交际的词语。方言词大概与诗人所生活的地域有关，所以划分起来比较明确。而对口语词的划分就没这么简单了，入矢义高《白居易作品中的口语表达》一文在解释不能给白居易诗中的口语词或俗语词的使用做出具体描写时给出了两条原因："……给予确切的概括，在现阶段还是很困难的。之所以如此说，第一，是因为对于作为共同语言的唐代口语，我还未能有一个共时性、总结性的考察。第二，是因为面临着，究竟口语作为文学语言——更广义地作为记载语言得以定型的原因、条件是什么这样的问题。"在学者们所考释的口语词中往往都存在这样一个问题，即同形式的口语词往往有文言与口语相异的两种意思。如孟云卿《伤怀赠故人》诗："稍稍晨鸟翔，淅淅草上露。"句中的"稍稍"一词释为"隐隐约约"义，与口语中的意思不同，但是在表达效果上却有很大的不同。如宋人黄彻说"数物以'个'，谓食以'吃'，甚近鄙俗，独杜屡用：'峡口惊猿闻一个''两个黄鹂鸣翠柳''却绕井阑添个个'。《送李校书》云：'临岐意颇切，对酒不能吃''楼头吃酒楼下卧''但使残年饱吃饭''梅熟许同朱老吃'，盖篇中大概奇特，可以映带者也。"这段话中的"奇特"一词所指的实际上也就是杜诗口语词"新"的艺术效果，同时也反映出口语词入诗之后除保留了原有的形式之外，在意义和表达效果上都与原来不同。从文体上看，诗是一种主要流传于社会中上层文人的雅文学，即使是俗语入诗，由于受到格律、音韵以及意境的限制也会变得"脱俗"。所以这类入诗的口语词可以说是脱胎于口语中的一种新的词汇，所以简单地用"口语词"这一概念加以定义，值得商榷。而张相在《诗词曲语辞汇释》中也把这类词语称为"特殊语辞"，想必也是有其原因的。

还需要指出的是，在研究方法上各家更注重描写和统计，缺少共时与历时的结合，对语言学理论的运用也不多见。另外，与唐诗语言有关的研究往往只局限于唐诗这部分语料，除在释词上会引用相关语料中的释义外，在其他方面都很少与共时语料或历时语料进行比较研究。这样一来，就使得唐诗语言在汉语史上成为一个孤立的现象，忽视了唐诗在汉语史中承上启下的语料价值。在汉语史的研究中应该把共时的和历时的语言现象都加以比较，这样才能体现出完整的语言发展历史，这方面做得比较好的如王云路的《六朝诗歌语词研究》，该著作对六朝诗歌语言做了许多的历时研究，尤其是探讨了六朝诗歌中的一些词语对唐代诗歌产生影响的问题。另外，在研究唐诗语言的语法现象时，理论的运用和分析较少，这也是汉语史研究中一直存在的问题，有待完善。

［参考文献］

［1］魏耕原：《唐宋诗词语词考释》，商务印书馆 2006 年版，第 1 页。

［2］同上书，第 162 页。

［3］项楚：《唐代的白话诗派》，《江西社会科学》2004 年第 2 期。

［4］郭在贻、张涌泉、郭昊编：《新编训诂丛稿》，浙江大学出版社 2010 年版，第 166 页。

［作者简介］王丹，1979 年生，女，吉林省吉林市人，东北师范大学人文学院讲师、博士。

《全唐诗》新兴程度副词研究

王 丹

[摘要] 本文通过对《全唐诗》中新兴程度副词的探讨研究，总结出《全唐诗》中此类副词的使用特点，为汉语史的相关研究提供一些补充和参考。

[关键词] 程度副词；出现频率；语法功能；语义指向

程度副词是用来表示事物性质状态或动作行为达到某种程度的词语。句法结构上，此类副词可较自由地修饰动词或动词性短语，少数还能修饰充当谓语的名词或名词性短语。程度副词是汉语中相对封闭的词类，内部成员不多，但使用频率较高，且"不同的程度副词，除了语义上表示的程度有差别外，语法功能也不完全一样"[1]。近代汉语程度副词内部的各个成员之间在语义和语法功能上的差别也是比较大的。而唐诗作为能够"充分反映口语"[2]的语料，在对程度副词的运用上也有其一定的特点。

关于程度副词的分类，目前所见，主要有两个角度的分类：一是根据动作或性质的量级差别，将程度副词分为表极度、表甚度、表微度、表程度变化（又可分为表渐度和表递度两类）、表近度、表同度等类别。二是根据语义特征分为绝对程度副词和相对程度副词两类，这种分类各家多是参照了王力先生的《中国现代语法》一书中的观点，再根据程度副词的语义进一步分为至极类、过甚类、低微类等。

本文为了论述方便，综合各家的观点，按语义差别，把《全唐诗》

的程度副词分为表极度、甚度的，表弱度的以及表比较的三类，对其中由中古时期沿用下来的比较有特点的程度副词以及近代新兴的程度副词的使用情况进行分析。

一 《全唐诗》新兴程度副词概述

（一）表极度、甚度的程度副词

这类副词在语义上表示程度很高、至极或过甚，在句法结构中一般修饰形容词，有时也修饰某些动词或动词性结构。《全唐诗》此类程度副词中沿用自中古汉语的有"颇很、特、酷"；近代新兴的有"稍很、非常"。

1. 颇很

《全唐诗》中表程度高的"颇很"共 92 例。就语法功能而言，"颇很"均位于主语之前，在句中充当状语成分，用来修饰 AP（形容词或形容词性结构）和 VP（动词或动词性结构），未见修饰 NP（名词或名词性结构）的情况。其中用来修饰 AP 的 36 例，用来修饰 VP 的 56 例，从语义功能上看，语义均为前义。如：

（1）李生园欲荒，旧竹颇修修。（杜甫《晦日寻崔戢、李封》）
（2）为文颇瑰丽，禀度自贞醇。（韦应物《送云阳邹儒立少府侍奉还京师》）
（3）临岐意颇切，对酒不能吃。（杜甫《送李校书二十六韵》）
（4）苦战竟不侯，富年颇惆怅。（李白《赠张相镐二首》第二首）
（5）大贤虎变愚不测，当年颇似寻常人。（李白《相和歌辞·梁甫吟》）
（6）况今摄行大将权，号令颇有前贤风。（杜甫《冬狩行》）

其中（1）（2）（3）为"颇很"修饰 AP 的情况，仅 1 例为修饰状态形容词，其余 35 例皆用来修饰性质形容词。（4）（5）（6）为"颇很"修饰 VP 的情况，"颇很"在修饰 VP 时经常会与关系动词"似"、存现动词

"有"搭配使用。

"'颇'字作为程度副词,是古代汉语程度副词中语义最为模糊的一个,也是语义最为丰富的一个。……'颇'则不仅可以表示基准与最低度、最高度之间各种具体的或含糊的程度,还可以使一些不好的、程度严重的事物的程度显得比实际情况要低一些。"[3]综合各家观点,"颇"字作为程度副词在上古汉语中是用来表示程度偏低的,而到了东汉才出现了表示程度偏高的用法。

判断"颇"所表现的程度高低,我们主要是把它放在具体的语境中进行考察,在《全唐诗》中"颇"既可以用来表示程度偏高,也可以用来表示程度偏低。高育花(2007)对《史记》至魏晋南北朝时期的九部作品(《史记》《论衡》《中本起经》《撰集百缘经》《搜神记》《世说新语》《百喻经》《杂宝藏经》《颜氏家训》)[4]中"颇"的用法作了统计,认为表示程度偏高的用法总体呈上升趋势。而我们把《全唐诗》中两种用法的"颇"也进行比较,"颇很"的出现频率也要高出"颇稍"。

2. 特

"特"作程度副词早在六朝时就已经出现,多修饰形容词、表示心理活动的动词,表明性状、人的心理状态超出一般情况。《全唐诗》中此类"特"共16例。用来修饰 AP 和 VP。如:

(1) 路上天心重豫游,御前恩赐特风流。(张说《奉和圣制初入秦川路寒食应制》)

(2) 复道连甍共蔽亏,画堂琼户特相宜。(宋之问《明河篇》)

(3) 霓衣不湿雨,特异阳台云。(李白《江上送女道士褚三清游南岳》)

"特"作为表极的程度副词,在《全唐诗》中出现的频率不高,从语法功能上看,其所修饰的 AP 皆为性质形容词,如(1);其所修饰的 VP,从动词分类上来看,皆为非行为动词,如(2)(3)。从语义功能上看,语义均为前指。

3. 酷

《全唐诗》中共 6 例，皆用来修饰 VP。如：

（1）灸师施艾炷，酷若猎火围。（韩愈《谴疟鬼》）

（2）酷怜一觉平明睡，长被鸡声恶破除。（罗隐《早发》）

（3）酷恨风月为多情，还到春时别恨生。（张泌《寄人》第二首）

"酷"所修饰的 VP 从动词角度看，除（1）为关系动词带宾语之外，其余 5 例皆为心理动词带宾语，且皆为表情绪类的心理动词，如（2）（3）。从语义功能上看，除（1）为语义前指外，其余皆为语义后指。

4. 稍$_{很、非常}$

"稍"作为程度副词在《全唐诗》中可以表示"极度"和"弱度"。表"弱度"的"稍$_{稍微}$"出现的较早，应是沿自上古时期的，表"极度"的"稍$_{很、非常}$"大概是在中古汉语时期出现的。

《全唐诗》中共有"稍$_{很、非常}$"34 例，用来修饰 AP 和 VP。如：

（1）塞门风稍急，长城水正寒。（卢照邻《横吹曲辞·紫骝马》）

（2）稍爱清筋满，仰叹高文丽。（韦应物《春宵燕万年吉少府中孚南馆》）

（3）偏宜旋樵火，稍近馀醒枕。（皮日休《奉和添酒中六咏·酒枪》）

从语法功能上看，"稍$_{很、非常}$"均出现在 AP 与 VP 之前，其所修饰的 AP 共 20 例，均为性质形容词，如（1）；其所修饰的 VP 共 14 例，其中心理活动动词带宾语的述宾短语 6 例，如（2）；非行为动词带宾语的述宾短语 6 例，如（3）。

还需要指出的是沿自上古汉语的表极度的程度副词"太"，在《全唐诗》中出现了"太×生"的格式，反映了唐宋时期口语里的词语组合习惯，共5例。如：

（1）学画鸦黄半未成，垂肩禅袖太憨生。（虞世南《应诏嘲司花女》）

（2）借问别来太瘦生，总为从前作诗苦。（《戏赠杜甫》见《唐诗纪事》）

有关此处"生"的看法各家也不尽相同，欧阳修把"生"作为语助看待。而志村良治（1995）和袁宾（1992）都认为它应该是一个词缀。但我们觉得当称作"语缀"，原因有二，一是因为其前面可以有动宾词组，二是因为与其前面的成分关系不紧，其前面的成分是独立的。这是沿用自上古的表极度类程度副词在近代新产生的用法。

（二）表弱度的程度副词

这类副词语义上表示动作行为或状态所显示的程度是轻微的，在句法结构中一般修饰形容词、动词谓语。这类副词出现得比较晚，《全唐诗》中此类程度副词仅出现 6 个。其中沿自上古的有"微""稍_{稍微}""颇_稍"，中古及近代产生的有"略""稍稍""微微"。

1. 略

"略"作副词，可表示轻微的程度，《全唐诗》中共 52 例，其中用来修饰 AP 的仅有 6 例，可见其在《全唐诗》中多是用来修饰 VP。如：

（1）长短才虽异，荣枯事略均。（白居易《赠江州李十使君员外十二韵》）

（2）宫门长闭舞衣闲，略识君王鬓便班。（李建勋《宫词》）

（3）自是凡流福命薄，忍教微妙略轻传。（吕岩《七言》第五十二）

从语法功能上看，"略"都出现在其所修饰的 AP 与 VP 之前，从语义功能上看，其语义均为前指。

2. 稍稍

《全唐诗》中共出现 33 例，皆用来修饰 VP。如：

（1）不见秋云动，悲风稍稍飞。（杜甫《秋笛》）

（2）微微西风生，稍稍东方明。（白居易《寄崔少监》）

（3）已觉庭宇内，稍稍有馀清。（白居易《新栽竹》）

从语法功能上看，用于主语之前的 14 例，如（2）。其余各例均位于主语之后，谓语之前，用作状语。从语义功能上看，"稍稍"是双指多项副词，既有前指用法，用来指向句子的主句，如（1）（3），也有后指用法，指向其所修饰的主谓短语中的主语，如（2）。

3. 微微

《全唐诗》中"微微"作程度副词，共 32 例，用来修饰 AP 和 VP。如：

（1）嗅自微微白，看成沓沓殷。（李商隐《朱槿花二首》二首）

（2）皎皎白林秋，微微翠山静。（陈子昂《酬晖上人秋夜山亭有赠》）

（3）微微向日薄，脉脉去人遥。（杜甫《又雪》）

"微微"用来修饰 AP 共 4 例，皆为单音节性质形容词，如（1）。修饰 VP 共 28 例。在语义指向上，"微微"是双指多项副词，前指主要指向句子的主语，如（1）（3）；后指均指向后面所修饰主谓短语的主语，如（2）。

这类程度副词在《全唐诗》中数量较少，这种情况可能与古代汉语中用来表示程度高低的副词的多寡有关系。据易孟醇统计，先秦用来表示程度高的副词有 21 个，而表示程度低微的副词仅有 3 个。[5]

（三）表比较的程度副词

这类副词在语法意义上表示性质状态或动作行为在某方面程度上的

进一步加深，可译为"更加"，在句中修饰成分。《全唐诗》中此类程度副词沿自中古汉语的有"更、转、倍、加、转更、倍加"。近代汉语新兴"较、转益、弥益"。

1. 更

"更"是中古时期产生的表比较义的程度副词，到近代才开始普遍使用。《全唐诗》中表比较义的"更"数量较多。如：

（1）空水秋弥净，林烟晚更浓。（张九龄《晚憩王少府东阁》）

（2）满眼流光随日度，今朝花落更纷纷。（元稹《与吴侍御春游》）

（3）同时不同类，那复更相思。（李商隐《柳枝五首》第一首）

（4）弥怀矜乐志，更惧戒盈心。（李世民《初春登楼即目观作述怀》）

（5）妙绝当初鬼神泣，崔蔡幽魂更心死。（朱逵《怀素上人草书歌》）

综合分析"更"作为表比较义的程度副词在《全唐诗》中的用法，多是用来修饰 AP 和 VP，在修饰 AP 时，多是单音节的性质形容词，如（1），还有"AA"式的状态形容词，如（2）。在修饰 VP 时，多是用来修饰心理动词，如（3）（4）。以上几种情况中"更"的语义指向皆为前指。"更"在《全唐诗》中语义后指的情况比较少，如（5）。

2. 转

"转"作为程度副词产生于中古时期，用来表示比较度，相当于"更""愈"等。如：

（1）宠移恩稍薄，情疏恨转深。（虞世南《相和歌辞·怨歌行》）

（2）上弦何汲汲，佳色转依依。（元稹《月三十韵》）

（3）别来春草长，东望转相思。（岑参《虢中酬陕西甄判官见赠》）

（4）送君从此去，转觉故人稀。（王维《送崔九兴宗游蜀》）

（5）本为荣家不为身，读书谁料转家贫。（杜荀鹤《维扬春日再遇孙侍御》）

《全唐诗》中"转"所修饰的形容词主要是单音节性质形容词，占其所修饰形容词的93%，如（1）。其所修饰的状态形容词主要是"AA"式，如（2）。"转"所修饰的VP主要是由心理动词构成的，如（3）（4）。在语义指向方面，以上几种情况皆为前指，语义后指的情况较少，共4例，如（5）。

3. 倍

《全唐诗》中表比较义的程度副词"倍"共142例。如：

（1）江亭当废国，秋景倍萧骚。（祖咏《晚泊金陵水亭》）

（2）相看南去雁，离恨倍潸然。（耿湋《送郭秀才赴举》）

（3）几度无聊倍惆怅，临风搔首独兴哀。（牟融《客中作》）

（4）看花行拭泪，倍觉下楼迟。（李益《下楼》）

"倍"用来修饰AP和VP有一个特点，即多是用来修饰表心理状态的形容词和动词。其所修饰的AP，如（1）（2），所修饰的VP，如（3）（4），从语义指向上来看，均为前指。

4. 倍加

"倍加"一词产生于中古时期。《全唐诗》中见2例，分别修饰单音节性质形容词和主谓短语。如：

（1）瘦骨倍加寒，徒为厚缯纩。（陆龟蒙《记事》）

（2）不肯信受寒山语，转转倍加业汩汩。（寒山《诗三百三首》）

5. 较

《全唐诗》中共18例，皆用来修饰性质形容词。如：

（1）自看和酿一依方，缘看松花色较黄。（王建《设酒寄独孤少府》）

（2）研文较幽玄，呼博骋雄快。（韩愈《雨中寄孟刑部几道联句》）

6. 转益

《全唐诗》中共 2 例，均用来修饰由心理动词构成的 VP。如：

（1）一闻说尽急难材，转益愁向驽骀辈。（杜甫《李鄠县丈人胡马行》）

（2）孤光照还没，转益伤离别。（陆龟蒙《乐府杂咏六首·月成弦》）

7. 弥益

《全唐诗》中仅出现 1 例，用来修饰主谓短语：

（1）一窥功德见，弥益道心加。（孟浩然《登总持寺浮图》）

这类程度副词中出现了双音节的形式，虽然它们的使用频率较低，但也是语法史上不可忽视的一种语言现象。蔡镜浩在《编写中古及近代汉语虚词词典的几个问题》一文中曾提到应把有关的单音词和复音词或复音组合归在同义条目下，互相参证，如"转"的下面就应该有"转更""更转""转加""加转""更加转""转益"等多音节词。并指出现在我们的研究只关注了"转益"一词，而忽视了其实在中古时更加普遍使用的"转更""转加"等。《全唐诗》中出现了"转更""转益"，出现的频率也较低，其他未见。

二 《全唐诗》新兴程度副词的使用特点

从《全唐诗》中的程度副词出现的频率看，新旧并用，旧有的上古时期的程度副词如表极度、甚度的"最""甚"；表弱度的"微""稍稍微"；表比较的"弥""益"等出现的频率要比中古及近代新兴的程度副词高，仍有很强的生命力。而文中所分析的中古、近代新兴的程度副词出现频率较低，尤其是双音节程度副词仅见几例。另外，三种程度副词的出现频率也有差别，整体而言表极度、甚度的程度副词出现的频率较高，而表弱度、比较的程度副词出现的频率较低。这与古代汉语中程度副词的发展趋势相符，即上古时期表示程度高的副词数量比较多，发展的也比较成熟，而表示程度低的副词数量较少，发展的也不是很完善。

表极度、甚度类的程度副词在《全唐诗》中主要是用来修饰性质形容词、心理动词和由心理动词构成的述宾短语。其所修饰的形容词按分类来看主要是性质形容词，从音节上看，主要是单音节形容词，只有"颇_很"所修饰的形容词中双音节的数量较多，占其所修饰形容词的72%。其次分析这类程度副词所修饰的动词和动词短语可看出，其所修饰的动词中，心理动词的出现频率占有一定优势，这一特点尤以沿自上古的"最""偏_很""尤"最为明显，在新兴的"酷"所修饰的述宾短语中，皆由情绪类心理动词构成。这类程度副词所修饰的动词短语从类型上看主要是述宾短语，其中"颇_很"所修饰的述宾短语占其所修饰动词短语的84%。

表弱度类的程度副词在《全唐诗》中仅出现6个，其中新兴的仅见3个，数量较少，多用来修饰单音节性质形容词和述宾短语。

表比较类的程度副词中最大的特点就是由上古汉语和中古汉语的单音节程度副词同义连文而成的双音节形式要比另外两类程度副词多。从出现的频率来看，最多的是中古时期产生的"更"，而近代汉语时期新产生的副词以及由同义连文构成的副词出现的频率都比较低。从所修饰的成分看，这类副词主要是用来修饰单音节性质形容词和单音节动词。只有中古时期产生的"更""转""倍"所修饰的动词是以双音节为主的。另外，这类程度副词所修饰的 AP 和 VP 主要以描写心理状态的形容词和心理动词为主。

三　结　论

在副词中，程度副词是一种非常重要的、使用频率相当高的副词。大凡要说明性质、状态、数量等的程度时，就要用上程度副词。有关程度副词的分类也有不同说法，我们还是主张兼顾语义特征和语法特征这样一种观点，依据此标准将《全唐诗》中的新兴副词分为三类，共 14 个作为研究对象。

总结《全唐诗》中程度副词的使用，主要是用来修饰形容词和心理动词，以及由此类形容词和动词所构成的短语，从语义指向上来看，主要还是前指。

《全唐诗》中的新兴程度副词从使用频率上看，还是表极度和表比较的这两类较高，表弱度的新兴程度副词，不但数量少，仅 3 个，而且使用频率也不高，这与汉语史的发展比较吻合。新兴的单音节程度副词多是口语色彩比较强的，新兴的双音节副词有"AA"式的"稍稍""微微"和同义连用的"转更""倍加""转益""弥益"。

《全唐诗》中的程度副词共 36 个，中古和近代新兴的共 16 个，可见此类副词的发展较快，其发展和演变的过程也都很有特色。

[参考文献]

[1] 杨荣祥：《近代汉语副词研究》，商务印书馆 2005 年版，第 55 页。
[2] 魏达纯：《近代汉语简论》，广东高等教育出版社 2004 年版，第 2 页。
[3] 高育花：《中古汉语副词研究》，黄山书社 2007 年版，第 173 页。
[4] 同上书，第 174 页。
[5] 易孟醇：《先秦语法》，湖南教育出版社 1989 年版，第 53 页。

[作者简介] 王丹，1979 年生，女，吉林省吉林市人，东北师范大学人文学院讲

师、博士。

[基金项目] 本文系 2017 年吉林省教育厅"十三五"社会科学项目""《全唐诗》新兴副词研究"（项目编号：JJKH20170984SK）阶段性成果。

孙吴兵法与战国时期的著书风气

张世超

[摘要] 本文用地下出土的《孙子兵法》材料与传世文献记载相印证，探讨了该书的原始及流传情况。从《孙子兵法》《孙膑兵法》《吴子》诸书的产生与发展入手，论证我国战国时期曾存在过的，假托圣人、智者与人问答的著书风气。而这种风气的形成，实肇源于兵书的影响。

[关键词] 兵法；孙子兵法；孙武；银雀山汉简

《孙子兵法》，春秋时代孙武著。今所见曹操等十一人为之作注的宋本共十三篇，而《汉书·艺文志》著录有"吴孙子兵法八十二篇"，注云"图九卷"。唐人杜牧遂有曹操删繁重编而成十三篇之说。[1]清孙诒让《札迻》指出，高诱注《吕氏春秋》曾提到《孙子兵法》"五千言"，而宋本十三篇曹操注："《孙子》凡五千九百一十三字"，高诱"盖举成数言之。"[2]余嘉锡案曰："此真天然证佐。高诱为后汉时人，已谓《孙子兵法》只五千言，可知今本非曹操所削，一语破的，不待繁言而解矣。"[3]

1972年山东临沂银雀山汉墓竹简的出土，使这一问题更为明确了。竹简中有与《孙子兵法》相合的文字，约存原书三分之一强，在其他残简中，发现有两处提到"十三篇"字样的语句，可见《孙子兵法》在汉初就是以十三篇的形式流传的。《史记·孙子吴起列传》："（孙武）以兵法见于吴王阖闾，阖闾曰：'子之十三篇，吾尽观之矣，可以小试勒兵乎？'"据此看来，孙子的"十三篇"应是其在世时的兵法书的分篇形式。

清毕以珣《孙子叙录》曰："十三篇之外，又有问答之辞见于诸书征引者，盖武未见阖闾，作十三篇以干之。既见阖闾，相与问答，武又著为若干篇，皆在《汉志》八十二篇之内。"余嘉锡案云："嘉锡以为吴王与孙武问答，未必武所自记。古人之学，大抵口耳相传，至后世乃著竹帛。此盖战国时人所追叙耳，至其后乃合而编之。"[4] 毕、余二人的意见加在一起，就比较正确了。银雀山汉简中除与今本十三篇相合者外，还发现有《吴问》《地形二》《四变》《黄帝伐赤帝》等不见于现存古籍的佚文，这些佚文加上简文中与《史记·孙子吴起列传》所记大体相同的《见吴王》，应当就是《汉志》八十二篇中十三篇以外内容的一部分。其中《四变》一篇明显是为解释十三篇中的《九变》而作的，不会是孙武本人所作。

值得注意的是，今本《孙子兵法》每篇都以"孙子曰"开篇，而汉初的简本则有一部分不是这样的。由于简本残缺，我们不可能将简本十三篇与今本作全面的比较，现在明确可见的有两篇，兹列表比较于下：

《孙子兵法》今本与简本比较表

	今本	简本
篇名	兵势（此据《武经七书》本，十一家注本作"势篇"）	埶（势）
开篇	孙子曰：凡治众如治寡，分数是也。	治众如治寡，分数是。
篇名	虚实	实虚
开篇	孙子曰：凡先处战地而待敌者佚，后处战地而趋战者劳。	先处战地而侍（待）战者失（佚），后处战地而趋战者劳。

我的意见，简本上的现象不是抄书人偶然脱误造成的，而是《孙子兵法》原始状态的反映。

如果我们相信司马迁的记述的话，就应认定孙武生前就写有兵法十三篇，并用之去干谒吴王。按当时的习惯，这些兵法的每一篇是不应当以"孙子曰"开篇的。这就像《论语》中所反映的，孔子提到自己时只说"丘也"如何，绝不说"孔子"或"子"如何是同样的道理。

像孙武这样声名远播的军事家，在那个战争胜负决定一个国家的内政、外交甚至存亡，一个人在战争中的作用关乎他的升黜荣辱的时代，一定是经常有许多人来向他讨教兵法上的问题的。简本《孙子》中的《四变》篇很像是学生记录的孙武关于《九变》篇的讲授，这表明孙武在世时即已有学生追随。他死后，后学们整理他的军事理论，除他自己原来所著的十三篇外，还包括一些学生从旁记录的，孙武与吴王、客人、学生问答的内容。在这些篇章里提到孙武的主张时，都要冠以"孙子曰"。清人毕以珣曾在典籍中搜得许多《孙子》佚文，"多与吴王问答之语，皆不在今十三篇之内"[5]。现在，这类文字我们已经可以见到完整的一篇，那就是简文中的《吴问》篇，记孙子回答吴王的问题。

这类的篇章，可能开始时并不多，随着《孙子兵法》的传播，越滚越多，连解释十三篇正文的、记述孙子见吴王过程的，都附在了后边。不过现在可以知道的是，直到汉初，这些后附上的篇章并未混入《孙子兵法》的原文中去，人们还是把"十三篇"单独看待的。"十三篇"与其他篇章的关系，如同他书的"内篇""外篇"。用《孙子》宋本与汉初简本比较，可知十三篇中冠以"孙子曰"的现象是逐渐增加的。可能在战国时期，"内篇"受"外篇"的影响，便被逐渐冠以"孙子曰"了。

后孙武一百余年的孙膑，生平遭际与孙武不同，但成名后的情况却与之大体相似，故二孙子之著作形式也大体相似：《孙膑兵法》中也包括他生前的自著、问对之篇及记述其事迹的《见威王》篇、《擒庞涓》篇等。所不同的是，问对形式的篇章，在后一孙子的书中占了很大的比重，似乎不再区分为内外篇了。我已证明，《吴子》是略晚于《孙膑兵法》成书的。[6]至《吴子》成书的时候，便大量地虚拟武侯与吴起的问答了。

《孙子》简本《吴问》篇有如下一段：

> 吴王问孙子曰："六将军分守晋国之地，孰先亡？孰固成？"孙子曰："范、中行是（氏）先亡。""孰为之次？""智是（氏）为次。""孰为之次？""韩、巍（魏）为次。赵毋失其故法，晋国

归焉。"

吴树平先生据之指出："晋哀公四年（前453），赵、韩、魏共灭智氏，尽并其地。《吴问》的产生时间应在范、中行、智氏灭亡之后，不然的话，作者绝不会那么准确预料到三卿的灭亡次序。对于赵、韩、魏三家的发展，作者认为韩、魏继亡于智氏之后，晋国全部归属于赵氏。他的估计全然错了……由此可知，《吴问》是在智氏亡到赵、韩、魏三家自立为侯的五十年内撰写的。"[7]

三家灭智伯在公元前453年，《孙子兵法》中的问对诸篇大约是在这之后不久撰写的，而《孙膑兵法》中的问对诸篇则写于公元前284年之后，至《吴子》撰写时，已是战国末年了。[8]

应当指出的是，孙、吴三部兵书递次产生的时间与他们的谋篇形式，向我们透露了这样一个信息：至战国中期以后，在我国形成了这样一种著书习惯，作者假托古代一个圣人或智者与人问答，借一问一答的方式阐明自己的观点和理论——这种著书方式主要肇源于以二孙子著作为主体的兵书的影响。传世的古书中，属于兵书的如《六韬》，假文王问太公；《鹖冠子》，假庞子问鹖冠子；还有《尉缭子》的首篇，假梁惠王问尉缭子。其他方面的书如《黄帝内经素问》《黄帝内经灵枢》，皆假黄帝问岐伯，后者还包括雷公问黄帝、黄帝问伯高等。《庄子·逍遥游》篇中有"汤之问棘也是已"，今本《列子》中有《汤问》篇，记"汤问于夏革"之事，反映出战国时有以商汤与夏革（棘）问答为内容的书。马王堆汉墓帛书《老子》乙本卷前之古佚书中，《五正》假黄帝问阉冉，《果童》假黄帝问辅，果童对，《正乱》假力黑问太山之稽，《姓争》假高阳问力黑，《成法》《顺道》皆假黄帝问力黑，也都是产生于这一时期的古书。

综合以上论述，我们可以认识到这样一个历史事实：在春秋战国时期，由于连年的战争，兵法被提到十分显耀的地位。著名军事家的理论中除了他自己亲撰的著述外，还包括他的答问记录。晚一些的兵法著作就模仿这种问对的形式，虚拟军事家的问答，再扩展到其他领域的著述中，假托古代圣人智者与人的问答，便形成了一代的著书风气——这已经是战国末年的事情了。

［参考文献］

［1］（宋）王应麟：《困学纪闻》卷10："杜牧注《孙子》，序云：'孙武著书数十万言，魏武削其繁剩，笔其精切，凡十三篇，因注解之。'"见《困学纪闻》，辽宁教育出版社1998年版，第231页。

［2］孙诒让：《札迻》，齐鲁书社1989年版，第332页。

［3］余嘉锡：《四库提要辨证》，中华书局1985年版，第592页。

［4］同上书，第594页。

［5］余嘉锡：《四库提要辨证》，中华书局1985年版，第594页。

［6］详拙文：《〈吴子〉研究》，《古籍整理研究学刊》2002年第6期。

［7］《银雀山汉墓竹简孙子兵法》，文物出版社1976年版，第144—145页。

［8］详拙文：《〈吴子〉研究》，《古籍整理研究学刊》2002年第6期。

［注］本文曾发表于《古籍整理研究学刊》2004年第1期。

［作者简介］张世超，1950年生，男，吉林省长春市人，东北师范大学人文学院教授，博士生导师。

汉民族言说历史中的引述传统及其文化解读

王　枫

[**摘要**] 引述是指在言说过程中，为了达到某种表达效果，对特定人物的经典语录、经典文献中语句辞章以及民间流传的谚语俗语进行引用，这种表达方式的大量运用，是汉民族言说行为的典型特征。贯穿汉民族言说历史始终的引述表达，既是一种被人们广泛使用的修辞手法，也构成了一种特殊的语言文化现象。引述传统的形成与发展，具有特殊的民族心理机制和民族文化缘由。

[**关键词**] 引述；言说行为；文化

运用语言是人类特有的能力，言说的历史伴随人类的历史产生而发展。不同民族使用自己的语言认知世界，形成了各自独特的言说方式。回望汉民族久远的言说历史，从大量关于口头、书面的言说记录、言说经验以及言说成果中我们发现，引述——即在言说过程中，为了达到某种表达效果，对特定人物的经典语录、经典文献中语句辞章以及民间流传的谚语俗语进行引用，这种表达方式的大量运用，是汉民族言说活动中一个非常典型的特征，很少有哪个民族像汉民族一样，在言说的过程中对引述前人的话语辞章如此热衷。

汉民族引述的言说方式由来已久。先秦时期较早的典籍中出现对先贤古语的引述，如："迟任有言：'人惟求旧，器非求旧，惟新。'"（《尚

书·盘庚》），其中的"迟任"为古之贤人。再如："我虽异事，及尔同
寮，我即尔谋，听我嚣嚣。我言维服，勿以为笑。先民有言：询于刍
荛。"（《诗经·大雅·板》）"瞻彼中林，甡甡其鹿。朋友已谮，不胥以
谷。人亦有言：进退维谷。"（《诗经·大雅·桑柔》）等都引用了上古流
传下来的他人话语以此完成最终的表达。在之后的文献典籍中，引用
《诗》《书》《易》中语句的言说行为变得更加频繁起来。据《左传》记
载，春秋时期外交活动中引《诗》数十次，涉及 63 赋，或言志，或达
意，或抒情。汉代以后，统治者独尊儒术，将儒家经典定为官学，更使
读书人"引经据典"的风气盛行，翻开古书，大量的"子曰""诗云"
"书曰""传云"遍布其间，不胜枚举，直至后代可供引用的文献日益丰
富，这一言说传统也经久不衰。不仅世士文人对引述表达情有独钟，世
俗百姓同样深谙引述之道，当文人对经文典籍念念不忘时，民众则将大
家喜闻乐见的谚语俗说信手拈来。贯穿汉民族言说历史始终的引述表达，
既是一种被人们广泛使用的修辞手段，也构成了一种特殊的语言文化现
象。引述传统的形成与发展，具有特殊的民族心理机制和民族文化缘由。

一　引述圣贤权威语录，形成话语导向

引述圣贤语录，是汉民族引述表达中较为突出的现象。圣贤，是汉
民族集体意识中的一种理想人格、道德典范的代表，圣贤语录，具有天
然的楷模价值和教育意义，常常被人们引述于话语言论之中，帮助表达
自己的观点。孔子区分圣与贤，将"博施于民，而能济众"的尧、舜、
禹、汤、文、武、周公推崇为圣人，贤仅次于圣，指品德才能出众之人。
而儒家的后继者以及广大民众则把孔子看作圣贤的集大成者。随着儒家
思想地位的不断上升，孔圣人的形象也家喻户晓，作为汉民族古代圣贤
的代表人物，孔子的言论频繁地被世人引述于话语之间。汉儒董仲舒劝
诫汉武帝时曾连续引述孔子语录："孔子曰'人能弘道，非道弘人'也。
故治乱废兴在于己，非天降命不可得反，其所操持悖谬失其统也。……
孔子曰'德不孤，必有邻'，皆积善累德之效也。……臣闻命者天之令
也，性者生之质也，情者人之欲也。或夭或寿，或仁或鄙，陶冶而成之，

不能粹美，有治乱之所在，故不齐也。孔子曰：'君子之德风，小人之德草，草上之风必偃。'故尧、舜行德则民仁寿，桀、纣行暴则民鄙夭。夫上之化下，下之从上，犹泥之在钧，唯甄者之所为；犹金之在熔，唯冶者之所铸。"（《汉书·董仲舒传》）西汉盐铁会议贤良文学与御史大夫桑弘羊论辩，"古者贵以德而贱用兵。孔子曰：'远人不服，则修文德以来之。既来之，则安之。'今废道德而任兵革，兴师而伐之，屯戍而备之，暴兵露师以支久长，转输粮食无已，使边境之士饥寒于外，百姓劳苦于内。立盐、铁，始张利官以给之，非长策也。故以罢之为便也"（《盐铁论》）。北朝农学著作《齐民要术》在介绍黍稷播种时，也要引述孔子语："孔子曰：'黍可以为酒'。"（《齐民要术·卷二》）在百姓日常生活中，引述孔子语录也极为常见："母亲，你孩儿去不的。你因甚去不的？孔子有云：'父母在不远游，游必有方。'所以为人子者，'出不易方，复不过时'，乃是个孝道，孩儿为此去不的。"（《王粲登楼·楔子》）通观古代文献，以"子曰""孔子曰""夫子曰"构成的引述语蔚为壮观，而"子曰"专指孔子语也成为古书通例。

时至今日，人们论理作文依然常常引述孔子话语，不作赘述。值得提及的是，近年来国家领导人在许多政治场合引述古代诗文谚句，也常提到孔子语录，如 2014 年 3 月 27 日，国家主席习近平在中法建交 50 周年纪念大会上的讲话中提到，"孔子说：'五十而知天命。'在中法关系进入'知天命'之年，我们要抓住当下、面向明天，更好规划中法关系未来发展，让中法关系更加紧密、更加持久、更加特殊"。（《习近平在中法建交 50 周年纪念大会上的讲话》）2015 年 3 月 5 日，国家总理李克强在第十二届全国人民代表大会作政府工作报告时指出"大道至简，有权不可任性"（《第十二届全国人民代表大会政府工作报告》）。之后有些媒体解读"大道至简"出于《老子》，反映出一种"无为而治"的思想。于是在 4 月 1 日的国务院常务会议上，李克强总理对此特别做出解释："千万别搞错了，我这里所说的'简'，是从孔子那里来的！"他阐释到，《论语·雍也》里有一句话，"居敬而行简"，"'居敬'，就是我们作为公务人员，首先要在内心敬畏人民。'行简'，朱子后来解释了，就是不要用太繁多的东西来扰民。这与我们简政放权的理念是非常吻合的"。

汉民族社会自上而下对孔子语录的群体性密集频繁地引述，其文化根源基于对古代圣贤，特别是孔圣人的集体认同和尊崇，与此同时，也将"子曰"符号化成为一个特殊的引述标签，使"子曰"除了具备普通引述功能之外，还带有了天然的权威性和导向性。因此，也不难理解，正是对"子曰"等引述权威性、导向性特征的利用和模仿，形成了大量的伪托圣贤、孔子之语，如"世俗之人，多尊古而贱今。故为道者，必托之于神农黄帝而后能入说，"（《淮南子·修务训》）讲的就是人们为了增强自己言论的权威性，便假托于神农黄帝等远古时代传说中的人物。《孟子·万章上》载，咸丘蒙问曰："语云：'盛德之士，君不得而臣，父不得而子。'舜南面而立，尧帅诸侯北面而朝之。瞽瞍亦北面而朝之。舜见瞽瞍，其容有蹙。孔子曰：'于斯时也，天下殆哉，岌岌乎！'不识此语诚然乎哉？孟子曰：'否。此非君子之言，齐东野人之语也。'"（《孟子·万章上》）齐东野人假托孔子之名，发出"天下殆哉"的感叹，借以证明和强化"盛德之士，君不得而臣，父不得而子"的观点。当言说者引述圣贤语录时，意味着自己的观点与圣贤相吻合，有了圣贤言论的支撑，权威性大大增加。从听者角度而言，圣人语即等同于真理，说服力大大增强。这种通过语辞信仰形成的无须质疑和不容置疑的表述特征，帮助话语表达者自然地完成某种话语导向，而这种表述特征一旦成为民族群体普遍接受和使用的方式后，也从另一个维度不断地构建和维护了汉民族文化传统中以儒家思想为核心的圣贤文化。

通过引述圣贤语录来彰显权威的言说方式导致的另外一个结果，即形成了权威话语崇拜的民族心理机制。"根据福柯的话语理论，话语乃权力的产物，在话语的实践中潜隐着权力的运作，因此，话语蕴含着权力，话语显现、释放并行使着权力，话语即权力。"[1]当汉民族意识到"子曰"引述具有某种权威性和指令性时，依据"子曰"的引述模式，造就和衍生了大量权威人士的"某某说"，将话语意义的实现直接体现为权威话语意义的实现。最典型的权威话语引述如"文化大革命"时期言必称"毛主席语录教导我们"，思想政治领域的"马克思主义认为"，新闻报道中的"专家指出""据权威人士称"，日常生活中的"专家说了""医生说了"，甚至孩子们奉为口头禅的"我们老师说了""我妈说了"等，在这样的引述表达中，"某某说"不仅仅承担说明引述内容出处的功能，更以一种无可辩驳、绝对权威的姿态为整个表达"一锤定音"；听话人也以相同的思维模式自然地接受了这种引述权威话语表达带来的肯定与确认。

二 引述经文典籍，古代文人治学为文的言说传统

如果说引述圣贤权威语录是汉民族用以凸显话语权力、形成话语导向为目的的引述活动，旁征博引、引经据典作为一种广泛使用的修辞手段，对古代文人阶层著书立说、讲古论今来说，则几乎是必不可少的。早在春秋时期，《庄子·寓言》篇中就提到，"重言十七，所以已言也。是为耆艾。"郭象注："世之所重，则十言而七见信。"成玄英疏云："重言，长老乡间尊重也。老人之言犹十信其七也。"耆艾，指老年人。庄子所谓"重言"，就是一种引用权威、长者的成说来证实自己的观点的修辞方式。运用"十言而七见信"的"重言"，能使人信以为真，达到说教的目的；对于莫衷一是、争论不休的问题，引用"重言"能够停止争论（"所以已言"）。南北朝时刘勰把引述称为"事类"，指出"事类者，盖文章之外，据事以类义，援古以证今者也。"（《文心雕龙·事类》）所谓"事类"即"事例"，讲的是在文章的主体以外，列举古代类似的事例论理，以古证今，也即援引古事古语来比类义理、证明当时。从这些关于引述理论的阐释可以看出，古代学者较早地注意到，治学为文时引经稽古的作用和效果。

文人学者进行引述，在内容上有着明显的倾向性，即所谓的"引经据典"。在以儒家思想为核心的汉民族学术传统下，经典，早期特指《诗》《书》《礼》《易》《春秋》等儒学典籍。儒家历来推崇传自古昔的经典文献，孔子通过讲读六经对弟子传道授业解惑，记录孔子及其弟子言行的《论语》中出现孔子及其弟子引述《诗经》4次，引述《尚书》2次；《孟子》引述《诗经》篇目及原文34处之多，引述《尚书》也达到了10次。儒家后代学人继承这一学术传统，言说为文时亦对传自古昔、负载了古代圣贤治国方略和道德精神的经典文献耳熟能详，援引自如。"特别是汉武帝定儒学为一尊、建立太学传授儒家经典后，从学者的文

章、文人的诗赋到臣僚的奏议，乃至日常谈话，更是大量充斥从五经、《论语》《孟子》《孝经》等摘引的话语。"[2] 与此同时，为文引经据典之风甚至影响到皇帝的诏、告、命、令、制、敕。据孟祥才统计，"两汉时期共有 17 位皇帝在诏书中征引经书 117 次"，这个数量是颇为惊人的。在统治者的垂范之下，当时的学人、思想家、文学家对引经据典的追求得到了极大的鼓舞，将治学为文的引述传统推动下去，并不断加以强化，使其经久不衰。

文人引经据典，一方面是对前代形成的言说传统的遵循和继承，另一方面也受到汉民族"崇古"文化心理和思维方式的影响。杨雅丽曾指出："华夏民族有'报本返始''务施报'的民族传统，人们的灵魂深处总是洋溢着'初始之完美'的文化激情，热衷于对历史的追忆和检索，总是希望在回望历史中寻找到可以指引和规范现实生活的真理，为自己的现实行为找到历史依据。"[3] 中国古人向往上古三代男耕女织的理想社会模式。陈剩勇也谈道："人们的一切实践和创造活动都必须以上古时代的'太平盛世'或'大同世界'的价值取向为依归，以信从和恪守农业——家族社会的礼教伦理纲常作为人格的最高理想，以'祖宗之法'和'圣贤古训'为实现价值的行为规范和价值评判的标准尺度。从历史上看，这种强烈的民族历史意识，在很大程度上指导着中国文化发展演化的趋势和走向。"[4] 先秦时期的许多学派的思想家也都不约而同地把他们的价值观念、社会理想、人格理想指向古代社会，这种强烈的"崇古"意识对古代学术活动的渗透，导致了"信而好古，述而不作"的治学传统，决定了古代学者围绕经文典籍一遍又一遍地进行着传、注、笺、疏、释、诂、训、诠、正义、章句、义理、集注、发微的工作，自然也就避免不了对经典文献的不断回望、审视、引述。

孔子曰："君子博学于文，约之以礼，亦可以弗畔矣夫。"（《论语·雍也》）古人习惯以是否"博学"作为标准对文人学者进行评价，这从另一个角度强化了文人引经据典的言说观念。古人著述，在自我言说主张之外，常以能够旁征博引、博古通今来展示自己的博闻强识，引述是否充沛得当，直接决定了文章表达的高下，这也让文人著书立说时对引述的运用更加自觉和积极。

三　引述谚语俗语，大众表达的话语方式

当汉民族文人阶层以引经据典来主张自己的言论时，市民阶层则选择以引述谚语俗说作为权威话语佐证自己的表达。

郭绍虞在《谚语的研究》里下过这样的定义："谚是人的实际经验之结果，而用美的言词以表现者，于日常谈话可以公然使用，而规定人的行为之言语。"[5]后来许多论著沿用这个说法。认为"谚语是人民群众表现实际生活经验或感受的一种'现成话'"[6]；认为谚语"是具有传授经验和教训劝诫功能，流传于人民群众口头中的现成话"[7]；认为"凡是为增强语言效果而把屡试不爽的生活经验总结出来，用以喻事明理并在用词上较为定型的直语常言，就叫做谚语"[8]，等等，这些说法，都强调了谚语鲜明的经验性特征。引述谚语，为日常生活中的言论提供理论依据，是民众言说的典型特征。人们可以从经久流传的谚语中汲取到生产生活经验，如"清明前后，种瓜点豆""水地萝卜，旱地葱""好地种棉花，坏地种芝麻""朝霞不出门，晚霞行千里""饭后百步走，活到九十九""三月四月不抹房，五月六月骂龙王"；获得普世的价值观念，如"人不可貌相，海水不可斗量""你敬人一尺，人敬你一丈""留得青山在，不怕没柴烧""身正不怕影子歪""人要衣穿，马要鞍装""远亲不如近邻"；传承到不变的民族习俗信仰，如"举头三尺有神明""上马饺子下马面""腊月二十三，灶王爷上天""女大三，抱金砖""媒人成不成，老酒要三瓮""见灵无哀，不如不来"。这些经验常识以谚语的形式被大家反复引述传播，指导着民众的日常生活。也正因为谚语具有经验认知价值，这种价值得到了"自古以来"的反复确认并"流传至今"，日常观点言论的表达通过引述谚语来做理论支撑，无论对言说者还是受众，都是极具说服力且乐于接受的。

民众引述谚语与文人引经据典有一个很大的不同，即，文人引经据典要有出处，甚至最好出自经典，即所谓"宗经"，才会显得学有根底，言论有所傍依。而这样的要求对于受文化教育程度参差不齐的民众以及口语为主的言说方式而言，显然不好实现。而谚语通俗的语体风格，决

定了谚语是老百姓可以信手拈来的最好选择。谚语从产生之初起，就是社会民众集体智慧的结晶，早期引述谚语即冠之以"有言曰"，在发展演变的过程中，引述谚语的前辞逐渐固定为"俗话说""老话讲""古人云"。谚、语、俗话、老话等既是前人对谚语概念的称说，也是谚语的引出方式，这些说法可以随意地搭配在任意谚语前面，重点在于对引述行为的标识和对"古语恒言"的强调，以此种引述方式增加言论的说服力。正因为引谚不求出处，所引内容自然也就没有对字句上绝对不可变更的限制，这也为民众引述的同时提供了一定的变异空间，有些是口语化的变异，比如"巧媳妇难为无米之炊"在口语中可以被说成"巧媳妇做不出没米的饭""巧媳妇做不出无米饭""巧媳妇做不上没米粥""巧媳妇煮不得没米粥""巧媳妇做不出没米的粥"。有些是语言的古今演变形成的变异，比如《汉书·枚乘传》有"欲人勿闻，莫若勿言；欲人勿知，莫若勿为"，《全唐文·魏征理狱听谏疏》中，这条谚语变成"欲人不知，莫若不为"。到了近代，人们在"欲人勿知，莫若勿为"的基础上创造出了"要想人不知，除非己不为""要得人不知，除非己莫为""要得人不知，除非己不为""要想人不知，只有己莫为"等说法，变异后的谚语失去了原有的文言文色彩，更接近于口语，易于人们理解。也有谚语在人们的使用过程中，将其中自己不习惯的词语或方言替换掉，比如把"不想粑粑吃，不在锅台边转"说成"不图锅巴吃，不在锅边转"。

可见，谚语经久流传的特征满足了民众言说时需要的理论支撑和权威诉求，谚语传递经验认识的特征为民众引述提供了内容上的保证，谚语内容通俗、形式相对灵活的特征使民间引述表达成为可能。当然，在具有鲜明引述表达倾向的汉民族言说观念引导下，民众表达同样为了实现崇古宗经、引经据典、言之有据、言论有所傍依的心理诉求，形成了引述谚语的言说方式和表达习惯，究其本质，谚语就是民众生活中、心目中的"经典"，引述谚语同样是汉民族引经据典、崇古宗经文化心理的体现。

汉民族引述言说观念的形成根源于崇古宗经、迷信权威的民族文化心理。在这一言说观念影响下的引述活动，是对前人思想、言论、经验、思维的反复再现和确认，这种长期的反复再现和确认，也成为汉民众逐渐形成赖以生存、习以为常、具有天然约束力的各种信条理念的重要途径，不断地建构着汉民族集体认知世界的方式，而这正是引述言说行为的文化意义之所在。

[参考文献]

[1] 韩志明：《从独白走向对话——网络时代行政话语模式的转向》，《东南学术》2012 年第 5 期。

[2] 孟祥才：《从秦汉时期皇帝诏书称引儒家经典看儒学的发展》，《孔子研究》2004 年第 4 期。

[3] 杨雅丽：《〈礼经〉引经与稽古修辞选择的崇古意识》，《学术论坛》2007 年第 10 期。

[4] 陈剩勇：《崇古意识与中国传统文化》，《探索》1988 年第 4 期。

[5] 郭绍虞：《语文通论续编》，开明书店 1948 年版。

[6] 武占坤、马周凡：《谚语》，内蒙古人民出版社 1980 年版。

[7] 王勤：《谚语歇后语概论》，湖南人民出版社 1980 年版。

[8] 宁矩：《谚语·格言·歇后语》，湖北人民出版社 1980 年版。

[作者简介] 王枫，1977 年生，女，内蒙古呼和浩特人，东北师范大学人文学院副教授，在读博士。

涉琴文化语词及其文化意蕴

王 枫

[摘要] 语言和文化关系密切。汉语中与琴相关的语词相互关联，形成了一个特殊的语义系统。这一语义系统既是中国古代物态琴文化的客观反映，也是汉民族通过对琴器、琴理、琴意进行思辨逐渐积淀而成的文化情感方式。琴语词系统折射出的风雅特征、知音情结以及夫妻情感的隐喻内涵是琴文化的重要组成部分。

[关键词] 涉琴文化语词；琴文化；文化内涵

中国古代乐器中，当属琴的历史最为久远、流传最为广泛，居琴棋书画四艺之首。秦汉以来，古琴以其无穷的艺术魅力及其有别于其他乐器的丰富的文化特征逐渐进入文人士大夫的生活及其心灵世界。一方面，文人雅士以琴观照自然、抒发情感、解脱忧愁、表现自我、创造美境、修养身心。另一方面，大量与琴有关的词语、熟语、典故、隐喻等不断建构和发展着独具中国意味的琴文化言语系统。

一 涉琴文化语词之风雅特征

"琴棋书画"之"琴"特指古琴。相传伏羲"削桐为琴"。《太古遗音》说："昔者，伏羲氏之王天下也，仰以观象于天，俯则观法于地，远取诸物，近取诸身，始画八卦，扣桐有音，削之为琴。"《琴书》引蔡邕《论琴》讲到古琴的形制功能时指出："伏羲削桐为琴。面圆法天，底平象地。龙池八寸，通八风；风池四寸，象四气。"尽管此说不免有附会之嫌，但也体现出制琴之人非同一般的心怀和深意——圣人制琴，依据的是最广大、最神秘的天地形态，想要传达的是天地的浑然真气以及人在天地间的惊惧与浩然。制琴之初，就决定了这种乐器不是简单地抒发日常悲喜之心，还含有欲与天地精神往来的渴望。此后，儒家强调诗歌的"风雅"二义，即认为诗歌应具备教化民众、讽谏时弊、规正得失的政治功能，并将此功能扩大至衡量文学、音乐等艺术创作的标尺，逐渐形成了中国古代传统中，琴与圣贤相关，与礼乐相合，以琴音教化天下、修养德行的文化特征。《论语·阳货》："子之武城，闻弦歌之声。夫子莞尔而笑，曰：割鸡焉用牛刀？"这里的"弦歌之声"即指子游以礼乐教化武城民众，孔子以半是戏谑欣喜半是对礼乐之治仅行于地方一处的怅惘莞尔肯定了学生子游的做法。成语"鸣琴而治"，又作"鸣琴而理""鸣琴称治"，语出《吕氏春秋·察贤》"宓子贱治单父，弹鸣琴，身不下堂，而单父治"。孔子弟子宓子贱鸣琴而单父治，以礼乐治理，达到"政简刑清"的统治效果。后又演化出成语"鸣琴化洽"，《说文》"洽，沾也"，"化洽"则更强调琴音对民众逐渐自然地浸润、影响，而这也是琴之"风雅"功用最本质的特征。"鸣琴之治"也省作"鸣琴"，或作"宓贱琴""琴堂"，后还用于歌咏官吏善于管理、处办具体事务，以至于成为旧时常用称颂地方官的谀词。

日常生活中，则将琴视为高雅卓然的象征。成语中常见"琴剑"对举、"琴鹤"连文，所举皆是文人雅士常见的随身之物。"琴剑"指文人的行装，即旧时文人出游时随身携带的两件物品，弹琴以自娱，佩剑以护身。"琴心剑胆"，即以琴为心声，以剑为胆气，比喻既有情致，又有胆识，可谓刚柔相济，儒雅任侠。"琴亡剑化"，多喻杰出人物离世。"琴剑飘零"，形容文人流落异乡，漂泊四方，落拓江湖，也作"飘零琴剑"。"琴剑萧条"，形容文人冷落寂寞。"独剑孤琴"，形容孤零零独自一人，多指飘零文人。古人又常以琴鹤相随，表示清高、廉洁。"一琴一鹤"，宋朝赵抃出任成都转运使，随身携带的东西只有一张琴一只鹤。后用来形容行李简少，也用来表示为官清廉。"诸葛亮空城楼上弹琴——乐若平常"，强调以操琴之闲静气度面对危局。相反，"烧琴煮鹤"是对雅物的粗暴破坏，则成为"煞风景"的形象比喻，语出《义山杂纂》"晶目数十，盖以文滑稽者。其一曰杀风景，谓清泉灌足，花上晒挥，背山起楼，烧琴煮鹤，对花嚷茶，松下喝道"。后世多作"焚琴煮鹤"，比喻粗鲁、庸俗的人糟蹋破坏美好的事物，令人扫兴。"黄连树下弹琴——苦中作乐"，又作"黄檗树下弹琴"，指人在烦恼痛苦之中而无可奈何，只好通过弹琴强作达观、自寻乐趣。"对牛弹琴"语出后汉《牟子理惑论》"公明仪为牛弹清角之操，伏食如故，非牛不闻，不合其耳矣"，也有歇后语"抱起琵琶进磨房——对牛弹琴"，都是比喻对不懂道理的人讲道理是白费口舌，或讥笑说话不看对象。以上均取琴言事，则因琴非凡俗之物，琴音非凡俗能解之意。

二　涉琴文化语词与知音情结

汉语中与"琴"有关的最为人熟知的词语恐怕非"知音"莫属。知音一词，最早见于《礼记·乐记》"审音以知乐""不知音者，不可与言乐"，指深谙音律、乐调之意。《列子·汤问》载"伯牙鼓琴，志在高山，钟子期曰：善哉乎鼓琴，巍巍乎若泰山！而志在流水，钟子期曰：善哉乎鼓琴，洋洋乎若江河。"后有《吕氏春秋·本味篇》续载"钟子期死，伯牙摔琴绝弦，终身不复鼓琴，以为世无足复为鼓琴者。"最终成就了"高山流水觅知音"的著名典故。此后，伯牙子期高山流水的故事在史书和民间广为流传，使得"知音"一词积淀了越来越厚重的文化意蕴，逐渐演变成为中国古代一个极具民族文化特征的内涵丰富的文化符号，并以其为核心概念，形成了大量与之相关的成语、谚语、歇后语，可谓蔚为壮观。

以俞伯牙琴曲中的高山流水意象为喻，形成了成语"高山流水"，又作"崇山流水""流水高山""水流山高"，或省作"流水"。这里，高山和流水再不是自然界的高山流水，也不仅仅是古曲之名，而是特指唯有至交友人方能理解的情感和心志。古人以琴言志，琴音在古代音乐文化、特别是"士"阶层的文化生活中除用作纯粹娱乐之外，往往将自我意志蕴含其中。唐代薛易简《琴决》"琴之为乐，可以观风教，可以摄心魂，可以辨喜怒，可以悦情思，可以静神虑，可以壮胆勇，可以绝尘俗，可以格鬼神。此琴之善者也。鼓琴之士，志静气正，则听者易分。心乱神浊，则听者难辨矣。"其中所谓"志"，正是寄寓于琴音之中的深层内涵。《说文》"志，意也"，朱熹《论语集注》"志者，心之所之也"，于琴，则体现的是操琴者的品格意志。孔子学鼓琴师襄子，所谓"习其曲""得其数""得其志""得其为人"，可以看出，他是将鼓琴当作人格培养和精神升华的重要方式和手段。所以，"高山流水"这一琴曲意象被用于形容思想情感交流活动达到的某种层级和境界，形容无须更多言语和行为即可达到的默契与心意相通。古代文人雅士之间，将把酒赋诗、操琴言志、实现情感、理想上的共鸣当作人生中可遇不可求的期盼，偶遇知音固然幸之又幸，形式异化为"高山流水觅知音""高山流水求知音""高山流水有知音""高山流水，知音难觅"，其中强调不断地觅求，更显知音的弥足珍贵。

围绕该典故中两个人物形成的熟语有："伯牙鼓琴""伯牙弹琴""伯牙辍琴""伯牙绝弦""伯牙琴绝""伯牙破琴""伯牙断琴""伯牙摔琴谢知音""破琴绝弦""钟期流水""钟期听""钟听""俞伯牙遇上了钟子期——有了知音"等，从中可以看到，后世大多取"伯牙痛失知音"的角度演化流传，钟子期对琴音的共鸣反而少人提及。我们认为，这与中国古代士人普遍对所谓"知遇之恩"的渴望情结不无关联。司马迁《报任安书》"盖钟子期死，伯牙终身不复鼓琴。何则？士为知己者用，女为悦己者容"。是因其现实境况对伯牙之绝琴做出的解释，"知音"在此之意义已经由原本平等的交流契合、理解共鸣，转向了希望取得当权者的了解认同赏识、推荐征辟提拔任用。这种中国士大夫普遍的文化心态，自从士成为一个社会阶层而希望致用于世时便已产生，并与其用世思想及其立德立功立言以期不朽的人生价值的实现相关。士之立功立业须待君主之知遇，而文人之立世传名也须待文章司命者之权衡。希冀得遇伯乐，报偿知遇之恩令人扬眉吐气；知音已逝，断琴以谢之痛也就引为人生一大憾事而为士人所尊崇和传唱。

三 涉琴文化语词与夫妻情感隐喻

琴瑟喻指夫妻，是涉琴语词中形成的另一个核心隐喻群。"琴瑟"二字均从"珡"。"珡"为"二玉相并之形"，意为"二玉相碰之声"。琴瑟都是通过弹拨发出悦耳之声的乐器。琴初为五弦，后由周文王改为七弦；瑟通常有五十弦、二十五弦、十六弦、十五弦几种，每弦配有一柱，上下移动，可以调节弦长以确定音高。琴与瑟两种乐器被古人视为雅乐正身的代表，常在古代礼仪中合奏。《礼记·明堂位》中有"大琴大瑟，中琴小瑟"，意为凡用大琴，必用大瑟相配；用中琴，则用小瑟相配，其声调方能清浊相济、刚柔互喧，达到五音和谐、优美动听的效果。《宋史·乐志》："古者有雅琴颂琴，雅瑟颂瑟实为之合。"也是在讲琴瑟配合使用。大概正是由于琴瑟配合为用的特点，古人才取之以喻夫妇，形成了"琴瑟友之""琴瑟在御""琴瑟静好""琴瑟和鸣""琴瑟和好""琴瑟和同""琴瑟和调""琴瑟之欢""琴瑟之乐"等形容夫妻关系和谐美满的语词。《诗经》中这样的用例不在少数：《诗经·周南·关雎》"窈窕淑女，琴瑟友之"。用琴瑟表达的是对爱侣的渴盼欢唔之情。《诗经·小雅·常棣》"妻子好和，如鼓琴瑟"。意思是夫妻的和谐互爱犹如琴瑟音调的和谐搭配一样。孔颖达《毛诗正义》："（士）与其妻子自相和好，志意合和，如鼓琴瑟相应和。"清方玉润也说"妻子好和，如鼓琴瑟。（即）今（语）云：'琴瑟友'，正是夫妇之义"。《诗经·郑风·女曰鸡鸣》也择取了琴瑟的意象："宜言饮酒，与子偕老，琴瑟在御，莫不静好。"描写新婚夫妇和睦的生活、笃诚的情感和对生活的美好愿望，有如身边的琴瑟一样，会天天厮守在一起。朱守亮《诗经评释》："琴瑟之在用，言夫妇之和乐也。"相反，"琴瑟不和""琴瑟不调""隐琴肆瑟"则用来喻指夫妻关系不够融洽和合。

琴瑟配对成双以喻夫妇男女，在古典语义中实与鸳鸯、比目鱼、连理枝、凤凰、双蝶、雌雄鸟等一样，其重要的功能是反衬落孤、失偶、形单影只。因此，文学中琴瑟的破损、闲置状态也形成一种集中化的语义习惯：即两性之爱存在缺憾，或有可悲可叹之处。[1]熟语中，"素琴闲置""独理琴弦"表达的是孤零一人、独守空房之惆怅。古诗中如鲍照《拟古》："明镜尘匣中,瑶琴生网罗。"嵇康《赠秀才从军五首》之二、之五:"春木载荣,布叶垂阴。习习谷风,吹我素琴。咬咬黄鸟,顾畴弄音。感悟驰情,思我所欢。""旨酒盈樽,莫与交欢。鸣琴在御,谁与鼓弹……佳人不在,能不永叹。"而"琴断朱弦""弦断""瑟破"则表示"丧偶",如清代洪昇《长生殿》"奴家杨氏,幼适裴门,琴断朱弦,不幸文君早寡",指文君失去了丈夫。后有丧妻为"断弦",再娶为"续弦"之称,即源于此义。

综上,从语言的角度观照中国古代琴文化,我们看到的是涉琴语词系统内部相互关联又自成一体的一个个语义文化群,这种独具中国文化意蕴的言语方式及其内涵,是物态琴文化的客观折射,也是一个民族通过对琴器、琴理、琴意进行思辨逐渐积淀而成的文化情感方式。对涉琴文化语词文化内涵的观照,是我们理解中国古代琴文化不可或缺的重要方面。

[参考文献]

王政:《〈诗经〉与琴瑟之喻》,《诗经研究丛刊》2003 年第 1 期。

[作者简介] 王枫,1977 年生,女,内蒙古呼和浩特人,东北师范大学人文学院副教授,在读博士。

口语交际中发话人的多项选择

李勉东

[摘要] 口语交际多是发话人与受话人在同一时空环境下双向互动展开的，为使交际顺利进行并取得满意的效果，发话人要对话题、语码和表达方式等加以同步多项选择。话题选择有时是任意的，有时是强制性的；并有自由性、强制性、自发性和终止性转换。语码选择涉及语言的地域、行业、年龄和性别等变体。表达方式的选择涉及多种因素，表现呈多样化。

[关键词] 口语交际；话题；语码；表达方式

口语交际是以有声语言作为中介符号进行的，与书面交际明显不同的是，交际双方是在同一时空条件下双向互动展开的。因此，发话人的言语行为更直接受到语境的影响。为了顺利地进行交际并取得满意的效果，发话人要在准确、及时地把握语境、交际对象、交际进程多种因素的基础上，由始至终地对称谓语、寒暄语、话题、语码、表达方式、话语形式等进行恰当选择，这种选择是多项的，而且多是同步综合进行的，选择的好坏，直接关系到交际的成败。修辞学也研究发话人的选择。但侧重于话语形式，如怎样选择词语、怎样选择句式等，本文从言语交际学的角度，简要考察分析话题、语码、表达方式的选择问题。

一

一次具体的口语交际总有一个或几个中心内容，这便是交际的话题。

话题是经过一定的称谓、寒暄后正式开始交际的首要选择。交际能否顺利开始并继续下去，同发话人选择什么样的话题有相当大的关系，话题符合交际要求，或足以引起受话人的兴趣，就容易使交际顺利进行；反之，则可能造成交际的中断。

话题的选择主要有两种情况：一种是任意性选择，即发话人对话题的选择比较自由，只要发话人认为某个话题足以引发交谈，就可见机行事，信手拈来，语境和交际对象对话题没有什么特别的限定和要求。比如日常聊天、会客等大都如此。这种选择大体上可以想到哪说到哪，不必考虑严格的逻辑顺序，而且，由于聊天等交际行为本来就具有临时性，因此，发话人也无须做什么特殊准备。另一种是强制性选择，即交际目的限定了发话人必须选择某一问题作话题，他可以在交际之前就确定好话题，并针对话题有所准备，在交际过程中，不论谁充当发话人都要紧扣话题，不能轻易偏离或另有选择。座谈、谈判、推销等大体属于这一种，授课、报告、演讲等宣讲式交际更是如此。当然，任意性和强制性只是相对而言，任意性也不完全是随心所欲，毫无顾忌，强制性也不是说绝对没有一点自由，这主要取决于选择在多大程度上受到语境、交际对象等的影响。比如，婚宴上的交谈是可以任意选择话题的，但同婚礼不相适应的死亡、肮脏事物等就不宜作为话题提出；而推销当然要以商品的质量、价格等为话题，但间或谈些别的什么也不是不可以。

恰当的选择话题是引发交际的必要前提。但是，由于话题内容的不同，在话题提出后，交际参与者的发话机会却不一样。有的话题是互动性的，交际参与者对这种话题都有兴趣并都有了解，如当前的时事、同学叙旧、旅伴的旅途见闻，因此，每个人都有发话的机会，各抒己见，轮流"坐庄"，交际便在你言我语中向前推进。有的话题是自动性的。发话人对话题涉及的内容比较熟悉，而受话人对此虽不熟悉却有浓厚的兴趣，他没有谈论此话题的资格但愿意听下去，因此发话的机会，自然留给了话题的提出者，他可以借机高谈阔论一番，交际的主动权始终在他的一边。还有的话题是使动性的，发话人提出一个话题，意在引发对方发话，这多半是话题提出者希望从对方那里了解自己不知道的信息，对方乐于作为发话人侃侃而谈时，原发话人便自动洗耳恭听，以"取人之长，补己之短"。无论是哪种话题，只要选择得当，都可以使交际顺利地展开。

一次具体的口语交际中，最先提出的话题是始发话题。有时，一个始发话题可以贯穿于交际的始终而不变化，这多半是该话题涉及的内容多，彼此都有兴趣，或交际过程较短。有时，由于交际参与者对始发话题熟悉或感兴趣的程度的限制，以及交际过程较长，在围绕始发话题谈论一番之后，又会有接续话题，即又提出一个新的话题，这便是所谓的话题转换，转换实际上是一种新的选择。

话题转换同交际者对原话题及交际进展的心理评价有关，因此，转换并不是简单地从一个话题过渡到另一个话题，而是有着不同的转换动机。这大体可分为以下四种情况：

1. 自然性转换。这是交际双方在融洽的交谈中，都乐于将交际继续下去，但是原话题已没有更多的内容可谈，于是自然将话题转换一下，使交际得以接着进行而不致中断。比如，旅途中旅伴的交谈常常如此，他们可以先谈谈天气，再谈谈各自的工作，然后是时事新闻、各自的爱好，等等，选择与转换是随意的，交际也因此进行得十分和谐而友好。

2. 强制性转换。这是交际的一方对原话题兴犹未尽，而另一方却已失去兴趣，但后者又不想中断交际或甘心洗耳恭听，于是主动转换话题借以改变交际的进程。例如：

例 1："我要想得到一个东西，就非要得到它不行！"

小莉任性地甚至有点凶狠地说。

"要有人妨碍你得到它呢？"

"那我非想办法除掉他不行！"

李向南心中一震。他决定不再谈这样吓人的话题了。

于是笑了笑说："你看这河，"他指了一下雨雾茫茫中湍急的河流，

"我小时候就尽在这河水里玩儿。"

"是吗？"小莉一下高兴地笑了。

李向南不愿再就小莉的话题谈下去，但又不想终止交谈，于是借景换题，谈起眼前的河水，小莉接受了，表示了配合，交际又得以进行下去。

3. 自发性转换。这是发话人感到自己正谈论的话题不太合适或发现对方对此没有什么兴趣，自己因此而显得被动、困窘，为了摆脱困境，于是自动放弃原话题而选择一个新的话题。

> 例2："你爱人现在在哪儿？"
> "我？"林虹含笑看着范书鸿，微微摇了摇头。
> "你……还没结婚？"范书鸿问道。
> "我结过婚，又离了。"林虹平静地说。
> "噢……"范书鸿不自然地点点头，感到问得太唐突了，"你看我们家挤成什么样了。"
> 他转换了话题，还指了一下整个房间。

范书鸿不清楚林虹离婚的事，唐突地问起来，当得知对方的处境后有些后悔，赶紧转移话题，以便使交际轻松地进行下去。

4. 终止性转换。这是原受话人不仅对发话人正津津乐道的话题没有任何兴趣，而且想终止交谈，于是借机转换话题打住对方的发话，暗示对方自己希望快些结束交谈。比如，甲正大谈自己的新发现，而乙却趁机说："该吃中午饭了吧？"其转换的目的显而易见。

二

如果说话题是发话人要"说什么"或希望对方"说什么"的问题，那么，"用什么"来说，即使用什么样的语码来表达，变成了另一种重要选择。语言本来是一种抽象的东西，交际中使用的语言则是具体的甲民族语言或乙民族语言，并且表现为具体的标准语或某种方言。如果一个人具有说两种以上语言的能力，或既会标准语又会某种方言，他就起码具有使用两种地域性语码的能力，即所谓的双语或双言使用者；而且，由于年龄、性别、行业等社会身份的不同，还使他的地域性语码具有某种社会特征，从而产生与同一语言群体共有的年龄变体、性别变体、行业变体等，后者可以叫作社会性的语码。发话人在表达时要对这两类语码进行同步选择，并可能在交际进程中加以转换，以使语码更好地服务于交际目的等的要求。

　　皮特·科德指出："人们并不一贯使用'一个独特的个人语言体系'。一个人在说话的时候，会对他所处的社会环境做出反应，把'自己的身份'和'听话人的身份'联系起来而随时在社会和地理两个方面改变他的言语行为。"这两种改变的关系及过程，皮特·科德作了如下形象的图式：

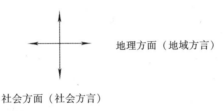

　　"图中交叉点可以看作一种'规范'"，发话人"会沿着上述两个方面，朝他感觉到的'规范'或标准这个方向来回移动。"[1]上述分析对深入认识语码的选择与转换很有启发。

　　如果用上述的交叉线表示语码的选择过程，可以同时取四条线，一条线代表地域性语码，即地域变体，另外三条线分别代表社会性语码的年龄变体、性别变体、行业变体，其图示可扩展为：

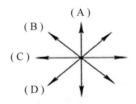

地域变体（A）；年龄变体（B）；性别变体（C）；行业变体（D）

发话人在选择语码时，是要同时将四条线来回移动，最后固定在四条线的交叉点上。比如，一位老年女教师在授课时，其交叉点上的最终语码可能是：

A 线：标准语

B 线：老年用语

C 线：女性用语

D 线：教学语言

而一个男性青年农民在和村里人谈话时，其选择会是另一种情形：

A 线：本地方言

B 线：青年用语

C 线：男性用语

D 线：家常、农业用语

可以说，不同身份的人在不同的语境对不同的受话人都会作出不同的选择。语码选择恰当与否，虽然有时并不一定妨碍意思的表达，但对交际效果肯定会有不同影响。比如，一个进城没几年的乡下人回到家乡后完全放弃本地方言；一个年轻男人却满口女人腔，无疑会使受话人十分反感。

从发话人选择的语码和受话人所熟悉的语码的对应上分析，发话人的选择不外乎两种情况：一种是尽可能选择对方熟悉的语码，即一致性选择；一种是置对方熟悉的语码于不顾，选择有别于对方的语码，是区别性选择。造成这两种选择的主客观因素有很大的不同。一致性选择，首先最明显的是取决于受话人要通过语码来体现与对方所具有的相似性。社会心理学研究表明，人们都乐于同与自己有相似点的人交际、谈话，因为相似性因素可以缩短彼此间的心理距离，容易唤起对方的心理共鸣。一个常年在外地工作的人，在工作单位可能讲普通话，一旦遇到同乡，或回到家乡，就可能改用本地方言，这样才容易谈得拢。著名电影导演谢添有一次与美籍华人王赣骏夫妇同机飞往西安，开始两人都讲普通话，谈得很投机。谈话过程中，谢添得知王夫人冯雪平女士是广东人时，就和她用广东话交谈起来。分手时王夫人用家乡话同谢添告别说："这里的人真热情。"王夫人的感受同谢添使用广东话不无关系。而谢添之所以要进行语码转换，实在是为了体现他与王夫人的相似关系。一致性选择还取决于后一个发话人对前一个发话人所使用的语码的认同和配合。甲乙两个人在交谈中，如果彼此的语码能力相当的话，那么，甲先使用了某种语码，乙也会相应同其配合而使用该语码。上举谢添先说了广东话，王夫人便相应地说起广东话来。两个搞相同专业的人，甲在谈话中首先使用专业术语，乙也会步其后尘与其相照应。区别性选择同发话人要通过语码突出自尊以拉开和对方的交际距离有关。一个在城里工作的人回到家乡不说当地方言而仍说普通话，常常是以此表示自己有教养、见过世面，已不再是"乡下佬"了。有的读书人即便是同普通百姓交谈也仍然文绉绉地满口"之乎者也"，无非是以此表明自己有学问，说出的话不俗气。美国密执安大学史珂坦教授在北京大学讲学时，举过这样一个例子：在非洲的一个村落里，弟弟开了一个杂货店，姐姐进店买东西时，开始姐弟俩用当地方言寒暄一阵，寒暄一完，弟弟以店主身份开始卖货，马上转用当地的普通用语。当姐姐用方言说想赊点东西时，弟弟仍使用通用语表示拒绝。[2]这种区别性选择显然是弟弟要表明自己的身份，借此暗示了"亲是亲，财是财"这样一种交际态度。

语码的选择与转换，是发话人的一种有意识的自觉行为。虽然这种选择不像话题选择那样有时是漫无边际的，而只是在几种有限的语码中选择其一，但是，由于它既可以表明发话人的情感、态度及其变化，又可引起受话人的某种心理效应，因此，为了有效实现交际目的，恰当地选择语码也是十分重要的。

三

在选定了话题和语码的前提下，发话人同时要考虑："怎么说"的问题。这起码包含两方面的内容，一是对表达方式进行选择，二是选择合适的词语和句式组织成具体的话语形式。

表达方式是指表情达义、传递信息的具体手法，比如，大体相同的意思，是说得直率些，还是含蓄委婉些；是力求精确，还是稍稍模糊些，等等。从功能上说，表达方式比话题和语码对交际效果的影响更直接、更明显。有时，虽然话题选择得好，语码也合乎交际要求，但由于表达方式欠佳，仍然难以使交际顺利进行并取得好效果。有时，虽然话题并未引起对方的兴趣，语码也未得到对方的心理认同，但由于发话人选择了恰当的表达方式，仍然可以唤起受话人的交际热情，使交际收到良好的效果。

表达方式是多种多样的，不同的表达方式有不同的表达特点和交际作用。比如，直陈式是有一说一、有二说二、是好是坏、是有是无、开门见山、毫不含糊，因此，这种方式最适于明确传递信息，最容易使受话人确切了解发话人的本意。与此相对，委婉式则是一种间接、含蓄地传递信息的方式，发话人出于某种考虑，不去选用直接明确表达本意的话语形式，而是将意思曲折地说出来，受话人接受到信息后要用心揣摩一下才可理解，例如，使用反语、双关、避讳、反问的修辞手法。再比如，话语表达常常要求精确，但这并不排除有弹性的模糊式的使用，发话人本来对事物或问题有确切的了解或明确的态度，但由于某种原因却故意选用模糊词语，例如，在话语中用上"可能、好像是、大体上、听人说"等，传达出一种不确定的信息，从而使自己具有回旋的余地，受话人也同样会将其作为不确定的信息来把握。孤立地说某种表达方式，无所谓优劣，当它们被运用于不同的场合、不同的对象，表达不同的内容时，才显示出各自特有的效果。

表达方式的选择受到各种交际因素的影响。有时，交际内容本身就限定了发话人应选择哪种方式，比如，向同伴打听时间，在汉语中大都直接发问："几点了？"如果对方知道并乐于回答也会直接作答。此类问答，一般不会也不必采取委婉式。有时，交际双方的角色关系也对表达方式起某种制约作用，比如，同是批评对方，权势关系中有权势的一方对无权势的一方，如父对子，老师对学生，常常比较直接；而无权势的一方对有权势的一方，如子对父，群众对领导，则常常采取委婉的方式。一定的表达方式有时同发话人所具有的某种属性或个性特征有某种对应关系，比如，日本人的话语表达常常是委婉、含蓄的；而中国的北方人则以直言不讳为多见；儿童之间的交际以直陈式为多见，他们还不会拐弯抹角；而性格内向或巧于心计的人则愿使自己的表达委婉些、模糊些。此外，不同的语境、交际态度等也无疑对表达方式的选择有不同程度的影响。

话题、语码和表达方式，最终都是通过一定的话语形式外观出来的，而对话语形式同样有一个如何选择的问题，如词语的选择、句式的选择、修辞格的选择等。这个问题在修辞学中已有深入研究，这里从略。

在口语交际过程中，发话人承担着从言语编码到言语输出的工作，通常把言语编码解释为组织内部语言，实际上，在组织内部语言之前或同时，发话人要在极其短暂的时间内完成上述种种选择，而且选择是多项并同步进行的，这是一种复杂的心理活动过程。选择合理、恰当，就为编码和输出提供了必要的前提，否则，将是一种盲目的、难以取得理想效果的无效活动。

上述种种选择，其各自的内容、特点各不相同，但他们共同服务于一定的交际目的，并受制于语境、交际对象、交际进展情况等交际要素，发话人要想成功地进行交际，恰当地进行各种选择十分重要，而要恰当选择，对这些交际要素的准确把握，同样是不可缺少的。

[参考文献]

[1] S. 皮特·科德：《应用语言学导论》，上海外语教育出版社 1979 年版。

[2] 陈松岑：《社会语言学导论》，北京大学出版社 1985 年版。

[3] 姚亚平：《文化的撞击——语言交往》，吉林教育出版社 1990 年版。

[4] 刘焕辉主编：《言语交际学基本原理》，江西教育出版社 1997 年版。

[作者简介] 李勉东，1953 年生，男，黑龙江省哈尔滨人，东北师范大学人文学院教授。

语伴言语对预科留学生文化适应的影响

王 悦 宋长改

[摘要] 本文以来华预科留学生文化适应案例为研究对象，分析语伴言语对来华留学生文化适应的影响。语伴言语体现了汉语国际教育专业教师言语的特点，这决定了语伴言语会从学业适应和日常交际两方面对留学生的来华学习生活构成影响。因此必须对语伴言语的规范性予以重视，使语伴言语成为来华留学生文化适应的助推器。

[关键词] 语伴言语；预科留学生；文化适应；案例研究

随着中国经济的迅速发展，来华留学生的数量逐年上升，留学生的文化适应问题逐渐引起了汉语国际教育界研究者们的关注。本篇文章主要研究语伴言语对留学生文化适应的影响。在中国的特殊环境下，由于欧美国家常用的留学生家庭住宿模式无法大范围推广，所以语伴辅导这种文化适应的辅助模式有很大的应用空间。因此，语伴言语对留学生文化适应起到了很大的辅助作用，所以本文将从学业适应和日常交际适应两方面来阐述语伴言语对留学生文化适应的影响，并探讨规范语伴言语的有效途径。

一 语伴言语的特点

广义的"语伴"指"拥有不同母语的两名或多名语言学习者采用某

一种语言进行学习和交流"[1]。因此，几名学习者互为语言伙伴。本文中"语伴"指在汉语为第二语言的学习过程中，一起学习汉语的伙伴。留学生的语伴指为来华留学生进行汉语辅导、帮助留学生解决日常生活交际问题的汉语国际教育专业的本科生。他们在留学生的汉语习得过程中起到辅导、督促和鼓励的作用，他们的目的是帮助留学生熟练掌握汉语，提高综合运用汉语的能力，并帮助留学生解决在跨文化交际中遇到的各种学习和生活问题。

（一）"语伴言语"的界定

上文我们谈及语伴的意义，由此可见"语伴言语"就是指语伴交流中所使用的交际话语，它既包括语伴与留学生学习汉语的过程中使用的教学沟通言语，也包括日常生活中的交际言语。语伴言语除了有声语言之外，很多时候语伴的副言语也在留学生学业适应和日常交际适应中产生很大的影响。比如，语伴的言语语气、语调、手势、表情等都会对留学生文化适应产生重要影响。由于本文所指的语伴是汉语国际教育专业的本科生，具有专业素质，所以下面探讨"语伴言语"与"教师言语"及"志愿者言语"的区别。

"教师言语"是指第二语言教师为了达到教学与交际的目的，对学习目的语的非母语学习者在课堂教学和课外交往中有意识使用的目的语系统的变体。它的主要特点是标准、难度低、语速慢及体现循环复习等教学意识。语伴身为国际教育专业的本科生，即是受过专业训练的预备汉语教师，所以他们的言语定会体现出教师言语的特点。但是由于教学经验不足和与留学生接触的环境限制（大量日常交际环境），所以语伴言语只是对教学起到一定辅助作用，言语较教师言语更随意，比较口语化。

在来华留学生文化适应中的另一个角色是志愿者，志愿者是指不索取任何物质报酬，主动为他人、为社会承担责任的人。为留学生服务的志愿者不是专业意义上的语伴，语伴目的是学习语言的，志愿者的目的是辅助留学生的日常生活适应。推演来说，志愿者言语没有经过专业培训，不体现汉语教师的语言特色，只是日常交际的口语。所以，在来华留学生的跨文化交际圈里，接触最多的人，除教师以外，便是语伴。因此，研究语伴言语对留学生文化适应的影响是有价值的。

（二）语伴言语对留学生文化适应的影响范围

上文从宏观角度界定了语伴言语的性质，下文将从学业适应和日常交际方面阐述语伴言语对来华预科留学生文化适应的影响。

1. 语伴言语对来华预科留学生学业适应的影响

语伴多为汉语国际教育专业本科生或者研究生，他们的语言经过汉语国际教育专业多年的训练，能够体现汉语国际教育专业教师言语的一些特点。第一，言语标准。语伴多通过国家语言文字工作委员会的普通话水平测试，均持有二级乙等以上的普通话水平证书。第二，言语难度低。体现在所用词汇、语法符合留学生的语言级别。第三，体现教学意识。无论是言语的结构还是交流的主题，语伴言语都会围绕留学生学过的汉语知识和技能进行。所以单班课上，语伴所用的言语就是一种教学言语，它既是一种特殊语言，又是一种照顾式语言，在词汇、语音、语法教学方面等都是以学生为中心，都考虑到留学生的汉语学习水准，所以语伴言语对留学生学业适应起到了很重要的影响作用。

2. 语伴言语对来华预科留学生日常交际的影响

除了单班课的教学，语伴的另一个任务是辅助留学生掌握汉语的基础知识和基本技能，帮助留学生用汉语进行日常交际。最大特点是以学生为中心，从留学生学习需要出发，在辅导过程中交际化，不仅仅要学好课堂知识，还要用好课堂知识，即学以致用。

学好汉语知识为的是用好它，所以语伴言语注重言语结构和功能的结合，留学生的日常交际通常是围绕一个话题展开交谈，提高日常交际能力的前提就是巩固留学生对交际言语功能和结构的准确掌握度。语伴言语帮助留学生加强言语功能，巩固扩展结构，这样可以更好地起到辅助作用。语伴言语把教师言语的特性延伸到留学生的日常交际中，即注重言语的循序渐进，螺旋式提高，加强重现度，以旧引新，围绕一个主题展开交际。

上文我们着重阐释了语伴言语的特点以及对留学生的文化适应影响范围，总而言之，语伴言语贯穿了留学生的学业适应和日常交际文化适应，使二者有机结合起来，使留学生在自然习得汉语的过程中，潜移默化地适应中国文化。

二 语伴言语对留学生文化适应的影响

（一）语伴言语对来华预科留学生学业适应的影响

语伴通常会在一周内对留学生进行两次到三次的单班课辅导教学。"单班课，就教材内容而言，并不是一门独立的课型。"[2]而是在留学生基本掌握了课堂语言结构后和语伴进行的一对一的微型操练，留学生在语伴的引导下进行的一种类似真实交谈的课堂活动。它充分体现以学生为中心的教学原则，它的作用就是辅助上午的大班课进行教学内容的巩固。

1. 语伴言语对留学生适应跨文化教学模式的影响

下面就从单班课授课案例来分析语伴言语对留学生学业适应的影响。

先从跨文化教学模式适应角度来说，语伴会为留学生学业适应创造一个全新的教学环境，这会起到激发留学生学习动机的积极作用，并和留学生及时地进行教学反馈，为留学生答疑解惑。下面以巴布亚新几内亚留学生亚维和他的语伴的案例为例。

亚维讨厌写很多的作业，他说中国的老师留的作业太多了，他不喜欢这样。在课堂上他很少说话，不积极发言。语伴问他原因，他说他不喜欢中国老师的讲课方式，老师们上课都很严肃，课堂不活跃、不自由，再加上他的汉语不好，他不敢说话。他不喜欢考试，不喜欢换班级，他很想念在巴布亚新几内亚的学习生活。后来语伴慢慢和亚维沟通："亚维你觉得 HSK 考试难吗？如果你想通过 HSK4级，就要多做作业，这样你的汉语才会提高。你每天要学的知识多吗？所以上课很紧张，上午的课主要是讲解语言知识，没有时间做更多的活动。如果你想练习汉语，下午的单班课，我来陪你做活动……"慢慢地亚维变得适应起来。

通过上面的案例不难发现：语伴和留学生的言语交流，不仅是一种汉语学习，也是一种跨文化的心理疏导。案例中的亚维因为教学模式的差异出现了一些文化适应消极现象，而他的语伴就是通过言语交流来帮助亚维慢慢适应这种学习模式。所以，语伴完成了一对多的大班课教师无法完成的教学反馈与跨文化问题指导的任务。很多跨文化学业适应问题是个性化的，差异明显，所以必须有针对性地、及时地解决。这就凸显出语伴单班课的作用和沟通式辅助的教学效果。

2. 语伴言语对留学生学习语言结构的影响

语伴言语对留学生学习语言结构，特别是语言要素有着重要的影响。以汉语的语音、词汇、语法和汉字语言要素为教学内容的单班课教学来说，语伴言语也会对留学生的学习过程起到推动作用，下面仅举一个汉字教学的案例。

以拼音文字为母语的留学生学习汉语的最大难处是汉字的书写，汉字书写是一个过程，这个过程需要掌握一定技巧，激发留学生学习汉字的热情。因此语伴在留学生汉字教学方面要特别注意教学言语的使用。下面是预科部赤道几内亚留学生泰迪学习汉字过程中与语伴的对话：

> 泰迪最大的难题就是汉字，泰迪很讨厌听写汉字，但是我每次很耐心地为泰迪讲解汉语书写规律，还把笔顺口诀告诉了泰迪，我说："汉字就像一个图画，你要把它的特点画出来对不对？每个偏旁部首都有自己的意思。"泰迪说："我觉得很有意思，我要好好学画汉字。"经过一段时间的学习，他养成了主动分析汉字的习惯，见到汉字他就会分析："这个字是左右结构，人字旁，你说对吗？"

从上文案例可以发现，语伴要巧妙地运用言语指导留学生，必须具有坚实的汉语基本功，能够灵活地解释各个语言要素的特点。同时语伴的教学言语要从留学生的学习心理出发，找到能引起留学生学习兴趣的兴奋点，这样才会提高留学生汉语学习的积极性，对学业适应起到积极的辅助作用。

（二）语伴言语对来华预科留学生日常交际适应的影响

留学生文化适应的另一方面还体现在日常交际适应中，在日常交际中留学生会对新环境排斥，语伴便是帮助留学生更好地适应日常交际的特殊角色。本文着重研究群体文化适应和权力距离这两个方面，从这两个方面探究出语伴言语对留学生日常交际产生的重大影响。以预科部索马里留学生穆尔和语伴的案例为例。

> 穆尔的性格比较内向，他很想家，有时候会在宿舍流泪。他很想多交中国朋友，但是自己害怕，所以穆尔只是和同样来自索马里的留学生交流。语伴很为他担心，于是问他："你有几个中国朋友？"他说："有两个，一个是你，另一个是教我的老师。"于是语伴鼓励他说："你可以多认识一些中国人！不要伤心，不要总是一个人做事情，这样多没意思！大家在一起，会有很多有趣的事情。多交中国朋友不仅可以练习你的口语，而且还可以了解中国人不同的思维方式、不同的文化，这样是不是很好呢？"在那之后，穆尔渐渐地主动与其他留学生的中国语伴打招呼，也慢慢交了很多中国朋友。

以上案例显示语伴"言语修辞行为"[3]的使用对留学生的日常交际产生了很重要的积极影响。穆尔的语伴用"不要/不能/别/+ 哭/难过/伤心"这样的安慰套语来安慰有些文化休克症状的穆尔。此种方式多用于对于某种情况的否定，说话人的目的就是让听话者心情变好，在案例中穆尔听完语伴的话心情变得越来越好，主动和语伴交流，穆尔的文化适应状况在逐渐好转，由此可以看出语伴言语行为修辞会对留学生日常交际适应起到积极作用。

三 语伴言语的规范性

通过上面的研究，我们不难发现语伴言语对留学生的学业适应和日常交际方面都起到一定正向的推动作用。但是不规范的语伴言语也会对留学生文化适应起消极作用。比如：语伴汉字发音带有方音；语伴语法知识储备不足，不能及时回答留学生的问题；语伴的汉语词汇量小，无法帮助留学生解决词汇方面的问题。语伴汉语基本功的种种问题都会对留学生的学业和文化适应带来不利的影响，所以对于存在的问题，我们可以从以下几方面来进行规范。

（一）从留学生学业适应需要来规范语伴言语

对于留学生来说，中国汉字语音学习中的另一个大问题是，很多留学生发音比较困难，尤其体现在声调方面。所以提高语伴汉语发音水平对留学生学业适应非常重要。要注意变调和汉字的特殊读音问题，语流中的音变等。因此在辅导留学生时，语伴一定要注意每一个字或者词语的读音和声调。下面以预科部古巴留学生李娜为例来分析语伴语音面貌对留学生语音面貌的影响：

> 李娜的母语是西班牙语，所以她在发"r"音的时候舌头多次颤动，而中文的发音不颤动。于是我反复给她示范，并且告诉她："汉语和西班牙语的发音不一样，我读汉语的r，你读西班牙语的r，比一下，有什么不同？"然后我再用与r结合的双音节字、多音节字对她进行训练，最后还练了一个有关r音的绕口令。她对我说："老师，太难了，太难了！"我说："以后你再读错r，就练练这个绕口令。"后来，她对于r的发音越来越好了，而她也有意识地控制自己的母语，绕口令也说得不错。

汉语语法的进一步规范也是促进留学生文化适应的一个重要方面，语伴可以充分利用自身优势，用母语语法来进行两者的对比，在比较中求同存异，这样就会更加有利于沟通。蒙古国预科部留学生腾飞与语伴的对话如下：

> 有一天腾飞问我："'何必'和'何况'都表示反问的，但有什

么不同呢?"我当时是这样讲的:"何必的意思是'不必';何况的意思是'更不用说'。"之后又给他举了几个例子:"'何必',(1)既然不会下雨,你何必带伞?(2)还没有上课,你何必去那么早?'何况',老年人都能爬到山顶,何况是年轻人呢!"腾飞在课下自己会找一些他感兴趣的汉语知识,像同义词、歇后语或者是汉字谜语,还有一些中文电影中的台词,然后和我一起讨论、分享他自学的一些新知识。

在本案例中,语伴为留学生举例讲解"何必""何况"这两个词语,这类有一定难度的近义词是留学生到中级阶段经常会问的问题。所以提高并且巩固语伴的语法知识特别重要,如果语法知识掌握不好,不能为留学生解决常见问题,语伴和留学生之间就会产生隔阂,就会出现信任危机,这对留学生文化适应有很大的负面作用,所以语伴必须提高自己的语法知识。

(二) 从语境和语伴表达方式角度规范语伴言语

为了帮助留学生更好地适应新环境,语伴还要注意和留学生言语交际的语境状况。高语境与低语境最早由爱德华·霍尔提出:"高语境文化中信息的大部分要传播参与者通过环境推测出来,而低语境文化信息内容由所传递的讯息表达,不需要依赖环境去推测。"[4]研究中发现有案例显示:掌握好语境是规范言语的一大突破点,索马里预科部留学生穆尔和语伴关于高低语境对话案例如下:

因为穆尔是一个用功的学生,他说明天有考试,所以他想让我今天就帮他复习。穆尔问我:"你今天晚上有空吗?"但是我考虑到我们已经上完单班课了,再说天已经黑了,于是我说:"如果有空的话,我会辅导你,可是我今天还有其他的事要做。"可他一直问:"你什么时候有空?今天几点能辅导我?"从他的表情上我看出他有点儿生气了,我就问他:"你生气了吗?"他先是对我说他没有生气,随后他又说他生气了。过了几天又去辅导他,想到前几天他有些生气了，我就试探着问他："我们可以开始学习了吗？"他模仿我上次的语气说："没有空儿！没有空儿！你不喜欢我，为什么又来辅导我？"随后我花了好长时间才解释清楚，消除了误会。

从语伴表达方式上来看，语伴言语的直接性和委婉性都会对留学生文化适应产生一定影响。"委婉语是在特定的语境中，对于使人感到痛苦即敬畏、恐惧、羞耻、不适等各种消极心理反应的事物，信息组织者（说写者）有意地运用语音、语义、语法等手段而形成的对这些事物非直接的语言或言语表达，从而避免使信息组织者本人、信息理解者（听读者）、话语涉及的第三方即信息的潜在理解者感到痛苦。"[5]委婉表达是中国人在高语境下形成的交流习惯。但是，也不能对所有的留学生都使用直接性的言语表达方式。如朝鲜留学生尹志成和语伴交流对话如下：

> 每次辅导完尹志成，临走前他都会问："你能不能多来辅导我几次？我的汉语不好，需要你的帮助。"我很直接地回答他："很抱歉！我其他时间有课来不了。"后来再给他辅导的时候，我都会再三确认他到底能不能听懂。有一次他生气地反问我："你是觉得我听不懂吗？其实我都能听懂！"下课的时候我又问他："明天你需要我来辅导你吗？"结果他又反问我："难道你明天不想来辅导我了吗？"很多次都是这样，后来了解到尹志成误会是因为我的言语表达方式不委婉，我和尹志成解释了自己的本意后才把误会化解。

语伴在和留学生交流中，常常认为留学生的汉语水平比较低，所以应该采用直接的语言表达方式，但是语伴可能忽略了外国留学生的国籍和他们国家的交际文化特点。如案例中的尹志成是东亚文化圈的留学生，他喜欢委婉的交际风格，所以在本案例中这个语伴属于言语风格的使用错位。由此可见，语伴言语必须针对不同国籍的留学生使用不同的交际风格，对于欧美、非洲等国籍的留学生使用直接的交际风格；针对语言程度较低的留学生使用直接的交际风格；针对东亚文化圈的留学生使用高语境、委婉的交际风格；针对语言程度较高的留学生也要使用高语境和委婉的交际风格。

四 结 语

"留学生的文化适应总会经历欣喜到烦躁、敏感再到逐渐调整，最后到适应二次元文化境界。"[6]本文主要从跨文化交际理论出发，以预科来华留学生案例为研究对象，探究语伴言语对来华留学生的文化适应起到了哪些作用。语伴言语在学业适应上丰富了留学生的汉语知识储备，在日常交际中提高了留学生的言语交际水平，但是语伴言语的规范性也要予以充分的重视。随着今后研究者们的进一步深入研究，语伴这种特殊的辅导角色会发挥出更大的作用，语伴言语对留学生的影响范围也会越来越广，语伴言语的消极影响必定会得到改善和提高。希望在今后的实践里可以在更加宽阔的领域，对语伴言语对留学生文化适应影响展开后续实践性的研究。

[参考文献]

[1] 王佳：《语伴模式在对外汉语修辞教学中的应用研究》，曲阜师范大学出版社 2013 年版，第 2 页。

[2] 崔希亮主编：《汉语教学：海内外的互动与互补》，商务印书馆 2007 年版，第 55 页。

[3] 陶卫红：《言语修辞行为在言语交际中的调剂作用》，《浙江教育学院学报》2006 年 3 月第 2 期，94 页。

[4] 潘一禾：《超越文化差异：跨文化交流的案例与探讨》，浙江大学出版社 2011 年版，第 198 页。

[5] 邵军航：《委婉语研究》，上海交通大学出版社 2016 年版，第 5 页。

[6] 潘一禾：《超越文化差异：跨文化交流的案例与探讨》，浙江大学出版社 2011 年版，第 11 页。

[作者简介] 王悦，1978 年生，女，吉林长春人，东北师范大学人文学院，讲师。

宋长改，1993 年生，女，河南省唐河县人，东北师范大学人文学院 2017 届本科生。

［基金项目］吉林省教育厅"十三五"社会科学项目《国家来华留学基金委预科生文化适应案例研究》（JJKH20170986SK）的阶段性成果。

"一带一路"背景下国际汉语教师
非语言交际行为研究

韩　冰

[摘要] "一带一路"倡议的提出为国际汉语教育的发展带来了新的机遇与挑战，也对国际汉语教师提出了新的要求。本文以国际汉语教师和"一带一路"沿线国家的留学生为研究对象，对教师运用课堂非语言交际行为的意义以及存在的问题进行深入分析，从教学对象、教师专业发展、教学方法等方面提出一些尝试性策略，希望为改进教师的课堂非语言交际行为提供一些参考，为促进我国汉语国际教育事业的发展尽绵薄之力。

[关键词] "一带一路"；国际汉语教师；非语言交际；策略

随着"一带一路"倡议的提出，中外交流的渠道呈现多元化趋势，外国人学习汉语的热情更加高涨，这也对国际汉语教师提出了更高的要求，不仅要具备语言交际能力，还要注重非语言交际能力的培养与提高。国际汉语教师的非语言交际行为贯穿在整个教学过程中，它也是一种非常重要的辅助性教学手段，在交流情感、传递教学信息以及提高留学生的汉语交际能力等方面发挥着不可替代的作用。

一　国际汉语教师运用课堂非语言交际行为的意义

在课堂教学中，教学信息的发送与接收要通过语言交际行为和非语言交际行为来完成。其中，非语言交际占有相当大的比重，对提高留学生的汉语水平、顺利开展课堂教学起到了不可低估的作用。

1. 与课堂语言交际行为相辅相成

"一切不使用语言进行的交际活动统称之为非语言交际，包括眼神、手势、身势、微笑、面部表情、服装打扮、沉默、身体的接触、讲话人之间的距离、讲话的音量、时间观念、对空间的使用等等。"[1] 在课堂教学中，非语言交际行为时刻伴随着语言交际行为，二者紧密联系，它对语言所表达的意义进行补充说明，使师生的交流更加顺畅。如学习知识点"越来越 + 形容词"时，教师一边设置情境，一边伸出双臂，掌心相对，逐渐拉大两手掌心的距离，引导学生表述"……越来越大""……越来越多"等，以此类推，一只手掌心向下，逐渐拉大与地面的距离，练习说"……越来越高"，加深学生对所学内容的理解和掌握。另外，有些非语言交际行为可以替代表达相同意义的语言交际行为，独立完成交际任务，同样达到信息传递的目的。比如，教师提出问题后，用点名的方式让学生回答，虽然可以使学生产生被关注与被尊重的感觉，但从有效利用课堂时间的角度来说，用手示意某位学生回答的方式更可取，所以在课堂上，二者可以交叉使用，发挥各自的优势，不拘泥于其中一种方法。除此之外，非语言交际行为往往能强调语言信息，使表达的效果更强烈。如学生在正确回答问题以后，教师可以用"很好""不错"等给予积极的评价，同时用期待与肯定的目光注视着学生，不仅有利于学生从大脑中提取有效信息，更有信心回答问题，还会提升学生用汉语表达的成就感，使交际过程更加完善，同时发挥非语言交际的反馈作用。

2. 有助于提高留学生的汉语水平

对外汉语教学最直接、最根本的目的是"掌握汉语基础知识和听说读写基本技能，培养运用汉语进行交际的能力"[2]，留学生学习汉语知识、了解中国文化的主要渠道是国际汉语教师，教师的跨文化交际能力的高低影响着留学生正确、恰当地运用汉语进行交际的水平。Cooper 认为，教师如果学会了如何在课堂上更有效地运用非语言交际，师生间的关系就会得到改善，学生的认知能力和学习效率也会提高。[3] 可见，教学效果与教师的非语言交际行为有着密切的联系。例如，在汉语语音教学中，讲授声调或纠正发音错误时可以用手势来帮助学生找到正确的发音部位和发音方法，还有学习平舌音和翘舌音的区别时，也可以借助手势迅速找到舌位。因为敢于交际是交际的前提，教师的行为会帮助学生克服不敢说话的胆怯心理。课堂非语言交际行为可以使学生的抽象记忆与形象感知有机结合，教学内容也更加形象、具体。如果教师只是让学生一遍一遍地重复发音，或者死记硬背词汇、语法知识，课堂气氛就会变得非常沉闷，会影响学生的学习热情，也会让学生失去后续学习的兴趣。非语言交际行为表现形式丰富多样，教师通过表情、动作辅助教学，学生在最短的时间内接收并理解教师输入的内容，然后内化、输出，达到最佳的教学效果，也有助于提高学生的汉语水平。所以说，这是一种双向的沟通，也是实现师生之间成功交际的必要条件。

3. 有利于顺利开展课堂教学

教师在教学过程中，可以利用非语言交际行为"察言观色"，了解学生的反应，然后判断授课情况，及时调整教学内容与方法。非语言交际一般分为体态语、副语言、客体语、环境语四类[4]，虽然它们在课堂上的表现形式不同，但使用得当，都有利于课堂教学的顺利开展。比如，体态语在数字学习中的运用，用手势表示数字，再穿插一些数字小游戏，不仅营造了生动活泼的课堂气氛，还增强了学生了解中国文化的兴趣。那些隐晦的、不愿意直接表达的信息，可以通过副语言来传递，对于不认真听讲的学生，教师可以不采用语言提示的方式，而用沉默、停顿引起注意，既不会伤害学生的自尊心，又不会影响课堂秩序。还有客体语会反映个人特征和文化特征，其中教师的服饰和仪表是成功教学的良好开端，整洁得体的衣着会增强教师的教学魅力，改善学生的精神面貌，达到"此处无声胜有声"的教学效果。此外，环境语也是非语言交际的一种重要形式，如教室中桌椅呈半圆形排列，便于师生之间、生生之间信息的传递和交流，激发学生参与课堂活动的积极性。正确运用非语言交际行为，教师可以提高教学质量，有利于课堂教学的顺利开展；学生可以提高学习效率，对教师和汉语学习产生积极情绪，促进对汉语知识的理解与吸收。可见，非语言交际行为可以影响和调动学生的非智力因素，加深师生间情感的交流。

二　国际汉语教师在课堂非语言
交际行为运用中存在的问题

非语言交际行为在课堂中的作用不容小觑，有时甚至不可替代。因此，教师在运用中存在的问题不可忽视，它们会影响教师的教学效果、学生的接受程度和师生之间的顺畅交流。

1. 对课堂非语言交际行为不够重视

一般来说，国际汉语教师比较重视语言交际行为的合适性、正确性和可接受性，却忽略非语言交际行为的运用和对学生的影响，所以在跨文化交际中经常发生文化冲突。作为文化传播的使者，汉语教师仅仅具备汉语知识与技能是远远不够的，还应该有多元文化意识，掌握相应的跨文化交际知识，认识到具备并培养学生非语言交际能力的重要性。对于留学生来说，在使用非语言交际行为与教师或其他学生交流的过程中，也会出现因为运用不当而造成的文化误解，如果教师不加以说明、解释或调解，势必会带来不良后果。有这样一个真实案例，一位老师讲授一篇以服饰文化为主题的课文，教学对象是由俄罗斯大学生和韩国中年妇女组成的混合班，老师让学生们分别介绍自己当天的穿着，其中一位俄罗斯女学生穿着一件紧身吊带背心，当她介绍的时候，韩国学生和老师都笑了，那位女学生立即收拾书包，气愤地离开了教室，事后向主任反映，老师带着韩国学生嘲笑她，以后再也不上那位老师的课了。不同文化背景的人在特定的语言环境下对"笑"的解读各异，因"笑"而引起的误会也时有发生。案例中体现出的是生生间和师生间交流的障碍与误解，应引起国际汉语教师对课堂非语言交际行为的关注。

除了对本土文化知识缺乏深入的了解以外，有些汉语教师对留学生所在国文化也知之甚少。非语言交际行为具有鲜明的民族性文化特征，不同文化中的非语言交际系统也并不统一。比如，教师给印度学生讲解完语言点后，问学生是否理解，学生摇头回应，教师再次讲解，学生依然摇头，原因是在印度摇头与点头表示的意思与中国恰好相反。可见，教师如果重视中国文化与外国留学生母语文化之间的差异，可以减少交流障碍，避免文化冲突。

2. 课堂的非语言交际行为缺少系统性

由于国际汉语教育大环境对非语言交际行为的重视程度远远不及语言交际，大多数对外汉语教师没有接受过相关培训，或者没有系统学习过相关课程，在教学中不能全面地向学生讲授或渗透非语言交际的相关知识，学生这方面的能力自然也很欠缺。再者，教师在课堂教学中注重自己的语言交际行为是否达到预期的教学效果，而对非语言交际漠不关心，这也导致教师对非语言交际的运用很随意，缺少系统性。例如，在教学过程中的朗读环节，教师五指并拢并伸出一只手臂示意某个学生朗读，有时候这个手势又表示齐读，这不仅会给学生造成困扰，还会影响课堂节奏。如何用手势表示声调、离合词或反义词，如何引导学生说出完整的句子，如何纠正学生的语法错误等，每位教师可以有自己的风格，但需要有一个明确而固定的形式，以免学生浪费过多的时间记忆教师每个体态语的含义，而忽视主要的教学内容。教师的指令清楚，易于学生理解，学生对教师的意图心领神会，师生之间配合默契，良好的教学效果自然会水到渠成。此外，教师的课堂非语言交际行为应把握适度的原则，非语言交际行为过少，只单纯地使用语言交际，就会缺乏亲和力，无形中拉大师生的距离，学生很难融入课堂教学中；非语言交际行为过多，也会喧宾夺主，分散学生的注意力。教师只有运用得恰到好处，才能发挥非语言交际行为不可替代的作用。

3. 教学形式比较单一

虽然对外汉语教学方法一直在推陈出新，也有了长足的进步，但在实际的课堂教学中仍然存在一些不尽如人意之处，比如，教师一般比较注重语言知识的输入与听说读写技能的训练，往往缺乏创设近似于真实的语言环境让学生练习交际的意识，忽视对留学生跨文化非语言交际能力的培养。此外，留学生在课后很少主动与中国人交流、沟通，这也就很难提高他们运用汉语进行交际的能力，所以目前"沟通法"与"交际法"并未成为主流。

以词汇教学为例，汉语中很多动词都非常适合运用体态语进行讲练，如与手部动作有关的动词：打、抱、拍、推、拉、提、指等，有些教师单纯使用语言描述，需要补充大量新的生词进行解释，不仅违背"i＋1"原则[5]，还会给学生的理解造成困扰。如果教师的教学方法单一，缺乏灵活性与创新性，往往会导致学生只会机械记忆，而不会实际运用。在课堂教学中，语言交际与非语言交际配合运用，可以使讲授的内容更加形象生动，也有助于加深学生对词语的记忆。通过教师在课堂上的熏陶与渗透，学生在真实交际中恰当得体地运用非语言交际行为辅助语言表达，其汉语会显得更"地道"，实现真正意义上的"入乡随俗"。

三 国际汉语教师课堂非语言交际行为的改进策略

基于教师运用课堂非语言交际行为的意义及存在的问题，笔者提出一些尝试性策略，希望为改进课堂非语言交际行为提供一些参考。

1. 了解学生，有备而教

教师在进行教学前，应该先通过查阅资料了解留学生所在国的风俗习惯、文化禁忌，或者采用让留学生填写调查表的形式，掌握他们的个人信息、宗教信仰、价值取向等，尽量做到"有备而教"，保证在教学中运用非语言交际行为能有的放矢。比如，班上有一夫多妻制国家的留学生或者同性恋留学生，在课堂交际中，如果涉及与此相关的话题，教师要尊重学生的文化差异和个人行为，对学生传递的信息和看法持接纳态度，不要使用任何带有惊讶、不可思议或不可理解意味的表情和动作，以免产生非语言交际行为运用上的误解与冲突，影响课堂教学的顺利进行。又如在学期末的最后一节课上，俄罗斯留学生为了表达感激之情送给任课教师一束菊花，如果不了解在俄罗斯菊花表示的"花语"与中国不同，这种文化差异就会让教师感到很尴尬。在对外汉语教学中，文化差异无处不在，教师遇到因文化差异引起的交流上的误解与障碍时，除了要具备敏感度和包容心外，还要提醒学生学会"入乡随俗"，更重要的是利用这些差异为教学服务，增强学生的好奇心，提高他们学习的积极性。

教师在课堂上专注于教学内容的同时，还需要留心观察学生的非语言交际行为，如点头、摇头、皱眉、微笑等，来判断学生是否专心听课，或是否理解所讲的知识。非语言交际行为是学生心理的外在表现，教师可以通过它们捕捉到反馈信息，然后根据这些反馈信息，分析学生的心理，再决定继续讲解还是立即调整内容、方法和节奏。

2. 提升自我，言传"身教"

教师在对外汉语教学中应有意识并适度使用非语言交际行为，言传"身教"，不断加强自身跨文化交际能力的培养。知识储备方面，教师积累相关的专业知识，并广泛涉猎跨文化交际、社会语言学、语用学和心理学等知识，掌握本民族的语言和非语言交际文化，认识和理解不同文化之间的差异，如打招呼、用餐、座次安排等方面的交际习惯，全面提高自己的理论水平。通过对非语言交际行为系统的学习与研究，教师可以培养自己的非语言交际能力，使自己在课内外与学生交流时，言谈举止自然得体，同时潜移默化地影响学生。教学行为方面，语言交际是语言教学中师生交际的主要载体，但也要注重自身的非语言交际行为，运用积极的非语言交际行为提高学生学习汉语的兴趣。比如，师生间目光的交流、身体的距离，教师的微笑、手势、语调等，如果运用得当，就能够促进有效教学，也使学生更乐于接受语言交际的内容。

观念态度方面，教师在展现和传播中国文化的同时，应了解不同国家非语言交际的特点，求同存异，并尊重学生个人的选择。当与学生沟通的过程中发生文化冲突时，可以耐心地和学生说明情况，主动化解矛盾，摆正心态，避免刻板印象的负面影响。所谓刻板印象，"是对于某些个人或群体的属性的一套信念"[6]，不能因为出现文化冲突而对某个国家或某个学生产生偏见。此外，用自己国家的价值观衡量其他国家文化的民族中心主义也是不可取的，课堂上出现政治、宗教等敏感问题时，教师应客观对待，切不可将中国文化凌驾于其他国家文化之上，以免学生对中国文化产生抵触心理。教师还要具备在不同文化背景的学生之间进行权衡的能力，不偏不倚，只有师生间、生生间互相了解、互相包容、互相适应，才能实现良性沟通。专业发展方面，教师们应组成专业发展团队，共同学习，相互促进。我校以留学生部为单位，所有任课教师组成了学习研究小组，定期学习、研讨，分享教学经验，或者积极参加校内外有关语言交际与非语言交际的培训，在提升自我的同时，教师的业务水平和专业能力实现了整体性的提高。

3. 方法得当，事半功倍

教师想要留学生顺利地运用汉语进行交际，"非语言行为"就成为必不可少的教学手段与教学内容。教师把典型的、有效的非语言交际行为设计进课堂教学中，为学生接触和了解中国文化中的非语言交际创造机会，也会帮助学生弥补语言表达方面的不足，促进与他人的沟通与交流。比如，学习语法点"有点儿"和"一点儿"的区别，教师用 PPT 或板书展示语法结构"有点儿 + 形容词"和"形容词 + 一点儿"的时候，分上下两行书写，"形容词"的字体颜色不同于其他展示内容，这样做的目的是使二者用法上的区别形成鲜明的对比，同时，"形容词"的位置一目了然，加深学生的理解与记忆。又如把字句、趋向动词做补语等，教师都可以通过体态语把抽象的语法知识转换成直观的演示内容。

此外，除了语言课程，为留学生开设与跨文化交际相关的课程，注重非语言交际知识的传授与体验。利用多媒体等手段进行教学，让学生感受非语言交际的魅力，其中可以选取对话简单、易于理解、非语言交际行为丰富的电影、电视剧、动画片来进行分析、讨论，并模仿这些内容进行表演。比如，对外汉语教材《家有儿女》《快乐汉语》，都是采用情景剧的形式为学生提供一个良好的语言学习环境，同时帮助学生正确理解非语言交际的文化内涵。除此之外，还可以开展课堂外的社会实践活动，如组织学生参观、访问、游览等，使他们在跟中国人打交道的过程中，亲身感受文化差异。通过课堂练习和课外实践，使学生积累语言交际和非语言交际知识，并能够融会贯通、灵活运用，提高学生综合运用汉语进行交际的能力。

总之，国际汉语教育在中国与"一带一路"沿线国家之间搭建起了一座友谊之桥。汉语教师的课堂交际是语言知识的交流，也是世界各国文化的交流，其中非语言交际行为更是教师认知水平、专业素质、教学能力的集中体现。它与语言交际紧密地结合在一起，在整个教学过程中发挥着举足轻重的作用。提高国际汉语教师的非语言交际能力有利于中国文化的传播，并促进我国汉语国际教育事业更好的发展。

[参考文献]

［1］ 胡文仲:《跨文化交际学概论》,外语教学与研究出版社 1999 年版,第 94 页。

［2］ 刘珣:《对外汉语教育学引论》,北京语言大学出版社 2000 年版,第 296 页。

［3］ CooperPamelaJ. , *Speech Communication for the Classroom Teacher*, 3rd ed, New York, Gorsuch Scarisbrick Publishers, 1988, p. 62.

［4］ 毕继万:《跨文化非语言交际》,外语教学与研究出版社 2001 年版,第 56 页。

［5］ Krashen, S. D. , *Principles and Practice in Second Language Acquisition*, New York: Pergamon Press, 1982, p. 102.

［6］ 胡文仲:《跨文化交际学概论》,外语教学与研究出版社 1999 年版,第 180 页。

［作者简介］ 韩冰,1977 年生,女,吉林白城人,东北师范大学人文学院讲师。

［基金项目］ 本文是吉林省教育厅高等教育教学改革研究课题"服务于'一带一路'的国际汉语教师培养体系的构建与实践研究"的阶段性研究成果。

谈来华俄罗斯留学生跨文化适应
问题及应对策略

韩　冰

[摘要] 本文以来华俄罗斯留学生为研究对象，对其跨文化适应的影响因素进行分析，从生活管理、入学指导与教学安排、活动设计、语伴模式等方面提出相应的对策，希望对解决留学生的跨文化适应问题有一些启示作用。

[关键词] 来华俄罗斯留学生；跨文化适应；应对策略

随着"一带一路"倡议的推进，来华留学人数也呈上升趋势。俄罗斯作为"一带一路"倡议的支持者与合作伙伴，与中国加深了在各领域的合作，留学交流就是其中一项重要内容。同时，与来华俄罗斯留学生相关的一系列问题也随之而来，跨文化适应问题尤其应当引起国际汉语教师和管理人员的重视。跨文化适应是指参与者在新环境中发生转变，并形成适当的有效的交际能力的过程[1]。留学生适应状况如何，会影响他们在中国的学习、生活以及对中国的评价，所以关注和研究他们的跨文化适应问题及应对策略就显得十分必要。

一　俄罗斯留学生跨文化适应的影响因素

首先，生活环境的改变影响留学生的跨文化适应。Furnham 和 Bochner（1986）指出，生活变化与身体、心智健康存在着一定的关系，生活变化和心理失调之间的平均相关在 0.35[2]。也就是说，饮食习惯、天气变化、住宿条件等方面的变化，都会在留学生的生理和心理上产生影响。来到陌生的环境中最先关注的是饮食，很多俄罗斯留学生反映食堂的中国菜很辣，也很油腻，所以经常引起肠胃不适。留学经历对跨文化适应也起到一定的作用。相对来说，有过留学经历的学生适应他国文化的能力比较强，能够积极主动地适应一个新环境，而大部分留学生没有留学经历，第一次出国难免会产生焦虑、害怕、失落等不良情绪，所以更需要教师和管理人员的关心与帮助。生活环境的改变是影响留学生跨文化适应的重要因素。

其次，学习环境和教学方式的改变给留学生带来不适。东北师范大学人文学院（以下简称"东师人文"）的俄罗斯留学生一般学习半年到一年，在有限的时间内提高留学生的汉语交际能力，对教师和留学生来说压力都很大。笔者通过对俄罗斯教师与留学生的调查了解到，他们国内的汉语课运用以母语翻译或讲解为主，汉语学习为辅的教学方法，教师在课堂上是主体，语言讲授过多，而学生的发言机会过少，还非常重视语法教学，往往忽略语言交际能力的培养。东师人文的汉语教学主要运用"沟通式教学法"，注重培养提高学生用汉语沟通表达的能力，课堂上师生之间都用汉语交流，加上留学生本身的适应能力不同，要在短期内融入新的学习环境，是非常具有挑战性的。

另外，人际交往也是影响留学生跨文化适应的因素。人际交往在人类社会的发展中扮演着非常重要的角色，同时也是跨文化适应的重要组成部分。因此俄罗斯留学生与中国学生接触时，人际交往方式的差异也会影响他们之间进行顺畅的沟通。东师人文的俄罗斯留学生虽然在国内的大学学过汉语，但实际运用汉语交际的能力并不强，而语言是人们沟通思想和传递情感的主要工具，语言不通会造成交流障碍，会影响留学生各方面的适应情况，再加上价值观念和交际习惯的不同，留学生就很难主动与中国人交流。留学生如果长期使用母语与本族同胞交流并寻求他们的帮助，那么与中国人接触的机会势必会减少，更不利于融入当地的学习和生活。这就需要社会支持，也需要学校、老师在留学生和中国

人之间构建一个沟通的平台，良好的人际交往对汉语学习也会起到积极
的促进作用。

二 应对跨文化适应问题的策略

1. 加强生活管理

为了使留学生尽快适应校园生活，学校的管理工作就显得尤为重要，
学校的各项规章制度也可以规范他们在中国的日常行为。在饮食方面，
应加强留学生的生活服务，满足其饮食需求。学校在了解俄罗斯留学生
饮食习惯的基础上应不断地提高餐饮质量，做好食堂与学生之间的协调
工作，尽量准备让留学生满意的饭菜。此外，学校应设置留学生管理办
公室，对所有留学生在校内的生活进行管理，并对留学生们参与的校外
活动予以指导。组成以班主任为主，以生活老师为辅的管理团队，对留
学生在校的学习和生活负责。

在住宿方面，俄罗斯留学生可以在中国家庭寄宿，这样有利于俄罗
斯留学生跟中国学生的交流，有助于提高他们运用汉语进行交际的能力。
学校也为留学生提供宿舍，并安排专门的管理人员对其进行管理，所以
对从事留学生服务和管理的人员要先进行跨文化交际能力培训，尽量避
免文化冲突与误解。学校做好后勤保障工作，不断地完善留学生服务和
管理体制，才能为留学生提供良好的学习和生活环境，也可以吸引更多
的留学生来华学习。

2. 做好入学指导与教学安排

大多数留学生来长春留学前，对长春的气候、饮食、风土人情等缺
乏了解，所以初次来到长春，如果现实与他们的期望值之间差距较大，
就会产生文化休克。文化休克是 Kalvero Oberg 于 1958 年提出的，是指
"人们突然身处异文化环境中所患的一种职业病，起因是人们突然身处另
一文化时，失去了所熟悉的交际符号和形式，引起一种惶恐不安的感
觉"[3]。所以学校应当进行适当的入学指导，让留学生熟悉与他们的生
活、学习相关的内容，比如，长春的城市概况与风土人情、学校的各项
规章制度及如何使用校内资源等。留学生有了充分的认知和心理准备后，

他们在跨文化适应中就会处于主动地位。正确的期望决定了人们能对未来所处的环境进行正确的评价，所以入学指导是高校在接收留学生的过程中必不可少的一环，因为它是确保留学生顺利开始新生活，尽快适应新环境的有效措施。

学校应制定适合俄罗斯留学生实际情况的培养目标和课程计划，保证教学质量。教师在提高留学生汉语水平和培养跨文化交际能力方面起着不可忽视的作用。因此，要由具备较强跨文化交际能力的教师给留学生授课，结合日常的教学内容，把跨文化交际设计进课堂教学，并把这一内容作为贯穿课堂教学的根本目标。教师也要注意他们的情绪变化，对因不适应新环境引起的不良情绪及时予以疏导。

此外，留学生使用的教材可以根据所在中国城市的风土人情、地域特征、自然环境等进行编写，让留学生了解并学会在日常生活中如何正确得体地交流表达。教材不仅能使学生获得语言知识，还可以培养学生的跨文化交际能力。同时开设中国文化课，如剪纸、书法等，体验中国文化，进而更好地理解、接受中国文化。学校需要不断摸索和总结俄罗斯留学生学习汉语的特点与规律，选择适合他们的教学模式，并努力提高他们运用汉语听、说、读、写的能力。

3. 设计跨文化交际活动

汉语教学与来华留学生的跨文化适应具有密切的关系，也是留学生获得跨文化适应能力的重要渠道。教师可以从课堂活动、课外实践方面帮助留学生提高跨文化适应能力。

第一，教师可以在课堂上设计丰富多样的跨文化交际活动。老师先设计一些讨论的话题，比如，俄罗斯人与中国人打招呼方式的不同，俄罗斯学生与中国学生学习生活的比较，还有食堂及交通问题的比较等，通过采访、做口头报告或角色扮演等互动形式，比较不同文化之间的差异。另外，还可以通过观看电影和动画片让留学生了解中国文化，这种直观的方式更容易让他们接收信息，然后围绕观看的内容进行角色扮演或讨论，既可以活跃课堂气氛，使语言学习多样化，又可以帮助他们提高解决跨文化适应问题的能力。

第二，鼓励留学生走出课堂，参与社会活动。课堂活动都是在教师创设的近似于真实的语言环境中完成的，而真正与中国人交流沟通，才能提高他们在实际生活中使用汉语的能力。因此，活动就需要从课堂内延伸到课堂外，使留学生参与活动的方式从单一的课堂学习扩展到丰富的课外实践，这有助于留学生自信心与自我效能感的提升，减小由于文化距离而产生的心理压力，对跨文化适应也能产生积极影响。所以实践活动可以丰富学生的汉语知识，开阔学生的视野，提高交际能力。参与课外活动前，教师一定要布置语言任务，活动结束后，在课堂上要给予反馈，师生分享参与活动的体会，使课内外活动融为一体。东师人文留学生部为留学生组织了很多课外活动，比如，参观中学，并与中学生交流，参观东北民俗博物馆，去长春周边地区游览等，一方面学校创设有利于交流的跨文化环境，提高他们的汉语水平，另一方面让留学生感受和体验中国人的生活，自觉地运用所学知识，使他们积极主动地面对并解决在中国学习期间所遇到的跨文化适应问题，尽快适应新的交往方式及生活环境，鼓励俄罗斯留学生参与中国的社会文化生活，不断拓宽交流渠道，促进他们对中国文化的了解与接受。

4. 建立"语伴模式"

语伴模式目前成为许多高校留学生教学中的一种辅助教学手段。留学生想融入一种新的文化，就需要有新文化的社会支持。Cobb（1976）认为社会支持是"让个人相信自己被关心和喜爱、觉得自己有价值及受尊敬、感觉自己属于一个沟通网络和相互有义务的网络（社会人际网络的归属感）"[4]。如果留学生能够得到信息、情感以及道德等方面的支持，就可以减轻他们在跨文化交际中产生的压力，促进他们对中国文化的适应。通过组织各种活动，增进对彼此文化的了解，营造友好的社会支持环境，培养他们对中国文化的好感与认同。而对于身在异国的留学生来说，语伴是他们最重要的社会支持之一。东师人文留学生部安排本校汉语国际教育专业的学生与留学生"结对子"，建立一对一或一对二的互助组。此专业的学生学习过对外汉语教学理论、对外汉语教学方法与实践及跨文化交际等课程，能够更好地把所学的理论应用于实践。通过开设交流课，让语伴走进留学生课堂，成为留学生交流的对象，共同完成语言任务，提高留学生的汉语交际能力。每次交流课前，教师都会布置与课文内容相关的讨论话题，比如，为语伴介绍自己的一个朋友或者在中国的购物经历，介绍自己国家的一个传统节日等，当双方在沟通中因为词语的理解或文化差异出现交际障碍时，教师应以辅助者的角色及时协调，使他们的交际能顺畅地进行下去。语伴不仅能为他们提供学习方面的辅导，而且能在生活上为留学生提供更直接、更有效的帮助。如果留学生不能跟当地人进行良好的交往，很容易产生负面情绪，语伴能帮助他们排忧解难，及时发现并给予适当的指导，使他们的适应能力逐渐提升。中俄学生在个人价值观、社交礼仪等方面存在差异，这就更需要双方求同存异，促进文化交流，实现多元化发展。

"国之交在于民之亲，民之亲在于文化相融，文化相融在于语言相通，语言相通在于人才培养，人才培养在于教育。"来华留学事业在促进民心相通方面发挥着不可忽视的作用。培养并提高来华留学生的跨文化交际能力作为留学生教育的一部分，对"一带一路"倡议有着重要的影响。跨文化适应是一个循序渐进的过程，需要社会、校方、教师、留学生共同的努力。研究来华俄罗斯留学生跨文化适应问题对发展我国的留学生教育事业、促进国际交流具有重要意义。但目前的研究还相对薄弱，希望此文能引起越来越多的国际汉语教师和管理人员对这一问题的关注，通过不断的研究，使解决这一问题的策略更加有效。

［参考文献］

［1］杨军红：《来华留学生跨文化适应问题研究》，博士学位论文，华东师范大学，2005 年，第 44 页。

［2］Furnham A. and Bochner S. , *Culture shock*: *Psychological Reactionsto Unfamiliar Environments*, London：Methuen, 1986, p. 109.

［3］毕继万：《跨文化交际与第二语言教学》，北京语言大学出版社 2009 年版，第500 页。

［4］Cobb, S. , *Social Support as a Moderator of Life Stress*, United States：Psychosomatic Medicine, 1976, p. 300.

［作者简介］韩冰，1977 年生，女，吉林白城人，东北师范大学人文学院讲师。

［基金项目］吉林省教育科学"十三五"规划重点课题："一带一路"背景下国际汉语教师课堂交际研究，课题批准号：ZD17208。

对外汉语教师课堂"举例型"话语分析

王　佳

[摘要]　"举例型"话语是对外汉语教师课堂话语的一部分，从言语形式、言语功能、教学环节三方面总结初级汉语教师课堂"举例型"话语的语料数据，以交际角度描写其话语的形式，依据功能语法分析其语义特征并概括说明研究后的启示，为语言本体及对外汉语教学研究提供一些语料支持。

[关键词]　初级汉语；教师课堂话语；举例；语言特征；功能语法

一　问题的提出

对外汉语课堂话语作为一种话语类型[1]，包括教师话语、学生话语等。从语言本体研究的角度来说，出于教师在课堂上的主导作用，对教师话语关注多，研究角度广，而学生话语的不确定因素多，研究相对要少。

虽然教师课堂话语研究已不少，但还有很多值得研究的方面，如"教师举例型话语"的实证研究。本文拟以此为研究对象，论及的"教师举例型话语"有这样的特点：一是教师为达到某一教学目的而主动提出的例子；二是与教学内容密切相关，非课文原文的；三是通过一定（完整或非完整的）语言形式表达的，以陈述为主，排除提问式的；四是内容具有一定的现实性或真实性。

本文拟采用调查法、分析法思考如下问题：一是收集真实语料，生成语料库，展现教师举例型话语的实际面貌；二是分析现有语料常用的话语形式；三是以功能语法理论为依据，考察教师举例型话语的三大元功能；四是总结其语言特点及对初级汉语教学的启发。通过本文的研究拟为汉语本体研究及对外汉语教学研究提供一些语料及参考。

二　语料分析

文中所用语料均为初级汉语综合课视频（有一篇为零基础课程），入选的语料教学环节或完整或局部，共 18 篇，14 篇来自 "国家汉办" 的 "优秀示范课推荐"、2 篇选自《发展汉语》示范录像、1 篇来自孔子学院实录、1 篇选自《汉语综合课教学理论与方法》附带光盘。

笔者将视频转写成文本后人工生成了 "教师举例型话语" 语料库。在语料库中，按语言形式标准分为句以下、单句、句以上三类；按话语功能标准[2]分为指示语、示范语、说明语、反馈语、总结语、过渡语六类；按教学环节[3]分为导入语、讲授语、操练语、结束语四类。其中，"句以下" 包括词语和像 "上下班的时候……" 这样的非整句；"句以上" 包括复句、句群或语篇；按话语功能划分的类型中没有提问型的举例，因为对提问语的研究已经很多，不作为本文研究对象；按教学环节划分的 "讲授语""操练语" 包含词汇、语法、文化的讲练环节。但没有发现属于辅导语的举例型话语。

按语言形式统计情况如表 1。从整体看，18 篇共 240 例。

表1　　　　　　　　　　语言形式统计表

例句	18 篇共 240 例	单篇中出现量最多	单篇中出现量为 0	单篇三项出现量合计最多为 1 篇	单篇三项出现量合计最少为 3 篇
句以下的	47 例	25 例	共 8 篇	28 例	1 例
单句的	97 例	18 例	共 3 篇		
句以上的	96 例	15 例	共 3 篇		

按话语功能统计情况如表 2。语料存在一个结构同时有两种到三种功能的现象。

表 2　　　　　　　　　　　　　**话语功能统计表**

	指示语	示范语	说明语	反馈语	总结语	过渡语
句以下（例）	12	25	28	3	2	2
单句（例）	16	41	34	25	8	3
句以上（例）	16	14	69	8	10	4
总计（例）	44	80	131	36	20	9

按教学环节统计情况如表 3。

表 3　　　　　　　　　　　　**教学环节出现频率表**

教师话语	导入语	讲授语			操练语			结束语	
教学环节	课前复习	词语	语法	文化	词语	语法	活动	作业	课堂小结
句以下（例）	6	28	5	0	3	2	3	0	0
单句（例）	12	35	34	2	13	21	13	0	0
句以上（例）	1	27	13	2	5	21	15	1	1
总计（例）	19	146			96			2	

三　"动态层"语言特征

语言单位可按交际功能分为"静态层"和"动态层"两类。"动态层是指由音义结合的语言单位所构成的已经进入交际的语言层级系统中的一个层面。这个层面由两级语言单位构成：第一级是句子，第二级是语篇。"[4]本部分将对这两级语言单位进行分析。

词和短语属于语言的静态单位。但如果它们进入交际又可单独成句，成为一个动态单位。在教师举例型话语中，它们主要体现在零起点语料中，如（1）（2）（3）。除零起点教学外还有少量词和短语的形式多用于语言要素练习中的举例,如(4)(5)(6)。因为它们结构短小,为了补充信息量,还常配有动作、实物或图画等辅助语,如(2)(4)(5)。

(1)T:你。

S:你。

(2)T:他。(教师指向黑板上的画)

S:他。

(3)T:我。我。

S:我。

(4)京剧,对,京剧。(用电脑展示"京剧"图片)

(5)拿这个(老师拿起一把雨伞递给同学)

(6)包饺子,啊。包饺子,看包饺子包了多长时间了?

单句在这类话语中出现最多,它可以表达完整清晰的信息。从语气上看主要是陈述句,如(7)(8)(9)。其次还有少量疑问句和祈使句,(10)(11)(12)(13),虽然疑问句不在本文研究范围内,但这里所列的疑问句和祈使句就是教学内容本身。在这些单句前面还常有"比如说、还可以说、我们可以说、例如"这样的标志词或衔接语,如(7)(8)(9)(10)。这是典型举例型话语的标志。

(7)……比如说,我们不能说夏德威很苗条。

(8)倒水,对,他在倒水,还可以说他在把水倒进瓶子里。

(9)王老师写的。所以把对联也贴上去吧。我们可以说把你写的对联也贴上去吧。

(10)例如:你可以把窗户打开吗?

(11)大画家画的一定很贵,是不是?

(12)请你说具体一点。

(13)请你把通知贴到白板上。

"复句是由两个或两个以上的单句构成的具有两套或多套结构中心,

表示一种较为复杂且又完整的思想的句子。"[5]它又可分为单重复句和多重复句。本文语料中单重复句极少，多重复句多，前者如（14）（15），后者如（16）（17）。

（14）"高高兴兴"，所以我可以说"她高高兴兴地看电视"。对。

（15）"你去过哈尔滨吗？"还有，你也可以说"你去过哈尔滨没有？"

（16）现在你有一个问题，你想去问麦克。哎呀，很着急，你想去问麦克，就在这个时候，你很想问，很需要他的时候，麦克来了。你就说："麦克，你……"

（17）下面再说这个情况。我很喜欢骑自行车上班，北京人很多骑自行车啊。我喜欢骑自行车上班，为什么呢？一在北京骑自行车很方便；二可以锻炼身体。"再说。"谁来？尤利娅。

语篇"是指任何不完全受句子语法约束的在一定语境下形式上具有衔接性，语义上具有连贯性的自然言语"。[6]如果某一语言形式进入交际，在语境的帮助下，符合"衔接"和"连贯"要求的语言单位都有可能成为语篇，如（17）（18）。

（18）菜很多，菜很多。吃不完，怎么办呢？打包。

语篇也包括下面这类特殊形式：非整句。非整句是指不完整的句子，它存在于交际中，是对外汉语教师课堂使用的一种独特的教学话语形式，形式较灵活，主要由词、短语或小句组成，如（19）（20）（21）（22）。

（19）对，胡同，胡同。那他……

（20）对。句子，上下班的时候……

（21）他去过西安。对，那如果你说兵马俑呢，那你应该说……

（22）刚才我们说到了哈尔滨，是吧？大家说了哈尔滨的天气是·

非常……

四 功能语义分析

功能语法中的三大元功能也适用于教师举例型话语分析。本部分对举例型话语如何体现三大功能进行简单的分析。

（一）概念功能

举例型话语的及物性主要体现在"物质过程"（如例 13）、"心理过程"（如例 17）、"关系过程"（如例 23）、"行为过程"（如"现在我们听老师唱一首歌"）、"言语过程"（如例 9）、"存在过程"（如例 36）。语料中的主动语态较多，其次是中动语态，没有被动语态。它的逻辑功能将在"语篇功能—连接"中举例说明。

（二）人际功能

功能语法指出有四种最主要的言语功能："提供""命令""陈述""提问"。[7] 本文语料体现了"陈述""命令"两种功能，如（7）（12），其中以"陈述"居多，因为它是提供"信息"的。

举例型话语常用助动词表情态和意志，如（8）（9）（14）（15）（21）（23）。

（23）小白板，这个是小白板，是办公室的，所以下课的时候，老师要……

汉语的语调是表达"已知"与"未知"的对立。降调表示"已知"；升调表示"未知"[8]。举例型话语多是表现为无标记的平降调陈述句，如（24）。疑问句无标记形式为平升调，如（25）。还有自问自答，虽然疑问句也是平升调，但在此语境中增加了"引起对方注意，表明自己态度"的语义，如（26）。用低升调表证实，如（11）（22）。祈使句表达请求用平降调，如（12）（13）。

（24）我们班有<u>一个人</u>结婚了。

（25）今天某某来上课了。<u>你是从食堂来的吗？</u>

（26）这是一朵花，这是花，一束花。<u>这是几束花？两束花。</u>

（三）语篇功能

首先，举例型话语的语篇功能表现在它的主位结构、信息结构上。主位由小句中的主语或主语以外的成分充当，如（27）（28）（29）（30），还常是人名、物名、时间或环境。它们是已知信息，其他部分是述位，对主位作出陈述，是新信息。对外汉语教师就是利用这一特点通过非整句进行语言练习的，如（19）—（22）。

（27）好，<u>金小叶</u>，把那本书给我。把那本书给我。

（28）<u>今天</u>我们上课上得很早。

（29）嗯，<u>我们学校</u>很大。大是形容词。

（30）嗯，糖醋鱼<u>又酸又甜</u>。鱼香茄子<u>又酸又甜</u>。

"前人的研究结果表明，体裁的选择对主位模式的使用有着一定的制约作用。"[9]有用一种模式的举例型话语，如（30）是聚合型的；（31）是放射型的。更多是混用的，如（32）先用放射型，后用交叉型；（33）先用阶梯型，后用放射型。

（31）对，有的人<u>嘴唇</u>是这样的（教师在黑板上画了一个厚嘴唇）对吧，嘴唇很大，这个叫嘴唇很厚，<u>嘴唇很厚</u>。（教师用手指嘴表示"厚"）

（32）一个<u>同学</u>想去旅行了，<u>但是不知道去哪儿好</u>，好，另一个同学就可以给<u>他</u>建议了。

（33）那么，三亚也有很多<u>杧果</u>。嗯，<u>这</u>是热带水果。当然还有很多别的热带水果。

其次，举例型话语的衔接手段也很丰富。在语法衔接方面，举例型话语通过"人称""指示"的手段与上下文某个参照点相照应，如（28）（29）。在我们收集的语料中没有发现"比较"手段，这和教学内容及选例来源有一定关系。语料中的"省略"也很多，如（32）"不知道去哪儿好"的主语是前面的"同学"。而"连接"主要体现为"因果"（如例23）、"转折"（如例32）、"解说"（如例10）、"并列"（如例15）、"假设"（如例21）等关系。"代替"在语料中极少，（34）（35）（36）中的"什么"、（37）中的"哒"应算4例，当然它们的使用与教师的语用习惯有一定的关系。

（34）你能不能用我们学过的三种句子结构来说，造句，来说一句话，<u>什么什么跟什么一样</u>。怎么样？旗袍，这件旗袍和这件旗袍啊，这两件旗袍。

（35）现在快到周末了，那么，那么你们周末要出去玩，请你们两个同学商量一下去哪玩。用什么什么好。

（36）那你可以说这儿有很多的楼，对吧？有学生宿舍，有操场，是吧？还有教务楼，还有资料楼。你可以说你往前走有什么有什么有什么，然后到什么地方。啊，对吧？因为这儿没有路口，你只能这样说。

（37）好，那么现在我们说，啊，有一，有一家饭馆，同学们想去那家饭馆吃饭，这时候你说"我们别去那家饭馆吃饭，哒哒哒哒哒，"怎么说？"我们别去那家饭馆吃饭。"

在词汇衔接方面，用例型话语采用了"重复"（如例30、31）、"同/近义"（如例15）、"类属"（如例33、38）和"搭配"（如例39、40）等方式。

（38）下课休息的时候，除了休息外，还要做作业、写很多汉字、预习、复习，累不累？

（39）请大家注意一下，刚才我给你们的句子啊。"从来没去过"

"没过过"。

（40）那么鼻子呢？说有的人鼻子很……，很高，我们可以说这个人是高鼻子，比如说："麦斯，麦斯的鼻子很高。"

五　小　结

以上我们对教师举例型话语进行列举性的描写，如果能收集更多的语料，用更科学的方法，则定量分析的结果会更可靠。但我们从中还是能得到一些语言学及教学方面的启示。

从语言形式上看，初级对外汉语课堂举例型话语有多种动态语言单位，而且多短句，它实用性强，在表达、交流思想时适合听者语言水平。但对于非整句笔者有不同看法，虽然它可以为学生提供较具体的语境，减轻学生负担，但常常是非自然的语言，这样的训练方法值得商榷。而换一种方式可能会更好，如（21）可换成提问形式——"如果你说兵马俑呢，那你应该怎么说？"

从语言功能上看，举例型话语更适用于说明、示范及反馈。有效的举例型话语的及物性常表现为"物质过程""心理过程""言语过程""关系过程"。语态常是主动语态、中动语态。言语功能多是陈述的。语言点的操练常用放射型和聚合型的主位推进模式，而阶梯型、交叉型或混用型更适用于说明要练习语言点的语境。举例型话语有鲜明的语篇功能，特别是教师可以通过"重复""同/近义""类属"和"搭配"的方式让学生充分练习语言点。

从教学效果上看，往往成功教师的举例型话语较少，教师常把例子转换成提问。在零起点阶段，教师举例型话语起到关键作用，为使信息更丰富还常配有辅助语。但宏观地说，好的用例可以提高教学效率，相反，则画蛇添足，如（41）中教师把要练习的内容替学生说了。从教学环节上看，用例型话语更适用于词汇、语法讲解和活动说明。

（41）"啊，那你可以说我爬过很多次长城。你也可以说我爬过长城很多次。"

[参考文献]

［1］王佳：《对外汉语课堂话语类型语言特征的对比分析》，《青年文学家》2013 年第 10 期。

［2］吴丽君、王祖嫘等：《对外汉语教师课堂话语研究》，世界图书出版公司 2014 年版，第 8 页。

［3］同上。

［4］胡晓研：《语言层级系统论》，吉林文史出版社 2007 年版，第 168 页。

［5］同上书，第 177 页。

［6］同上书，第 207 页。

［7］胡壮麟等：《系统功能语言学概论》（修订版），北京大学出版社 2008 年版，第 117 页。

［8］同上书，第 159—160 页。

［9］同上书，第 170 页。

［作者简介］王佳，1982 年生，女，吉林省长春市人，东北师范大学人文学院讲师，文学硕士。

论汉语文学史分期

周奇文

[摘要] 汉语文学史分期问题是古典文学研究中久悬未决的公案。本文在综述前人诸说的基础上，确立了分期的三个标准，即一观文体，二察文风，三审前人评论；将文学史分为四个时期：一、先秦——发生期；二、汉魏晋南北朝——发展期；三、隋唐五代宋金——极盛期；四、元明清——蜕变期。

[关键词] 汉语文学史；文体；文风；评论；分期

这里所说的汉语文学史，就是我们一向所习惯称呼的中国文学史。其实，把汉语文学说成中国文学，是犯了一个常识性的错误。因为中国从来就是一个多民族的国家，许多民族都有自己的语言、文字和文学。如蒙古族英雄史诗《江格尔》，藏族史诗《格萨尔王传》，维吾尔族叙事长诗《福乐智慧》及家喻户晓的阿凡提的故事，彝族的《阿诗玛》，哈萨克族的著名史诗《萨利海与萨曼》，等等。而我们所习称的中国文学史，实际上只是用汉语写作的文学，如何能当得起中国文学的大名？孔子云："名不正，则言不顺"，因此，应该为之正名曰"汉语文学"，这样才是名实相符。

其实，这也不是什么新的创见。早在 1926 年，鲁迅先生就已经使用这样的名称了。他的《汉文学史纲要》原名为《中国文学史略》，后来考虑系为汉语文学，所以改称《汉文学史纲要》。而周作人更在他 1940 年所写的《汉文学的传统》一文中，明确地为汉语文学正了名。他说：

这里所谓汉文学，平常说起来就是中国文学，但是我觉得用在这里中国文学未免意思太广阔，所以改用这个名称。中国文学应当包含中国人所有各样文学活动，而汉文学仅限于用汉文所写的，这是我所想定的区别，虽然外国人的著作不算在内。中国人固以汉族为大宗，但其中也不少南蛮北狄分子，此外又有满蒙回各族，而加在中国人这团体里，用汉文写作，便自然融合在一个大潮流之中，此即是汉文学之传统，至今没有什么变动[1]。

这意见本来是极对的，然而却似乎并没有引起文学史写作者的重视和遵行，他们仍然我行我素，大量的文学史著述仍冠以"中国文学史"之名，可见习惯的谬误竟能不顾科学的真实。不过也不尽然，20世纪末，由辽海出版社出版的一部程千帆、程章灿先生合著的文学史就取名为《程氏汉语文学史》。据程章灿先生《后记》中的说明："书名中的'汉语文学'，意味着本书不涉及汉语文学以外的其他中国语言文学。"可见真理是不会被湮没的。但名符其实的中国文学史也终于见了一部，这就是由中国社会科学院文学研究所暨少数民族文学研究所编著的10卷本《中国文学通史》。主撰者张炯先生在全书《导言》中明确提出："完整意义上的中华文学史应该是涵盖中华各兄弟民族的文学贡献的文学史，也应该是涵盖中国各地区的文学史，即包括台湾、香港、澳门在内的文学史，而不仅仅是大陆地区的汉族文学史。"他在这里提出的"完整意义的中华文学史"，应该是两个"涵盖"，包含的更加广泛，但后一个涵盖虽然所属地区不同，却都是运用同一种语言即汉语，仍应包括在汉语文学范围之内。由此可见，大家的认识越来越趋于一致。

名义既明，进入本题。

一 如何确立文学史分期的原则和标准

我这篇论文本题为《汉语文学史分期述论》，分为上、下两篇：上篇为"述"，即评述近百年来文学史分期研究的主要成果及主要观点。它们是傅斯年《中国文学史分期之研究》（1919 年）；钱基博《现代中国文学史》（1930 年）；郑振铎《插图本中国文学史》（1932 年）；《中国文学史分期的问题》（1958 年）；郭绍虞《中国语言与文字之分歧在文学史上的演变现象》（1941 年）；陆侃如、冯沅君《关于中国文学史分期问题的商榷》（1957 年）；陈伯海《中国文学史之鸟瞰》（1986 年）；袁行霈《中国文学史·总绪论》（1999 年）等，这些成果基本上代表了近百年来文学史分期研究的主要观点。读过之后，对于文学史分期问题，都有哪些说法，就会有一个清楚的了解。下篇是我的这篇"论"，即在评述辨析上述诸文观点的基础上，提出我对文学史分期的看法。上下篇本是有机结合的整体，看了"述"，才能够了解我的"论"有什么新见。可是，这次出版论文集，每位作者限定八千字，而我的"述论"共有两万字，所以只好割爱，砍去"述"的部分，留下这"论"的部分。这里特予说明。

关于文学史分期问题，是一个最棘手，但也是最简单的问题，关键在于以什么为分期标准。标准主要有两个，我名之曰"内标准"和"外标准"。所谓"内标准"，就是到汉语文学内部去寻找其自身发展演变的因素，这是最棘手的；所谓"外标准"，就是依照历代王朝更替的自然顺序来划分文学史的分期，这后一个标准是最简单便利的，近百年来的数百种文学史几乎都是采用这一种分期标准的。

"外标准"可以略而不论。在我所见到的关于"内标准"的阐释中，要以袁行霈先生的论述最为全面系统。他将内在因素归纳为九个方面：

　　　　一、创作主体的发展变化；二、作品思想内容的发展变化；三、文学体裁的发展变化；四、文学语言的发展变化；五、艺术表现的发展变化；六、文学流派的发展变化；七、文学思潮的发展变化；八、文学传媒的发展变化；九、接受对象的发展变化[2]。

对于袁先生所提出的将这九个文学自身发展变化的因素作为文学史分期的参考标准，笔者是不敢完全苟同的。理由是有些因素极难识察，无法操作；而有的因素又与文学史分期没有什么直接必然的关系。譬如"创作主体的发展变化"，自屈原以后，历代作家的身世经历、思想性格、创作情况，或同或异，十分复杂，很难把作家作为文学史分期的标准；至于袁先生所说的先秦"文学的创作主体经历了由群体到个体的演变"[3]，这种情况，也并非先秦所独有，也难以把这种情况作为文学史分期的依据。"作品思想内容的发展变化"，实际上反映的是时代的发展变化，某一时代的作品，必定是那一时代的现实生活在作家思想意识中的反映；而且，思想是有承袭性的，儒、道两家的思想延续了两千多年，它们对历代作家都产生了很深的影响，如何依照思想内容的标准，而对文学史进行分期，实在难以措手。"文学流派的发展变化"，固然因时代的不同而不同，但我们也无法按文学流派去进行文学史分期，因为在汉语文学史上，具有"划时代"意义的文学流派似乎很难找到。至于"文学传媒的发展变化"与"接受对象的发展变化"两个因素，与文学史的分期并没有直接必然的联系，这两个因素在古代文学的发展中还没有达到足以影响文学史分期的作用。因此，我主张应简化分期标准，不搞烦琐哲学。对于那些对文学史没有很明显的影响，且又难以识察的因素可以置而不论，而只关注那些最显豁、看得清、抓得准的因素，从中探索、寻找文学史发展演变的脉络，让"阶段性"自我呈露出来。如王国维所说："凡一代有一代之文学：楚之骚，汉之赋，六代之骈语，唐之诗，宋之词，元之曲，皆所谓一代之文学，而后世莫能继焉者也。"[4]这里，王国维就是抓住各代最有标志的文学体制揭示出文学史发展的轨迹的。我们就是要这样抓住最能反映文学史发展演变的标志，舍弃其他，以简驭繁地勾划出文学史的发展阶段。

那么，哪些因素才是反映文学史发展演变的显豁标志呢？

其一，观文体。

所谓文学自身的发展变化，主要就是指各种文体的发展变化，诗、文、小说、戏曲等各种文体，它们的孕育、诞生、发展、成熟以及蜕变、衰亡过程，都是显而易见、有迹可察的。当然，有些文学样式前后相承，交错重叠，既分拆不开，又不能一刀两断，这就需要从中找出哪一种样式代表当时流行文体的最高成就，把它作为文学史分期的重要标志。在这一点上，上举诸多学者几乎都是把它作为文学史分期的重要依据，甚至唯一的依据。如郭绍虞先生说：

　　　　普通文学史的分期，每由立场的不同而异其区分，或重在历史的背景，或重在文学的关系，而我们则重在文学的立场以说明文学本身之演变，所以不妨以体制为分期；而且，由文学之性质言，论感情则今古如一，论想象则又各人不同，并不一定受时代的影响，于是欲说明文学本身之演变，便只有重在形式方面，就是所谓体制之殊了。这是我们所以以体制分期的缘故[5]。

这里，郭先生实际上是否定了诸如以"历史的背景""文学的关系"（我理解是文学本身以外的因素）、作家作品的思想情感即内容等方面为分期标准，而认为"欲说明文学本身之演变，便只有重在形式方面"，即"体制之殊"，就是文体的不同。正是从这样的理念出发，郭先生才将汉语文学史划分为"诗乐时代"——"辞赋时代"——"骈文时代"——"古文时代"——"语体时代"。

　　日本著名的中国古典文学研究家小南一郎先生指出：对于中国古典文学的研究，存在着一种"内容中心主义"的偏向。他说：

　　　　文学作品的内容与形式，不用说是不可分的。不过，过去的文学史研究，我认为似乎存在着过分的内容中心主义。当然，对文学形式的变迁进行论述者，也是有的，但我觉得，在那样的场合中，似乎大多没有与内容作有机的必然的结合，而是流于对表面形式的变化作现象性的记述。我以为，似乎有必要去研究重视文学形式的展开的文学史，它过去是相当被忽略的[6]。

小南先生所说的这种偏向虽然是针对当时日本汉学界研究中国文学史的现状，但更切合我国古典文学研究的情况。小南先生从"文学形式的展开"这一点出发，提出反对历来文学史分期所采用的王朝划分法，而主张"确立文学史独自的时代划分。在实行这种时代划分时，就应如前所述的那样，以文学样式的变化和新体裁文学的建立，作为最重要的断代标志"[7]。汉语文学史的分期，只有抓住"文学样式的变化和新体裁文学的建立"这个标志，才是真正抓住了要害，这就是纲举目张，以简驭繁，所谓"指约而易操"也。即如袁行霈先生在 1990 年出版的《中国文学概论》，就是以"文学体裁的演化"为标准，而把汉语文学史分为四个时期，即：（一）先秦时代，为诗骚时期；（二）秦汉至唐中叶，为诗赋时期；（三）唐中叶至元末，为词曲、话本时期；（四）明至"五四"时期，为传奇与长篇小说时期[8]。这四段的具体起止时间值得商榷，但应该肯定的是，比起他的"三古七段双视角"说，确实是"简而明"，留下的印象反而较"三古七段双视角"说更为清晰明确。

其实，文学体裁的变化，绝不仅仅是一个形式问题，它还决定着文学语言、艺术表现以及文学风格的发展变化，甚至"和社会经济基础的变化以及社会习俗、文化心理的变化密切相关，和政治生活也不无关系"[9]。这也正是为什么从元人虞集到明人叶子奇、王思任、陈宏绪，清人李渔、顾彩、焦循、李调元，再到近人王国维提出的"一代有一代之文学"的深意之所在吧。正如小南一郎先生所指出的那样："按照这种原则得出的文学史的时代划分的结论，大约是与社会史的时代区分极相符合的，大约能够较为明确地证明文学不能脱离社会而存在。"[10]在我看来，考察文体的发展演变，是文学史分期最可靠、也最可信的标志。

其二，察文风。

在文学史分期问题上，考察历代文风的演变应该作为一个重要标志。因为"文变染乎世情，兴废系乎时序，原始以要终，虽百世可知也"[11]。文风的演变，必然会在文学史上留下痕迹，呈现出不同的风貌，后人一路察看过去，是可以清晰地发现其演进的轨迹的。刘师培说：

> 英儒斯宾塞耳有言："世界愈进化，则文字愈退化。"夫所谓退化者，乃由文趋质，由深趋浅耳。及观之中国文学，则上古之书，印刷未明，竹帛繁重，故力求简质，崇用文言。降及东周，文字渐繁；至于六朝，文与笔分；宋代以下，文词益浅，而儒家语录以兴；元代以来，复盛兴词曲：此皆语言文字合一之渐也。故小说之体，即由是而兴，而《水浒传》《三国演义》诸书，已开俗语入文之渐。陋儒不察，以此为文字之日下也。然天演之例，莫不由简趋繁，何

独于文学而不然？故世之讨论古今文字者，以为有浅深文质之殊，岂知此正进化之公理哉[12]？

这确实是真知灼见，从语言文字的变化精辟地揭示出汉语文学"进化之公理"。语言文字是文学的载体，是形成文风的主要因素。就汉语文学的演进趋势来看，文字由艰涩深奥，到浅易通俗；文风由质朴简练，到丰富多彩；文体由诗文辞赋，到戏曲小说，正是文学演进的规律和轨迹，这是我们在进行文学分期时必须引为重要依据的。

宋人严羽曾说："于古今体制，若辨苍素，甚者望而知之。"[13]他自称可以从数十篇隐去诗人姓名的诗作中，考察辨识出其作者与时代。古代许多诗人、批评家，因为熟读各代作品，朝夕揣摩参悟，对于各代的文风，往往能独契精微，有会心的把握。今天，我们若略去文风演化的细节，俯瞰其宏观大节，对其各段所呈现出的不同于其他段落的特征是可以得到清晰地识别的，这也是我们做文学史分期时所应思考和参照的重要因素。当然，时代风格不会是单一的，它是一种多样的统一。因而，我们在考察某一时代的文风时，不可能包括这一时代的全部特点，而只能抓住这一时代的主要特征。这一主要特征也就是由文体、语言形式（主要体现在因时代不同而形成习惯语法的不同上），以及某一时代的政治、经济、文化、风俗等诸种因素综合而生的人们特具的心理状态与审美趣味。所以，时代文风的形成及演变当然是探讨文学史分期时所应关注的重要因素。

其三，审评论。

这里所说的"评论"，是指清以前人对古典文学发展演变的评论。清以前人，置身于古典文学的环境之中，他们读的是古文学，作的是古文学，研究的是古文学。他们解读古书的能力，是我们所远不能及的。他们对于古典文学，可谓历览古今，沉潜涵泳；精思独造，心知其意。他们留下了非常丰富的文学评论遗产，其中有许多涉及文学观念的演进，各类文体的演进，时代的标志性文体，时代文风的不同，语言形式的变化，有的甚至直接谈到文学史观与文学史分期问题，如六朝时期的复古论、新变论与通变论；唐代的"以复古为通变"论；宋以后的"诗体正变"说，等等，就是几种传统的文学史观。又如唐人梁肃《补阙李君前集序》《新唐书·文艺传序》等提出唐代文章三变，明人高棅《唐诗品汇》将唐诗分为初盛中晚四期，清人陈廷焯《白雨斋词话》关于词发展演变的趋势，等等，都具有某种文体发展史及断代文学史的意义。而下面两段话，就更具文学史分期的参考价值，一段是朱熹论诗：

> 古今之诗，凡有三变。盖自书传所记，虞夏以来，下及魏晋，自为一等。自晋宋间颜、谢以后，下及唐初，自为一等。自沈、宋以后，定著律诗，下及今日，又为一等。然自唐初以前，其为诗者，固有高下，而法犹未变；至律诗出，而后诗之与法始皆大变，以至今日，益巧益密，而无复古人之风矣[14]。

另一段是清人罗敦曧论文：

> 周秦逮于汉初，骈散不分之代也。西汉衍乎东汉，骈散角出之代也。魏晋历六朝而迄唐，骈文极盛之代也。古文挺起于中唐，策论靡然于赵宋，散文兴而骈文蹶之代也。宋四六，骈文之余波也。元明二代，骈散并衰，而散力终胜于骈。明末逮乎国朝，散骈并兴，而趋势差强于散[15]。

像朱熹、罗敦曧，他们都是从先秦一路而下，博览群书，精通四部的学者，对于古典文学的涵泳体悟极深，对其风味、法度深微变化处感受特别鲜明。所以，前人对于文学史诸多问题的评论应该引起我们充分的关注，把它作为文学史分期的重要标准，既要借用古人的眼睛，更要放出自己的眼光，使文学史的分期尽量吻合文学发展的客观实际。然而，古人的评论也不尽相同，我们应该如何取舍？这就要用我们自己的眼光来细加审视：弃其少数个别之说，取其多数相近之说；略其细枝末节，突出主体躯干。

基于以上的看法，我把汉语文学作为一个有机生命体，它同宇宙中的一切事物一样，具有发生——发展——极盛——变异的普遍轨迹。以此反观三千年的汉语文学，我以为先秦是它的发生期，由两汉至魏晋南北朝是它的发育成长期，隋唐五代宋金是它的极盛期，元明清则是它的变异期，直到 1919 年"五四"新文化运动兴起，以文言为载体的汉语文学便寿终正寝了。

二　汉语文学史的分期

（一）先秦——汉语文学的发生期

先秦文学的时间跨度，在所分四大段中算是最长的了。我们知道，《诗经》中最早的作品是在西周初期，周朝存在了 800 年。而《尚书》中的商、周之书，学者们以为是比较可靠的，即可能早已著于竹帛，虽在流传过程中，也曾经过后人的增损润饰，但基本的事件和文体格式，还是大体保留了原貌。如《盘庚》三篇，一般认为是殷商时期可信的文献，非后人所能虚构。连韩愈都说它"佶屈聱牙"，正表明它是上古文献，语言与后世差距很大，它产生在公元前 1300 年。由此推断，则先秦文学历时 1100 年。

先秦时期，还没有区分文学与非文学的意识。其时"文学"一词是指全部的学术文化或文献典籍。如《论语·先进篇》谈到孔门四科时说："德行，颜渊、闵子骞、冉伯牛、仲弓；言语，宰我、子贡；政事，冉有、季路；文学，子游、子夏。"皇侃《论语义疏》引晋人范宁说："文学，谓善先王典文。"宋人邢昺《论语疏》："文章博学则有子游、子夏二人。"这里的"先王典文""文章博学"即指文化典籍与文化学术思想。这是说子游、子夏传承了孔子文化典籍方面的成果，而不是指文学创作。先秦典籍中谈到"文"多指整个学术文化，但"文"已含有文采、美文之义，其语源为花纹。如《易传·系辞下》说："物相杂，故曰文。"《说文》："文，错画也，象交文。"即交错刻画，以成花纹的意思。又《广雅·释诂》："文，饰也。""文"的本义即交错以成文的意思。《礼记·乐记》"五色成文而不乱"，《周礼·冬官·考工记》"画缋之事，杂五色……青与赤谓之文"等，都是说五色交错以成文饰。转而用为以文字联缀的文辞，这在《释名·释言语》："文者，会集众采以成锦绣，会集众字以成辞义，如文绣然也。"另一方面，因花纹呈现美观，所以"文"又有文饰即美观的意思。把美化的言语称为"文辞"，在先秦的文献中早有运用，如《左传·襄公二十五年》："仲尼曰：'……言之不文，行而不远。晋为伯，郑入陈，非文辞不为功，慎辞哉！'"这里的"文辞"，即修饰语言、善于辞令的意思。可知，先秦时期，在"文学"这个非文学的概念中实蕴含着后来文学的灵魂。

就文体来看，先秦主要是诗、文二体，即所谓"风骚子史"。诗为《诗经》、楚辞；文为诸子散文与历史散文。长期以来，在汉语文学史上，正统文学只有诗文二途，最初即奠基于先秦。诗歌的源头固然可以追溯到远古歌谣，但记录这类歌谣的文献都是后出的，而且所录的歌谣如《击壤歌》《南风歌》《卿云歌》《五子歌》等，都真伪难辨，不为学者所采信。因此，先秦时代最早最可靠的诗歌作品，便只有《诗经》和楚辞。沈约《宋书·谢灵运传论》说："是以一世之士，各相慕习。源其飙流所始，莫不同祖风骚。"《诗经》与楚辞，就文体说，各自独成一体，两千余年，学习传承不绝。《诗经》之写实精神，比兴手法，后人概括为"风雅兴寄"，奉之为诗歌创作的楷式，为主诗风改革者所高擎的一面旗帜；而楚辞的忠爱之思，屈原的高尚人格，融之以"美人香草"的浪漫手法，形成一种象征意义，激励着历代诗人及爱国志士。就语言风格说，则《诗经》质朴，楚辞繁丽。就其对后世的影响而言，楚辞似更在《诗经》之上。要之，《诗经》、楚辞，同为汉语文学之源头；而"风骚"并称，则形成汉语文学之优秀传统。文可溯之于甲骨卜辞的记事。甲骨文已经是成熟的文字了，现代汉语语法中的基本词类，甲骨文中都已产生；从语法看，它的基本功能也都具备了，各种词类的关系和各自在句中的地位也基本确定。当然，甲骨文中有些语法现象已经消失或演化为另外的形式，这反映了商周时代的语言表达习惯与后来有相异之处。而当时的金文，则是更加成熟的文字，它的语法功能得到了加强，句子修饰成分不断丰富。因此，这一时期也是古代散文文体形成的萌发时期，而《尚书》无疑是最早的散文著作，可以说，先秦之文，是由史中所产生的。

诗、文二体之外，后世各种文体也都孕育在这一时期。如刘勰《文心雕龙·宗经》云：

> 故论说辞序,则《易》统其首;诏策章奏,则《书》发其源;赋颂歌赞,则《诗》立其本;铭诔箴祝,则《礼》统其端;纪传盟檄,则《春秋》为根;并穷高以树表,极远以启疆,所以百家腾跃,终入环内者也。

对此,王运熙先生指出:"春秋战国时代,文化(包括文学)已颇为发展,许多文体已经产生或萌芽,它们被保存在《五经》中间。刘勰列举论说辞序等二十种文体,认为其体制源出《五经》,大致上也是可信的。后来颜之推在《颜氏家训·文章》中也发表了类似的见解。但刘勰说'百家腾跃,终入环内',强调后代文章跳不出《五经》的圈子,抹煞后代的发展与创新,又是不对的。"[16]王运熙先生指出这种说法大致可信。但有过度夸张、绝对失实之处,是正确的。不过,说先秦为后世文章或文学之源还是不错的。如张学诚《文史通义·诗教上》就说:"至战国而后世之文体备";刘师培则在《论文杂记》中指出:"中国文学,至周末而臻极盛。庄、列之深远,苏、张之纵横,韩非之排奡,荀、吕之平易,皆为后世文章之祖;而屈、宋《楚辞》,忧思深远,上承风雅之遗,下启辞章之体,亦中国文章之祖也。"这是说先秦诸子之文风,已具备后世各种文章的风格,虽然不免有夸大之处,但大体不差。甚至后来的辞赋已结胎于楚辞及战国纵横家的游说之辞;骈文律诗中对偶的修辞手法在先秦诗文中屡见不鲜;小说的因子见之于神话传说、诸子与史传中的寓言故事;而戏曲的元素也可在《诗经》"三颂"的诗、乐、舞及楚辞《九歌》的故事性表演中见到萌芽。先秦文学实为汉语文学的发生奠基。

(二)汉魏晋南北朝——汉语文学的发展期

纵观这800年的文学史,可以分为前后两段:前段为两汉时期,后段为魏晋南北朝时期。

就文学观念来说,从两汉到魏晋南北朝,文学与非文学观念由初步分离到完全独立。汉人的文学观念已较先秦时代更为明晰,即将文学与其他文化学术区别开来,所以在用语上也有了不同。如用单字则有"文"

与"学"的区分；用连语则有"文章"与"文学"的不同：凡属博学、文化学术的意义称为"学"或"文学"；凡属辞章美文之义则称为"文"或"文章"。如《史记·孝武本纪》云："上乡儒术，招贤良，赵绾、王臧等以文学为公卿。"这里的"文学"，即指儒术。《汉书·张汤传》云："是时，上方乡文学，汤决大狱，欲傅古义，乃请博士弟子治《尚书》《春秋》，补廷尉史，……"《尚书》《春秋》都属于"文学"的范围，故这里的"文学"也是指儒术。另外，《汉书·公孙弘传赞》云："文章则司马迁、相如。"又云："刘向、王褒以文章显。"这里所举"文章"的代表人物，司马迁是史学家，但也有散文、辞赋的创作，其余三人则都是辞赋家。可见"文章"与"文学"的区别。汉人已将先秦时期混沌不分的"泛文学"观明确地区分为"文"与"学""文章"与"文学"，其内涵各有所指。而且，从《后汉书》于《儒林传》之外，特设《文苑传》，更可看出当时的文苑之士是以擅长辞章美文而与儒术之士相分途的。所以，汉人已经初步形成了文学的观念。循此而进，至魏晋南北朝，文学观念产生了一个突变。这从当时大量的文论著述即可窥见，如曹丕《典论·论文》、陆机《文赋》、挚虞《文章流别论》、刘勰《文心雕龙》、钟嵘《诗品》、裴子野《雕虫论》、萧统《文选序》、萧绎《金楼子·立言》、颜之推《颜氏家训·文章篇》等，内容繁多，不能一一具引。这里，以"文学"为标准，对这些论著做一个梳理归纳，可以看出，魏晋南北朝时代，确实是一个"文学自觉的时代"。其"自觉"的体现主要在于：第一，文学的本质在于抒写性情，感染人心。如《文心雕龙·情采》所说："情者文之经""为情而造文"；《金楼子·立言》所说："流连哀思""情灵摇荡"。第二，文学应具备语言声韵、艺术形式之美，如《文心雕龙·情采》所谓"形文"之"五色"，"声文"之"五音"；《文选序》所云"综缉辞采""错比文华""事出于沉思，义归乎翰藻"；《金楼子·立言》所说"绮縠纷披，宫徵靡曼，唇吻遒会"。第三，文学是离不开想象的。如《文赋》所说："收视反听，耽思傍讯，精骛八极，心游万仞"；《文心雕龙·神思》所谓"寂然凝虑，思接千载；悄焉动容，视通万里"；"故思理为妙，神与物游"。第四，文学须借意象以表达作者的内心情思。如《文心雕龙·神思》所云"独照之匠，窥意象而运斤"。第五，文体区分与文笔之辨。基于文学创作的繁荣发展，魏晋南北朝时期对文体的区分越来越细。曹丕的《典论·论文》将文体分为四科八体，陆机的《文赋》分为十类，刘勰的《文心雕龙》分为三十三类，至萧统的《文选》则分为三十八类。文体分类的由粗而细，反映了时人对文体辨析的精微，而从他们对各种文体之风格特点的体认，更反映出他们已经具有独立的文学观念。关于文笔之辨，虽然颇为分歧，但基本是将文学作品与非文学作品区别开来；同时，对文学特点的认识，也更加鲜明。文笔的讨论以刘勰和萧绎的说法为代表。刘勰《文心雕龙·总术》总结时人的看法，说是"有韵为文，无韵为笔"，这是以有韵与否来区分文笔，而有韵之"文"主要有诗、赋、铭、颂、箴、赞、吊、诔等，无韵之"笔"主要有诏、策、移、檄、章、奏、书、启等。"文"主要是表现个人情性的各体文学作品；"笔"则包括各种应用文体的"公家之言"。萧绎对文笔的辨析见于他的《金楼子·立言》，他对文笔的区分与刘勰不同，即不是以有韵、无韵为标准，他认为只有"吟咏风谣，流连哀思""绮縠纷披，宫徵靡曼，唇吻遒会，情灵摇荡"的才是文。他这里强调的是缠绵悱恻的情思，动人心灵的感染力；形式上藻采华美，声律和谐，具有音乐美。他更看重的是文学的本质特征，而不是文体界限。如他说："不便为诗如阎纂，善为章奏如伯松，若此之流，泛谓之笔。"在萧绎看来，即便是诗，如果写得像阎纂那样，也不能叫作文。萧绎的认识确实远远超过同时代其他批评家，他已经接触到纯文学的本质。可见，到了南朝，文学观念达到了高度的自觉，体现了当时的作家、批评家对文学审美特征的深刻认识。而且，从当时批评家重文轻笔的倾向看，文学作品的地位高于非文学作品，是被时人普遍接受的。

作为汉魏晋南北朝时代的标志性文体，就是辞赋、骈文、五言诗，辞赋盛行于两汉，骈文盛行于魏晋南北朝，而五言诗则贯穿汉魏晋南北朝，与先秦的诗文二体——风骚子史——判然有别，自成一段。

辞赋是汉代的主要文学体裁。但"辞"，后人一般多指楚辞，而汉人习惯称楚辞为赋，于是，汉人亦称赋为辞赋。其实，这是不恰当的，辞、赋本是两种不同的文体。不过，赋虽流行于汉代，但其源头却在先秦。赋这一文学概念，其含义有一个演变的过程，最初，赋不是一种文学体裁，而是一种表达方式，即《左传》中所记的"赋诗言志"。这里的"赋"是动词，是诵说的意思，不是文体。

赋本源于《诗经》的"六义"，据郑玄的解释，"赋"是"铺""铺陈"的意思，也不是文体，而是一种写作手法，即不用比兴，不假象征，直书其事，正面铺叙。不过，《诗经》中这种铺陈言志的手法，对于赋体的形成是有影响的，所以班固《两都赋序》说："赋者，古诗之流也。"

赋作为一种文体的名称，最早见于战国后期荀况的《赋》，分别写了礼、知、云、蚕、箴五种事物，它以铺张的手法，采用君臣问答对话的方式，通俗的"隐语"，多用四言，字句大体整齐，散韵相间，成一种前所未见的诗文混合体。它的结构形式对后来赋体影响很大。在赋体的形成过程中，又承受了楚辞及战国策士华丽壮大的文风影响。如汉大赋对楚辞的吸收即在艺术形式上，如《离骚》的宏伟结构，华美辞藻，设为问答，引譬连类等，打上了深深的楚辞的烙印，所以刘勰说："然赋也者，受命于诗人，拓宇于楚辞也。"[17]汉人辞、赋不分的观念恐怕出于此种看法。至于战国策士之文对汉大赋的沾概则在侈陈形势、恢廓声势的言辞，排比谐隐、征材聚事的手法。这样，禀受了先秦文学的遗传基因，适逢汉初"大一统"及"润色鸿业"的需要，乃使辞赋一体"蔚成大国"，独领汉代文坛之风骚。

据《汉书·艺文志》著录，辞赋分为四类：一类是屈原赋之属，有贾谊、枚乘、司马相如、淮南王刘安、王褒等20家361篇；一类是陆贾之属，有枚皋、朱买臣、严助、司马迁、杨雄等21家274篇；一类是孙卿赋之属，有秦时杂赋等25家136篇；一类是杂赋12家233篇。从数量上看，共有一千多篇，其中汉代以前的作品似不及十分之一，足见两汉作品数量之巨。

汉代辞赋的代表作家首推司马相如，他的创作为汉赋确立了基本的格局，如主客体问答形式、前后左右各方位的铺叙描写、散韵交用的语言形式等。这种格局确立以后，就成为赋的标准模式，后来作家无能出其范围者。

承汉赋之盛，魏晋南北朝时期赋的创作仍不见衰，但风气却大大变化了，其突出的标志就是赋体逐渐形成骈俪化，尤其是到了南朝，骈文盛行，各类赋便都用骈文来写了，这就形成了骈赋。

从汉语言文字的特点来看，骈文的产生是必然的。早在先秦诗文中，即已有大量骈偶语句。汉代辞赋盛行，讲求语言的"丽靡"，骈偶作为一种修饰语言对称美的修辞手法，为辞赋家所自觉追求。于是骈偶就在辞赋中被普遍使用，这种风气也渐渐感染了其他文章。到了东汉，文章渐趋整饬，骈偶句式逐渐增多。至于通篇以骈体立格者，则始于蔡邕的《郭有道碑》。至魏晋时期，尤其太康以后，文风偏于形式华美，作家们更加追求辞藻文采和对偶工整，于是骈文正式成立。不过，魏晋的骈文，对偶声律还不甚严格。至南朝宋、齐以后，声律之说风行，骈文更加注重运用平仄、音律和谐；至齐、梁时，骈文呈全盛之境，而徐陵、庾信，实臻极峰。

文至六朝，已普遍骈体化。胡适曾说："六朝的文学可说是一切文体都受了辞赋的笼罩，都'骈俪化'了。议论文也成了辞赋体，记叙文（除了少数史家）也用了骈俪文，抒情诗也用骈偶，纪事与发议论的诗也用骈偶，甚至于描写风景也用骈偶。故这个时代可说是一切韵文与散文的骈偶化的时代。"[18]据李兆洛《骈体文钞》所收文章来看，当时通行的应用与非应用的几十种文体都已骈俪化。所以，六朝是骈文的时代，骈文是六朝区别于其他时代的主要标志。

五言诗，照通常的说法，是产生于东汉前期，班固的《咏史》是最早最可靠的一首五言诗。其实，考察现存五言诗演进的文献，我们有充分理由可以把五言诗产生的时间提前到西汉时代。

《诗经》当中已有许多五言的章节，如《召南·行露》《大雅·绵》《楚辞·卜居》；陆贾《楚汉春秋》所载虞美人《和项王歌》；汉高帝戚夫人《春歌》；汉武帝时《李延年歌》；《汉书·王贡两龚鲍传》所引俗谚《何以孝悌为》等，都已接近于五言，有的已经是独立的五言诗了，此外，汉乐府《相和歌辞》中，如《江南可采莲》《鸡鸣长歌行》《相逢行》《步出夏门行》《折杨柳行》《艳歌行》《长歌行》等，都是纯熟的五言诗，其年代虽无法确考，但照常理推断，其中应该有武帝时乐府所采录的。由此可以得出一个使我们相信的结论：西汉是有五言诗的。

五言诗的产生在汉语文学史上具有重大的意义。自它产生之后，与七言（亦产生在汉代）一样，成为历代诗人所运用的主要体式，五、七言诗成为古代诗歌的代表。比起《诗经》的四言体，五言虽只多了一个字，但在节奏上却多了一个音步，分为三节，在诵读时远比四言二音步的单调节奏好听舒畅得多。同时，它所增加的是一个意群，比起四言来，在表达情感与描摹事物上具有更大的表现力，即内容含量更大。诚如钟嵘《诗品序》所说："夫四言文约意广，……每苦文繁而意少，故世罕习焉。五言居文词之要，是众作之有滋味者也。故云会于流俗，岂不以指形造形，穷情写物，最为详切者邪！"一字之增，既开拓了广阔的表现空间，增加了技巧运用的自由度，又更具美感，这就是为什么五言诗在古代历千年而不衰的原因。

五言诗在东汉顺帝以后已完全成熟，代表作就是《古诗十九首》。五言诗在魏晋南北朝时期大体上经历了八个发展阶段，即建安——正始——太康——永嘉——东晋——刘宋——萧齐——梁陈。在将近400年的时间里，五言诗完成了由古体向近体的转变，如曹植、陆机、潘岳、谢灵运等，在音律、对偶、辞藻等方面，已经显露出许多近体诗的特征。到了齐永明年间，以沈约、谢朓、王融等为代表的诗人，鼓吹新变，提倡"四声八病"，写作新体诗，这样，五言诗便率先进入了近体诗的确立和发展的道路，开辟了诗歌史上的新时代。

（三）隋唐五代宋金——汉语文学的极盛期

就文学观念来说，本来从先秦到两汉到魏晋南北朝，呈一顺流而下的趋势，即疏离各种非文学因素而日渐清晰独立。然而至此时，似乎又出现回流。先是唐人不满于六朝文学的"彩丽竞繁""雕虫丧天真"，于是倡言复古，主张"风雅""兴寄""文以贯道"；至宋人更变本加厉，提倡"文以载道"。这样，把六朝的"文笔"之分以及两汉的"文学"与"文章"的分别，又重新混淆起来，但这只是表面现象，实际上，文学观念的"复古说尽管高唱入云，而历史上的事实，终究是进化的。所以作家虽受复古说的影响，而无论如何不会恢复古来的面目，维持古来的作风。非惟如此，反因复古而进化"[19]。他们所复之古，其实是一己之古，而非古人之古，其真实目的是要创造一种新文学。即以陈子昂、李白、韩愈而论，他们虽标榜复古，然而他们的诗文何尝复到"王风""大雅""三代两汉"的模样？非但如此，如李白之诗，韩愈之文，极具个性，超轶古人，而成一代之伟观。这样，我们也就很能理解他们的文学成就与其文学观念何以似乎是矛盾的原因了。

作为这一大段700年间最具特色、成就最高的文学样式就是诗（主要是近体律诗）、词、古文。

唐诗，是诗史上的顶峰，已有定评。首先，在形式体制方面，唐人除了继承传统的五言、七言、杂言、乐府、歌行诸体之外，孕育于"永明体"内的新体诗则于初唐之时完全成熟定型，成为近体律诗，并衍生出五、七言律绝与排律，可以说，诗至唐代而诸体皆备。其次，在艺术成就方面，唐诗总汇了前代诗歌优秀的艺术传统。如唐人殷璠所说："既闲新声；复晓古体；文质半取，风骚两挟；言气骨则建安为传，论宫商则太康不逮。"[20] 又明人胡应麟说："甚矣，诗之盛于唐也！……其格，则高卑、远近、浓淡、浅深、巨细、精粗、巧拙、强弱，靡弗具矣；其调，则飘逸、浑雄、沉深、博大、绮丽、幽闲、新奇、猥琐，靡弗诣矣；……"[21] 各种风格争奇斗艳，异态纷呈，实集前代诗歌之大成，呈现出恢宏壮阔、朝气蓬勃、积极浪漫的盛唐气象。

与唐诗不同，宋诗则侧重从艺术构思、手法技巧、篇章结构、遣词造句等方面另辟蹊径，从而形成与唐诗不同的风神个性，正如钱锺书先生所说："唐诗、宋诗，亦非仅朝代之别，乃体格性分之殊。天下有两种人，斯分两种诗。唐诗多以丰神情韵擅长，宋诗多以筋骨思理见胜。"[22] 于是，诗史上乃有"唐音""宋调"之分。关于二者的孰优孰劣，自宋以后，一直争论不休，但大体说来，认为唐诗优于宋诗的一派差强。但据我的看法，宋诗总体成就或不如唐诗，但二者实具不同特色，各有其长，亦存其短，是唐诗所无法包括与替代的，因之影响于后来的诗歌乃有"尊唐"与"宗宋"两派，所以，不宜过分轩轾。从诗歌史来看，唐宋诗分别为数一数二的高峰。也就是说，宋诗的成就为元诗、明诗所不及，也要超过号称中兴的清诗。恰如钱锺书先生所说："故自宋以来，历元、明、清，人才辈出，而所作不能出唐宋之范围，皆可分唐宋之畛域。"[23] 唐、宋诗皆为后代立一模式标准。

在汉语文学的百花园中，词是一枝风姿艳丽的奇葩，具有一种特殊的魅力。它是随着隋唐燕乐的兴起而产生的音乐文艺，最初是为了配合燕乐乐曲所做的歌词，故称为"曲子词"。词的起源可以上溯到隋代，即使保守一点说，它的产生也不会晚于盛唐。词体的成立，大体说来，是在中唐时期。在这之前，曾有一个漫长的孕育过程，民间曲子词和文人创作，一起在这个孕育过程中起过促进作用。至晚唐五代，词体臻于成熟，两宋而达极盛，元明趋于衰落，至清代而复兴——这是词的发展演变的大势。

晚唐的温庭筠是一位大力作词的人。他的词多写歌伎舞女、"蝉鬓美人"的离愁别恨，在艺术上冷静客观，意象精美，设色浓丽，委婉含蓄，讲求平仄声律，成为文人词的奠基者。至五代时期，后蜀词人赵崇祚编成《花间集》，收录温庭筠的词作，列为卷首，以示尊崇，又使他成为花间派的鼻祖，确立了"词为艳科"和婉约之风的正宗地位。词至南唐，风气一变，转为主观抒情。尤其是后主李煜，由于他惨痛的人生经历，造就了他的情真无伪、字字血泪的词境，所谓"粗服乱头，不掩国色"。王国维在《人间词话》中所论至为深刻："词至李后主而眼界始大，感慨遂深，遂变伶工之词而为士大夫之词。"他用血泪写出宇宙人生的感触，亡国的悲痛。因而使以艳情为主的小词，竟然反映出人生的最高境界，从而成就这一文体的伟大。

关于宋词的演进，有五位词人非常重要，他们都取得了巨大的成就，开创了一代词风，做出了关键性的贡献，是推动宋词发展的里程碑式的人物。他们是柳永、苏轼、周邦彦、辛弃疾和姜夔。其中，柳永、苏轼、辛弃疾三位都是传统词风的破坏者与新词风的创立者。对此，《四库全书总目·东坡词》提要指出："词自晚唐五代以来，以清切婉丽为宗，至柳永而一变，如诗家之有白居易；至轼而又一变，如诗家之有韩愈，遂开南宋辛弃疾等一派。"这段话精辟地揭示了柳、苏、辛三位词人破旧创新的递嬗轨迹：柳词以其题材内容、择曲用调、艺术表现、运用语言的"俗"，第一个突破"花间"、南唐以来清词丽句、小境短章的传统格局，变雅为俗，如白居易诗；苏轼"以诗为词"，对词体、词风进行全面拓新，有如"以文为诗"的韩愈；而辛弃疾则在苏轼"以诗为词"的基础上，进一步"以文为词"，突破传统词风的诸多禁忌，倾荡磊落，纵情放笔。而周邦彦、姜夔两位则是传统词风的维护者与完善者，但也有新变。如周邦彦将词的形式格律、艺术技巧发展到极致，被誉为传统词风的"集大成"者；姜夔在完善词的传统特色中，又为词注入了新鲜血液，即以江西诗派冷峭瘦硬的诗法挽救婉约词软媚之弊，成为辛弃疾之后词坛大师，一直影响到清代。可以说，这五位词人就构成了一部宋词发展史。

在宋代各类文体中，词是一种最纯粹最精美的抒情艺术，它写尽了人们的缠绵悱恻、感叹忧伤、凄怆怨慕、呜咽惆怅、悲愤抑郁、慷慨激昂等各种情感，把各种境界表现到极致，呈露出宋人的心绪和灵魂，最能代表宋代文学的特色。

古文，今天称作散文。其实，散文一词，出于金人王若虚《滹南诗话》："散文至宋人始是真文字。"宋人罗大经《鹤林玉露》亦云："山谷诗骚妙天下，而散文颇觉琐碎局促。"又同书引周必大语说："四六特拘对耳，其立意措词，贵浑融有味，与散文同。"就古文的创作来看，先秦、两汉、唐宋呈三个高峰。但先秦、两汉的古文尚属于子、史性质，即经史、哲学及学术融为一体；另如政论、奏疏、碑志等类，则主要在于应用，"不以能文为本"，还没有独立的文学地位，纯文学的散文很少出现。而魏晋南北朝则是骈文盛而古文衰。至唐宋，先后经"韩柳"与"欧苏"两次古文运动，完成了文体、文风与文学语言的全面革新；并从经史、诸子及各种应用文中独立出来，产生了文学性古文，创作了许多精美的山水游记、人物传记、寓言、杂文、笔记、小品等文学作品。唐宋古文，不仅作家、作品数量空前，而且成就要超过先秦、两汉。《新唐书·文艺传》评唐文："排逐百家，法度森严，抵轹晋魏，上轧汉周，唐之文完然为一王法，此其极也。"将唐代古文推向顶峰的自然是韩愈和柳宗元。韩、柳都是文章的集大成者，他们既汲取先秦、两汉古文之长，也吸收六朝骈文的艺术营养，如清人刘开所说："退之起八代之衰，非尽扫八代而去之，但取其精而汰其粗，化其腐而出其奇，其实八代之美，退之未尝不备有也。"[24]正因为能够汲取众家之长，才能够推陈出新，创立一种新型古文，"完然为一王法"，为后来古文的发展，确立了体制和方向。对于唐代古文，我们必须看到它"一方面结束六朝以前，一方面又启宋代以后，此朝实为中国古今文学变化之枢纽"[25]。

宋代古文在继承唐代的基础上，无论内容、形式、语言、风格，都比唐代古文有新的开拓，形成了与唐代不同的艺术风貌，风格多样，流派纷呈，大家林立，所谓"唐宋八大家"，宋居其六。一谈到宋代文学之盛，人们首先会想到词，但词的数量毕竟太少。今人曾枣庄先生认为："如果说宋词最能代表宋代文学的特色，那么宋文则最能代表宋代文学的成就。"[26]这看法是很切合实际的。不但宋人自己是这样的看法（按：宋人这类评论很多，文繁不引，可参阅上引曾枣庄文），后人也几乎持同样的意见。如前引金人王若虚《滹南诗话》就说："散文至宋人始是真文字。"清人李渔《闲情偶记》也说："历朝文字之盛，其名各有所归，汉史、唐诗、宋文、元曲，此世人口头语也。《汉书》《史记》，千古不磨，尚矣；唐则诗人济济，宋有文士跄跄，宜其鼎足文坛，为三代后之三代也。"胡小石先生则说："中国散文最发达的两个时代，一为战国时代，一即宋代。"并指出："观察宋人文学应以散文为中心。"[27]这些看法，实为不刊之论。

我之所以确定隋唐五代宋金时期为文学的极盛期，除以上的原因外，在这一时期还产生了几种新的文学品种：唐传奇在继承六朝志怪小说传统的基础上，以其新颖的构思，精巧的结构，曲折离奇的情节，细腻的人物刻画，藻饰优美的文辞等特点，与唐诗并称"一代之奇"，标志着小说的成熟和小说史上的第一个高峰。变文成为讲唱文学的源头。唐代参军戏、宋金杂剧、院本、诸宫调等促成了戏剧的产生。话本则成为白话短篇小说及章回小说的肇因。这些都标志着这一时期文学的繁盛和勃勃生机。

汉语文学史发展到宋金时期，传统文学发生了蜕变。"蜕变，并不等于单纯的停滞或衰落，不等于思想艺术价值的普遍下降，而是指传统文学的质素起了变化，一些原有的质素开始解体，一些新的质素逐渐萌生。"[28]蜕变的主要标志：第一，文体上，由传统的诗词、古文而衍生出歌舞戏、滑稽戏、话本、杂剧、院本、南戏、诸宫调等各种俗文学样式；第二，作者由文人士大夫转变为许多不知名的下层文人或集体创作；第三，语言由文言变为白话；第四，风格由雅变俗。由以上几种蜕变，汉语文学便由为士大夫认作正宗的"雅文学"转变为不为士大夫认作正宗的"俗文学"为主了。于是，汉语文学史就转入了下一个阶段。

（四）元明清——汉语文学的蜕变期

从先秦一路巡礼，至元明清这 640 年的文学，新奇感极为鲜明。诗、词、古文这类传统的文学样式，虽然文人士大夫们照样在作，甚至数量较前有增无减，但确有"李杜诗篇众口传，至今已觉不新鲜"之感，而应"听唱新翻杨柳枝"了。

诗、词、古文已经度过它们最辉煌的时代，其发展的颓势也就显露出来。这也符合事物发展的趋势：这些传统的样式早已成熟，并达到相当的高度；它们都有自身的发展规律，某些发展机缘既不可再遇，那么，其历史上曾经的鼎盛当然也不可重复。

元、明、清是戏曲、小说的时代。

从这个时期的文学批评，也可以看出文学的时代不同，角色易主了，过去不登大雅之堂的"俗文学"——小说和戏曲——开始被更多地谈论了。如元人胡祗遹论戏曲的几篇序文，燕南芝庵的《唱论》、周德清的《中原音韵》，钟嗣成的《录鬼簿》，夏庭芝的《青楼集誌》，陶宗仪的《南村辍耕录》等；明人朱权的《太和正音谱》，贾仲明的《录鬼簿续编》，李开先、何良俊关于《琵琶记》《西厢记》《拜月亭》的讨论，王世贞的《曲藻》，徐渭的《南词叙录》，李贽的戏曲、小说批点，蒋大器、张尚德等关于《三国演义》的评论，叶昼等对《水浒传》的评点，吴江派与临川派关于戏曲理论的争论，冯梦龙的戏曲理论，王骥德的《曲律》，王思任、张岱、祁彪佳等人的曲论，吴承恩《西游记》的创作思想，陈元之等人对《西游记》的评论，袁宏道、欣欣子、谢肇淛等人对《金瓶梅》的评论；清人金圣叹、李渔的戏曲、小说理论，毛纶、毛宗岗评《三国演义》，张道深评《金瓶梅》，脂砚斋评《红楼梦》，王希廉、哈斯宝等人的小说评点，梁廷枏、杨恩寿等人的戏剧论，等等。这只是随便罗列的一些批评材料，可见当时戏曲、小说创作之盛。这些批评，涉及作家、作品、思想、艺术，精粗巨细，无所不谈，常能触及文学艺术之真义，较过去的诗文批评，另是一种气息。

元杂剧是在继承宋杂剧、金院本的基础上，又吸收了诸宫调、唱赚及北方民间歌舞的成分而形成的综合性戏曲艺术。元杂剧的产生，标志着戏曲达到完善的程度。元代也是杂剧的繁荣期，名家辈出，佳作如林，反映了广泛的社会生活内容。如明朱权《太和正音谱》将其题材分为十二科：（1）神仙道化、（2）隐居乐道、（3）披袍秉笏、（4）忠臣烈士、（5）孝义廉节、（6）叱奸骂馋、（7）逐臣孤子、（8）朴刀杆棒、（9）风花雪月、（10）悲欢离合、（11）烟花粉黛、（12）神头鬼面等。而如关汉卿《窦娥冤》《救风尘》《望江亭》，王实甫《西厢记》，马致远《汉宫秋》，白朴《梧桐雨》《墙头马上》，纪君祥《赵氏孤儿》，郑光祖《倩女离魂》等，都是传唱不衰的经典，几百年来，深受民众的喜爱。明、清杂剧已不像元杂剧那样由一个角色主唱，而是司唱角色不固定，较灵活；折数则一至八折不等，也不像元杂剧那样采用四折一楔子的结构形式。明初杂剧开了用南曲演唱的先河，使杂剧"南曲化"。不过，它已逐渐走向衰落，而清代的杂剧又不如明代，它的地位也就被来自民间的地方戏曲所取代了。

南戏在元统一后，与杂剧并行于剧坛。至元末明初之际，南戏更加成熟，在创作上出现了一个高潮，产生了《琵琶记》《荆钗记》《白兔记》《拜月亭记》《杀狗记》等南戏名剧，是南戏向传奇过渡的早期剧本，所以被称为"五大南戏"或"五大传奇"。如果说元杂剧曾以其宽阔的思想内容和完善的艺术形式在北方风靡百年，称雄一代；那么，明传奇则荟萃了南戏和北杂剧的精华，以更优美的唱腔和舞台表演，取代了北杂剧的盟主地位。传奇这一艺术形式在戏曲史上维持的时间较长，从明初一直到清代乾隆时期，才逐渐为地方戏所取代。明传奇是戏曲史上的一个高峰，这个高峰出现在嘉靖、万历前后，传奇创作突破了此前受道学风和时文风的影响，溺于宗旨劝忠劝孝、形式上讲究骈俪的风气。传奇创作的转机，以李开先的《宝剑记》、佚名的《鸣凤记》、梁辰鱼的《浣纱记》为标志；而汤显祖的"临川四梦"，尤其是《牡丹亭》的艺术成就达到了明代戏曲创作的高峰。嘉靖初年，戏曲音乐家魏良辅改革昆腔，主要以管乐器伴奏，成为一种舒缓圆润、轻柔婉转的新型腔调，最适宜于表达带有伤感色彩的内心情绪。于是，昆腔终于压倒余姚、海盐二腔，将弋阳腔排挤出城市，并完全取代北曲，上升为城市舞台的主要剧种近两百年，成为剧坛霸主。从嘉靖以后到清乾隆以前，一些著名剧作家写的传奇，几乎都是用昆腔写成的。

有清一代是戏曲的重要历史转折时期。明末时，单纯追求形式的倾向使传奇艺术受到很大伤害，一度陷入低潮。清初时，传奇迎来了新的转机，以洪升的《长生殿》和孔尚任的《桃花扇》为代表的一大批立足于总结兴亡教训和抒发兴亡之感的作品应运而生，"南洪北孔"家喻户晓，这为传奇艺术注入了新的血液，使它焕发出新的光彩。但好景不长，降至乾隆时期，传奇就急剧衰落了。究其原因，恐怕与清政府大兴文字狱有直接关系，也与昆腔由成熟而趋于凝固，进而走向衰落有关。从清中叶起，各种地方戏曲渐见兴起，统称为"花部"，亦称"乱弹"。所谓"花"，即"杂"的意思，是说其声腔花杂不纯，多野调俗曲；而所谓"乱"，即胡乱弹唱之意，二者本都是含有贬义。与此相对，昆山腔则称为"雅部"，"雅"即"正"的意思，以昆山腔为正音。乾隆年间，花、雅争胜，后来，花部渐渐把雅部压倒，至清末花部极尽全盛，京腔、秦腔、徽戏、皮黄先后称霸，尤其皮黄（京剧）崛起，竟取代昆腔而成为全国性戏曲剧种。花部的发展使我国戏曲有几百个剧种和数以万计的剧目，成为世界上绚丽多彩的戏剧艺术。

元、明、清时期更是白话小说的兴盛时期。渊源于宋代说话中的长篇"讲史"话本，到元朝有了进一步的发展，已经初具章回小说的雏形，到明代则完全成熟。经典性的作品如《三国演义》《水浒传》等都出现于明初。此后，长篇章回小说的题材又从历史小说扩展到神魔及世情等门类，但历史演义小说仍是白话长篇小说的大宗。到了清代，小说无论是数量或质量，都呈现出历史上的巅峰状态。从题材类型看，在明代历史演义、英雄传奇、神魔及世情四大类型的基础上，又衍生出讽刺小说（如《儒林外史》）、才学小说（如《镜花缘》）、才子佳人小说（如《好逑传》）、公案小说（如《施公案》）、侠义小说（如《三侠五义》）、狭邪小说（如《品花宝鉴》）、谴责小说（如《官场现形记》）等许多新品种。而且，明代小说大都是在民间传说的基础上由某一作家综合整理而成的"世代累积型"作品，只有《金瓶梅》属文人独创的作品。清代小说受《金瓶梅》的影响，多为文人独立创作的小说。尤其是《红楼梦》打破传统的思想和写法，以其深刻的思想内涵与高度的艺术成就，成为古代章回小说的一座丰碑。

白话短篇小说，主要是在宋人说话四家中"小说"一家的影响下发展演变的。明代中叶以后，一些文人在加工、润色宋元话本的同时，开始有意识地模仿话本小说的样式而独立创作一些新的白话短篇小说，即拟话本。除了冯梦龙所编著的"三言"外，著名的还有凌濛初的"二拍"、天然痴叟的《石点头》、东鲁古狂生的《醉醒石》、周楫的《西湖二集》等十余种。入清以后，拟话本的创作又有一定的发展，现存约有三十多种。最后一位在艺术上较有成就的白话短篇小说家是李渔，他以后，白话短篇小说便衰歇了。这些小说已不是宋元话本那样供说话艺人说书用的底本，而纯粹是文人创作供阅读的案头小说了。

综上所述，我将汉语文学史的发展分为四期：第一期，先秦，为传统文学的发生期。风骚、子史奠定了诗、文两种文学体式，成为以后两千多年正宗的文学传统。第二期，汉魏晋南北朝，为传统文学的发展期。辞赋、骈文、五言诗是这一时期的标志性文体，均是风骚子史的进一步发展。第三期，隋唐五代宋金，为传统文学的极盛期。诗、词、古文标志着源自先秦的诗、文二体臻于最高成就，唐传奇标志着小说的成熟，其他如变文、参军戏、杂剧、院本、诸宫调、话本等则孕育着后来的戏曲和小说，显示着此一时期文学之"盛"。第四期，元明清，为传统文学的蜕变期。唱了两千多年的文学主角——诗与文——转换为戏曲和小说，可谓"各领风骚数百年"。

[参考文献]

[1] 周作人：《药堂杂文》，河北教育出版社 2002 年版，第 5 页。

[2] 袁行霈主编：《中国文学史》第 1 卷《总绪论》，高等教育出版社 1999 年版，第 12 页。

[3] 同上书，第 13 页。

[4] 王国维：《宋元戏曲史·序》，华东师范大学出版社 1995 年版，第 1 页。

[5] 郭绍虞：《中国语言与文字之分歧在文学史上的演变现象》，见《照隅室古典文

学论集》上编，上海古籍出版社 2009 年第 2 版，第 490 页。

［6］［日］小南一郎：《中国文学史研究之方向》，发表于《文学》杂志 1979 年 11 月号，转引于池公绪《小南一郎论中国文学史研究问题》，见《文学遗产》1980年第 2 期，第 153 页。

［7］同上书，第 154 页。

［8］参看袁行霈《中国文学概论》第 2 章《中国文学的分期》，高等教育出版社 1990 年版，第 27—32 页。

［9］同上书，第 27 页。

［10］［日］小南一郎：《中国文学史研究之方向》，发表于《文学》杂志 1979 年 11 月号，转引于池公绪《小南一郎论中国文学史研究问题》，见《文学遗产》1980 年第 2 期，第 153 页。

［11］刘勰著、范文澜注：《文心雕龙注·时序》，人民文学出版社 1978 年版，第675 页。

［12］刘师培：《论文杂记》，见刘师培著《中国中古文学史·论文杂记》，人民文学出版社 1984 年版，第 109 页。

［13］郭绍虞：《沧浪诗话校释》附录《答出继叔临安吴景仙书》，人民文学出版社1983 年版，第 252 页。

［14］朱熹：《答巩仲至》，引自郭绍虞主编《中国历代文论选》第 2 册，上海古籍出版社 1981 年版，第 410 页。

［15］罗敦曧：《文学源流》，引自舒芜等编选《中国近代文论选》，人民文学出版社1981 年版，第 622—623 页。

［16］王运熙、顾易生主编：《中国文学批评通史·魏晋南北朝卷》，第 3 章，《刘勰〈文心雕龙〉》，上海古籍出版社 1996 年版，第 349 页。

［17］刘勰：《文心雕龙·诠赋》，刘勰著、范文澜注《文心雕龙注》，人民文学出版社 1978 年版，第 134 页。

［18］胡适：《白话文学史》，东方出版社 1996 年版，第 86 页。

［19］郭绍虞：《中国文学批评史》，百花文艺出版社 1999 年版，第 191 页。

［20］（唐）殷璠：《河岳英灵集》，傅璇琮、陈尚君、徐俊编《唐人选唐诗新编》，中华书局 2014 年版，第 157—158 页。

［21］（明）胡应麟：《诗薮》外编卷 3，上海古籍出版社 1979 年版，第 163 页。

［22］钱锺书：《谈艺录·一·诗分唐宋》，中华书局 1984 年版，第 2 页。

［23］同上书，第 3 页。

[24] 刘开:《与阮芸台宫保论文书》,引自郭绍虞主编《中国历代文论选》,第 3 册,上海古籍出版社 1980 年版,第 595 页。

[25] 胡小石:《论文集续编》,上海古籍出版社 1991 年版,第 163 页。

[26] 曾枣庄:《散文至宋才是真文字》,见《文学遗产》2009 年第 3 期。

[27] 同上书。

[28] 陈伯海:《文学史与文学史学》,北京大学出版社 2012 年版,第 86 页。

[作者简介] 周奇文,1953 年生,男,吉林省农安县人,东北师范大学人文学院教授,硕士生导师。

郭璞注书和辞赋中的"美"与"道"

衣淑艳

[摘要] 本文从关注自然的角度结合郭璞的注书对其相关辞赋进行系统研究，通过厘清郭璞注书与郭赋的相互关系，具体把握郭注和郭赋的特征。郭注和郭赋不同于他人的一个极其显著的特征，就是他关注和表现的对象主要是自然和自然万物。郭璞通过注书形成的审美观确定了其赋的表现主体，其"以道观物"的思维模式在赋中很好地将审美与体道结合在了一起；而他的辞赋创造出的一系列动态之美和对道的追寻，又为其注书带来了新动力。二者互相促进、相得益彰。

[关键词] 郭璞；辞赋；注书；自然；美；道

东晋著名学者郭璞，既是文学家和训诂学家，又是道学术数大师和游仙诗的祖师。郭璞的辞赋和注书有一个不同于他人的显著特征，那就是他关注的对象大都是自然万物[1]。除了以辞赋描摹表现自然之美，他还以注书的形式在注解中关注自然、游历自然。本文以此为契机，分别对郭璞的注书及其辞赋的这一特征进行探讨，以期探寻两者之间的互动关系。

一 郭璞注书之特色

郭璞注释了《三苍》《尔雅》《方言》《穆天子传》《山海经》《楚

辞》《子虚》《上林赋》《夏小正》等古籍。这些古籍涵盖了经史子集各个领域，但在都有着丰富的名物这一点上它们是相通的。正如郭璞在《尔雅序》中写到的"若乃可以博物不惑多识于鸟兽草木之名者，莫近于《尔雅》"[2]4，其他著作也同样有此特征。这也是郭璞选择注释它们的重要原因。

《尔雅》《方言》是训诂类的古籍，它们主要是从时间、空间两个方面对词语的"所指"进行解释，正如郭璞所言"摘绝代之离词，辨同实而殊号"（《尔雅序》），"标六代之绝语，类离词之指韵"（《方言序》）。其中名目纷繁的事物为郭璞了解自然万物提供了最好的媒介。同时，在注释二书的过程中，郭璞也将所注释的对象的"所指"结合自己的时代进行了合理延伸。以笃实矜慎著称的乾嘉学者邵晋涵在其《尔雅正义序》中谈道："唯郭景纯……为《尔雅》作注，……制度则准诸礼经，蔽泽则测其地望。诠度物类，多得之目验。故能详其形声，辨其名实。"借此，郭璞也实地游览了大自然，目睹了自然万物。其余著作则与以上两部著作稍微有些不同，它们是以游历的过程将自然万物拢于笔端。各种名目的山、水、动物、植物、矿物等充斥其中。在郭璞的眼中，这些古籍就是一个统一体，可以相互借鉴。《山海经》《尔雅》《方言》《穆天子传》之间的相互印证就是最好的例子。这说明作者看到了它们在共同关注自然及自然万物这一点上是相通的。

郭璞"讷于言论"[3]1899，一生为政的时间不多，他将自己的深情投入"向外发现了自然"[4]368当中，这也为他注书创造了便利条件。"故可不出户庭，而坐照四表"就是对他在书中通过想象游历自然的概括。同时，研读这些著作的过程也是郭璞积攒辞藻、培养其形象思维的过程，他所谓"摘翰者之华苑也"（《尔雅序》）就是指的这一方面。此外，郭璞选择注释《楚辞》《子虚》《上林赋》除了上述原因之外，还有一个重要缘由就是它们是赋中之精品。这些描摹天地万物的佳作是郭璞学习作赋的最佳模板。与别的著作不同，它们多是以文学的笔法展现名物意象，不再是单纯的罗列。阅读这些著作既是一种更高级别的欣赏自然，又是对郭璞文笔的一种熏陶浸染。

郭璞注释名物多以"目验"。他这么做除了追求实事求是之外，还是为了亲身领略大自然之美。注释对象为他的这一行动提供了具体目标。以其《尔雅注》为例，郭璞多以"今"字开头，强烈的时代气息充斥在他的注文中。例如，《释木》："梫，木桂"，郭注曰："今南人呼桂厚皮者为木桂。桂树叶似枇杷而大，白华，华而不著子，丛生岩岭，枝叶冬夏常青。"[2]301 据《说文解字》"桂，江南木，百药之长"[5]115可知，"桂"是南方特有的树木，对生活在北方的郭璞是陌生的。"桂"在《尔雅》中的出现引起了郭璞的好奇心，吸引他前去江南的高山之巅看个究竟。郭璞的每一部注书都是名物纷繁，所有的注书中的名物加在一起更是数不胜数。他注书的过程就是一个不断寻求刺激的过程。每当陌生名物出现，对郭璞就是一个即将欣赏美的过程，而用文字再现眼中所见又是一个创造美的过程。郭璞抒写的形象逼真的注释之词就是一段段美文。难怪郭璞用十八年的时间注释《尔雅》却乐此不疲。

受"玄学"思潮尤其是老庄思想的影响，郭璞喜欢在欣赏事物之美的时候"以道观物"。他在注书中处处留下这种痕迹。诸如通过《方言》一书，郭璞得出"明乖途而同致"（《方言序》）的结论，亦即殊途同归的意思。"然则总其所以乖，鼓之于一响，成其所以变，混之于一象"（《山海经序》），这是郭璞对《山海经》中诸多怪物怪象的解释。郭璞所作的《山海经图赞》《尔雅图赞》集中体现了其将哲理寓于事物品评之中。他是以掌握了"道理"的通达者的身份欣赏着万物的千姿百态。万物在他眼中就是"道"的演绎者、"道"的化身。郭璞打破"常理""常情"之所蔽，用"道通为一"的达观眼界审视着世间之奇，因此会有一切不足为奇的态度。那些经常被人们忽视的事物，他从"无为而无不为"的角度充分发掘出它们身上的超凡之处。他欣赏事物的"自然无为"之美，同时感叹大自然的神奇造化。在注释这数以万计名物的同时，郭璞惯于追寻其背后的抽象玄理，形成了一种将游物与体道紧密结合起来的思维模式。这对培养他的审美观也有很大影响。郭璞"以道观物"的做法决定了他喜欢"非常"之物，因为它们更易体现"道"。它们身上"无为无不为"的精神正是郭璞所欣赏、所追求的一种理想精神。

通过上面对郭璞注书特色的分析，我们总结出郭璞的注书对其创作赋的几点影响：1. 郭璞形成的审美观决定其辞赋的歌颂主体；2. 他的哲理思维使其在赋中将审物与体道自然结合；3. 亲身去自然界"目验"万物的注释方法练就了一双善于观察的眼睛；4. 简短形象的注词历练了郭璞的文笔等。这几点为郭璞创作出铺陈辞藻、舒展文采的鸿篇巨制之赋铺平道路。

二　郭璞辞赋之特色

郭璞的辞赋成就极高，"词赋为中兴之冠"[3]1899。"景纯绮巧，缛理有余[6]79"的赋之特色与郭璞注释古籍所积淀的审美经验与理论素养有着很大的关系。

郭璞的辞赋今存者有十一篇，除了《江赋》《客傲》保存完整外，其余多为残篇。通过类书辑录出来的这些辞赋，我们选择其中写物较为突出的《巫咸山赋》[7]2147、《盐池赋》[7]2148、《井赋》[7]2148、《蜜蜂赋》[7]2149、《蚍蜉赋》[7]2149等与其《江赋》[7]2150一起进行分析。从这些赋表现的主体不难看出，天地中的一切生命都在郭璞的歌颂之列。通过注书形成的审美观决定了他喜欢能够充分体道的"非常"之物，这点决定了郭璞此类赋所选择的歌颂主体。不论是生生不息之水，还是巍然耸立之山，抑或是微小的蜜蜂、蚍蜉，它们都是郭璞所歌颂的。在频繁亲历自然界、亲身观察自然万物中，郭璞发现它们身上流动着生命生生不息的旋律，展现的是一种动态之美。郭璞的"林无静树，川无停流"[8]256诗句就是对此的生动表达。

下面结合注书对郭璞创作赋的影响，具体分析赋所体现的动态之美，具体分为以下三种：

（一）"川无停流"之类的动态美。这是一种通过自身运动展现出来的用肉眼能够看到的美

1. 水。水是自然万物当中最有灵性的东西，一直处于流动中，是"道"的完美体现者。郭璞创作了《井赋》《盐池赋》《江赋》等，从多角度对其反复歌颂。虽然以井、池、江冠名，但是它们只是储存水的容器。如果其中没有了水，对它们的歌颂赞美就失去了依据。正是水的存在其中，才赋予它们"自然无为"、生生不息的品性。因此说这三篇赋歌颂的对象还是水。三赋通过水流的快、水势的急、水声的大来渲染水的动态。

郭璞在注书中练就了一双善于发现美的眼睛。他善于抓住水的经典流动的瞬间之美。在《井赋》中，作者重点对玉瓮进入井水中汲水的一刻带来的视觉、听觉的动及汲满水升出井之后的静进行生动描摹。这一动一静的场景是汲水过程中最富有代表性的两个瞬间。《盐池赋》中，他则抓住盐池的两种美丽：一种是冬天结成冰的池盐在阳光的照耀下呈现出的一望无垠的光鲜明亮的银白世界；另一种是夏天池盐未形成时红色卤水流动的壮观景象。这些经典镜头经过他神笔的加工，就是一幅幅美丽壮观的风景画。《江赋》中他对水的刻画是全方位的：既有细致入微的特写，又有宏观的鸟瞰式摹写。他用了60多个词语对大江代表性支流的水势、水貌、水流状态及水声等进行刻画，滔滔不息的江水尽在眼前。同时他还详尽列举了长江水中及水边的动物。水中有鱼、鳖、水兽、水蛇、水鸟、蚌蛤等，水边则是蜼、玃、夔、鹓雏等鸟兽。它们依靠自己的力量，或飞动，或游动，或跑动，或跳动等。这从侧面展示了江水的无私之品性。

2. 形体微小的蚍蜉、蜜蜂。它们是自然界中最卑微的生物，"物莫微于昆虫，属莫贱乎蝼蚁"（《蚍蜉赋》），往往被世俗之人所轻视。可是在郭璞眼中它们却是与众不同的。他专门为其创作了《蚍蜉赋》《蜜蜂赋》。作者从多个角度强调微小之蚍蜉始终处于动态，强调其群体出动。"淫淫奕奕，交错往来"展现的是蚍蜉爬行状态，突出其速度的缓慢及东来西往的情形。同时，又从多个角度强调其胆量的非凡。在众多危险的情形下它们依然故我，一往无前。虽然个体力量微小，但是它们集体的力量却是无穷大的，"乃吞舟而之制""济齐国之穷师"。它们表面上看起来很笨拙，却能够未卜先知，"感萌阳以潜出兮，知将雨而封穴"。它们是"无为而无不为"精神的最佳展示者。对于蜜蜂，作者从视觉、听觉两方面将其群飞时的近景、远景生动形象再现："纷纭雪乱，混沌云颓。景翳耀灵，响迅风雷，"突出展现的是其速度之快，规模之大。作者还重点将蜜蜂酿蜜的整个过程动态展现出来。在这里，郭璞感叹自然造化的神奇。

3. 山中之鸟兽。巫咸山是郭璞故乡的一座名山，郭璞对它相当熟悉。其《巫咸山赋》从鸟叫、鸟飞等多种动态对鸟进行刻画。首先是"游鸟之所喧会"，一进入山中最先感受到喧闹的鸟鸣声所带来的听觉上的刺激。其次是众鸟飞翔的状态："迴翔鸐集，凌鷉鷉鹖。"作者选取的是《庄子》中经常出现的代表性鸟类抒写。最后选择的还是声音，"禽鸟栖阳以晨鸣，熊虎窟阴而夕噫"，在这里作者选择了早、晚两个代表性时间从听觉上对山林进行刻画，突出的是鸟和熊虎的叫声。通过上面的描绘，静止不动的山被写活了。

（二）"林无静树"之类的动态美，这是一种借助外力展现出来的肉眼能够看到的动

1. 林中草木的摇动。巫咸山中的"八风之所归起"，作者虽然没有具体对草木摇动的描述，但是在林中主要通过草及树叶的摇动感受到风的存在。

2. 水中生物的动态。它集中体现于《江赋》。"随风猗萎，与波潭沲"准确概括了水中"蒲、菰、菱、荷"等水生草本科植物的动态，随着微风的飘拂，水面渐起涟漪，它们的叶子也跟着水波一起摇动；像"扬皜眊"指的是芦苇的白花在空中飞舞，此时靠的也是风力；像"王珧、海月、土肉、三蝬、璅蛣、腹蟹、水母、目虾、紫蛄、鹦螺、蜿蜾、洪蚶"等贝壳类软体动物，它们的动态用"泛漾于潮波"可以概括，也就是依靠水的潮汐运动的力量使它们在水中上下浮游。

（三）在静态中展现出的另类的动态美，它是通过肉眼直接体验不到的

1. 通过叶子、花朵的颜色展现：（1）草木叶子的绿。《江赋》中具体分为林中、水中及岸边三种草木，如："葭蒲、蒚、潜荟、青纶、绿苔、石帆、紫菜"等水草类，水边的有"楱杞、水松、涯灌"等树木，山上的如"楠梿、桃枝箮筹"等。这些草木使得长江充斥着浓郁的绿色。这一切印证了水的滋润万物的大公无私的品性。在《巫咸山赋》中，郭璞连续使用"丛茏、幽蔚、隐蔼"三个形容词反复强调草木的茂盛，让人感受到草木绿得浓、绿得强烈，借此透视出巫咸山的"土"所蕴含的生命力。（2）花朵的红。《江赋》的"流光潜映，景炎霞火"集中概括了草花的动态之红。草花本身的红色加上倒映在水中的花的影子的红色，使得红色更加浓烈，并且在水的流动当中展现了红色，更加凸显出生命力的活泼。

2. 通过花蕊的香味展现出的植物之美。这类嗅觉上感受到的美与视觉上感受到的美不同，它只能让人慢慢体会到，是无影无形的。"扬蘭蓝"，这里虽然没有直接提及花的香味，但是透过句子可以感受到，郭璞强调的就是巫咸山的空气中到处弥漫着独特的香味，而这香味就来自于蘭蓝这两种香草。通过风的流动，这种香味可以散布得更远。

3. 各种贵重的石类、明珠、鳞甲、蜂蜜、池盐等通过阳光的照射产生的耀眼光泽带来的视觉美。（1）前三类集中于《江赋》当中。"或炯彩轻涟，或焆曜崖邻"，这是对"金矿、云精、爥银、琁瑸、璿瑰、水碧、潜璓、鸣石、浮磬"等所有矿石类明亮状态的概括。透过晶莹剔透的水面，水中的矿石经由阳光照射发出耀眼的光芒。陆地上的矿石则直接将由阳光带来的光亮射入人的眼睛当中。同样颓螯吐出的"玑"、文鲼孕育出的"璓"及琼蚌产生的"珠"等通过"晞曜"发出明亮的色彩。而鱼鳖类则"鳞甲鑱错，焕烂锦斑"，它们的鳞甲不只发出耀眼的光芒，同时还带有五颜六色的光泽，再加上是成排分布，光泽分外绚烂刺激。随着鱼鳖的游动，这种美丽更加迷人、动人。（2）蜂蜜是天然之精品，郭璞于《蜜蜂赋》中集中刻画它的晶莹剔透。他将"甘露、割肪、髓、冰、玉"等拿来进行比附，生动再现其透明、光滑、润朗。（3）池盐的晶莹美丽在《盐池赋》中有着全面的塑造。郭璞展现了夏天与冬天两个季节的盐池之美，反复强调其洁白明亮的特色。夏天池盐刚形成时，作者着意的是其颜色的白，"凿凿、粲粲、皓然、雪朗、晃晃、烂然汉明"等，它们在夏天炎日的照射下带来明亮一片。这种一望无际的明亮洁白，只能在冬天见识到，在夏天欣赏到白茫茫一片的美丽的自然景致，这是多么让人兴奋，难怪郭璞要赞美、感叹池盐的灵异。冬天的池盐结冰后展现出另外一种美丽。这时的盐池是冰的世界。在冬日的照耀下，它散发出光洁润泽的光芒。作者所强调的是其润泽，"玉润膏津，雪白淩冈。

縶如散玺，焕若布璋"，多处将玉作为喻体。可以发现郭璞所极力歌颂的这类意象"是显著的追慕这光明鲜洁，晶莹发亮的意象"[4]362。

郭璞认为"妙不可尽之于言，事不可穷之于笔"（《江赋》），尽其能事地将其在注书中所积攒的丰富名物展示到赋作中，也因此与实际出现了一些偏颇。钱锺书、曹道衡先生对此围绕其《江赋》提出过中肯的批评。主要围绕以下三点：首先，郭璞把与长江不相关的河流归为长江支流；其次，所列之物有的是海中之物，并非产于长江，正如钱锺书先生在《管锥编》中所说"具徵左思《三都赋·序》中所讥'假称珍怪'，'匪本匪实'"[9]38；再者，"这篇赋的笔法，和汉代一些大赋相近，排比罗列的现象较为严重。尤其因为郭璞作为一个古文字学家和博物学家，应用的古字和僻典较多，行文不免艰涩"[10]389。其实，郭璞《江赋》中的这些不足在很大程度上受其注书影响，再就是与其创作《江赋》的主观目的有很大联系。郭璞通过注书获得的知识毕竟属于书面知识，与实际生活还是有一定差距的。李善注《文选》引《晋中兴书》介绍了郭璞创作《江赋》的原因，云："璞以中兴，三宅江外，乃著《江赋》，述川渎之美。"在动荡了多年之后，郭璞非常希望国家稳定。新朝廷移居江南让郭璞兴奋不已，因此，他激情创作了《江赋》，对长江极尽歌颂之辞。在这种情况下，对于长江不是很熟悉的他不可能有那么多的时间与精力对其进行一一勘察，出现这种常识性的错误也在情理之中。

三　结　语

受"玄学"思潮的影响，郭璞崇尚自然，对"物"有着特殊强烈的喜好。"不物物我我"，以审美、平等的眼光看待万物，由物及人的思维模式使得他在欣赏事物的同时，达到了更高级别的境界：既欣赏了自然美，又体验了玄妙之"道"。最终他的身心得到彻底放松、愉悦。继而他精神百倍地投入注书的学术研究中去。因此，我们说郭璞的注书与作赋是一个相互促进的过程：前者为后者做了各方面的充足准备，后者则将其一一落实到实际中，它是对前者的全面体现；同时，后者的完成也能够促进前者的继续进行。郭璞正是发现了二者之间的良好互动关系，最终在这两方面都取得了不朽成就。

[参考文献]

[1] 高恒忠：《庄子游的过程与审美境界》，《求索》2010 年第 5 期。

[2] 邢昺疏、李传书整理：《尔雅注疏》，北京大学出版社 2000 年版。

[3] 房玄龄：《晋书》，中华书局 1974 年版，第 1899 页。

[4] 宗白华：《美学散步》，上海人民出版社 2005 年版，第 368、第 362 页。

[5] 徐铉校定、许慎撰：《说文解字》，中华书局 1963 年版，第 115 页。

[6] 周振甫：《文心雕龙今译》，中华书局 1986 年版，第 79 页。

[7] 严可均辑：《全上古三代秦汉三国六朝文》，中华书局 1958 年版。

[8] 余嘉锡笺疏、周祖谟等整理：《世说新语笺疏》，上海古籍出版社 1993 年版。

[9] 钱锺书：《管锥编》（第四册），生活·读书·新知三联书店 2001 年版。

[10] 曹道衡：《郭璞》，收入吕慧鹃等编：《中国历代著名文学家评传》（第一册），
     山东教育出版社 1983 年版。

（此文曾发表于《求索》期刊 2011 年第 3 期，有改动）

[作者简介] 衣淑艳，1978 年生，女，山东省烟台市人，东北师范大学人文学院副教授，文学博士。

论郭璞对《山海经》之奇物的全新解读

衣淑艳

[摘要] 《山海经》中的奇物、奇人是郭璞极其感兴趣的意象。通过分析、总结相关的郭璞注词及《山海经图赞》，深入了解《山海经》和发现郭璞对《山海经》的超越所在。研究表明：《山海经》中的奇物分表面之奇和内质之奇两种。郭璞从"真、美、道"三个方面对它们进行重新解读。他用"气"的理论和"道"的思想反复证明《山海经》奇特名物的"真"，以朴素唯物的"以奇为美"的审美态度全新解读《山海经》中外表之奇的名物，提炼出"气之相王，在乎食带"的观点，对事物的内质之奇产生的根源进行概括。借此郭璞间接游历了自然，实现了精神的"逍遥游"。

[关键词] 郭璞；山海经；奇物；真；道；美

《山海经》中充满了古人对诸多事物怪异外表与奇妙功效的记载。在"跨世七代，曆载三千"[1]2153之后，郭璞依然坚信《山海经》中的这一切是真实存在的。于此，他同古人实现了"视域融合"。可是，他与古人又是不同的。郭璞所赞赏的"非常"之物分为表面之奇和内质之奇两种。前者主要反映在事物形体、样貌上，后者则通过其独特的功效来展现。在相信它们是真实存在的前提下，郭璞借其表象又进一步"领其玄致，標其洞涉"[1]2154，进行"道"的体验。此外，他还从美的欣赏与演绎方面对其进行全新解读。下面分别对此进行阐释。

一 对形貌之异事物的分析

郭璞所欣赏的形貌之"异"的事物以动物居多，其中还包括人。它们的奇异具体表现为：

1. 身体部位位置的异常，集中体现在眼睛的位置和飞行所依靠的部位。如，猾褢："其目在背"（《南山经》）[2]2、狍鸮："目在腋下"（《北山经》）[2]38、𤡴："目在耳後"（《北次三经》）[2]46、当扈："以其髯飛"（《西次四经》）[2]27、耳鼠："以其尾飛"（《北山经》）[2]33、飛鼠："以其背飛"（《北次二经》）[2]41等。

2. 身体器官数量的不正常。它分为"少"与"多"两种情形。"少"具体表现为翅膀、眼睛、足、臂等器官的数量为"一"，比如，蛮蛮："一翼一目"（《西次二经》）[2]18、毕方："一足"（《西次二经》）[2]24、诸犍："一目"（《北山经》）[2]34等；或者是缺少某个部位，比如，𤢖："無口"（《南次二经》）[2]5、無晵之國（《海外北經》）[2]105、無腸之國（《海外北经》）[2]107。"多"则通常是尾巴、首、身、足、目、角等部位的数量多于常物。如，酸與："四翼六目三足"（《北次三经》）[2]42、蠪姪："九尾九首"（《东次二经》）[2]54、肥遗："六足四翼"（《西山经》）[2]9、儵魚："三尾六足四首"（《北山经》）[2]33、何羅之魚："十身"（《北山经》）[2]33、天吳："八首人面八足八尾"（《海外东经》）[2]110等。

3. 身体某个部位的长度大于或是小于常人，多集中于《海经》部分。如，長臂國（《海外南经》）[2]100、長股之國（《海外南经》）[2]104、聶耳之國（《海外北经》）[2]107、博父國（《海外北经》）[2]107、跂踵國（《海外北经》）[2]108、大人國（《海外东经》）[2]110、燭陰（《海外北经》）[2]106、巴蛇（《海内南经》）[2]105、周饒國（《海外南经》）[2]110、焦僥國（《海外南经》）[2]110。

4. 自为牝牡。如類（《南山经》）[2]2、象蛇（《北次三经》）[2]41、丈夫国（《海外西经》）[2]103、女子国（《海外西经》）[2]103等。

5. 一身兼数种动物的部位特征。这类动物数不胜数，以兽类为主，兹举几例。如，化蛇："其狀如人面而豺身鳥翼而蛇行"（《中次二经》)[2]62、"有鸟焉其状如雞而白首鼠足而虎爪其名曰鴟雀（《东次四经》)[2]57、有獸焉其状如馬而羊目四角牛尾……其名曰峳峳（《东次二经》)[2]54、有獸焉其状如麐羊而四角馬尾而有距其名曰驒"（《北次三经》）等[2]40。

这类事物给郭璞的视觉带来极大的"陌生化"，引起他强烈的好奇心，使他产生"'常格'知觉观照下的审美属性的转化"，最终实现其"既成的审美知觉定势的移位和突破"[3]，他对此类事物的审美由此产生。同时，郭璞还将具体的审美活动与抽象的玄妙哲理融合在一起，"以道观物"。他借由此类事物见证了"归于曲成，是见兆朕"[4]2167，同时他用"造物无私，各任所禀"[4]2167"增不为多，减不为损"[4]2167的"道"的眼光齐同万物。他体认着"道"的无处不在，又用"道"的千变万化论证奇物的"真"。此外，郭璞还秉承前代的朴素唯物主义思想，进一步证明《山海经》中奇物、奇人的真实所在。他秉持"受气自然"[5]48"气有万殊"[4]2167的论调，认为自然产生的"气"是万物存在的根本，万物差别的根源在于禀气的不同。因此说，他的审美观是建立在朴素唯物主义基础上的。

此外，这类事物中还有一"奇"值得特别书写，那就是《山海经》中的奇女子。她们的身份或是帝女、神女，或是普通的女子。郭璞用唯美的眼光看待她们，发掘她们身上潜在的美与情。这是郭璞对她们的一种全新的解读与阐释，完全超越了经文内容本身。这跟郭璞为人的"好色"[6]1899有很大关系，同时也是整个魏晋时期人"向内发现了自己的深情"[7]368的结果。

西王母"其状如人豹尾虎齒而善啸蓬髮戴勝"（《西山经》)[2]23，从此可知她的形象完全称不上美。可是，通过郭璞的注释，她的形象发生了完全改观。郭璞首先将其身份定为"天帝之女"[4]2160。在注释中，郭璞大篇幅引用《穆天子传》中的西王母与周穆王两人礼尚往来、相敬如宾、吟诗歌赋、吹笙鼓簧的浪漫交往的一段文辞。由此，实现了西王母人性化、女性化的转变。此时的西王母已经褪去了兽性，演化成为了一个懂得诗词赋歌、彬彬有礼的知性女子。西王母、周穆王身处晶莹剔透的玉石之山，人因此也变得透明、浪漫，产生爱慕之情也是情理之中。此外，他还以出土的文物《竹书》为证据，书写了他们二人往来的具体时间、地点，以此证明两人的这段感情是真实可信的。可以说，郭璞的这段演绎是合情合理的。

经文中的女子与水有着天然的联系。"宵明烛光""赤水女子献""女祭女戚""女子国""帝之二女""炎帝之少女"等，她们的居住地都与水有关。后世的"神女/美女＋水"的审美意象或许滥觞于此。郭璞受此审美意象思维的影响，对经文中的水边女子进行了美的演绎，实现对文本的超越与合理升华。这些女子是"宵明烛光""赤水女子献""女祭女戚"。"宵明烛光"[2]122（《海内北经》）是舜帝之女，居住在水边。经文对于她们形象的刻画是模糊的，突出的是其光照百里的特异性。而郭璞的赞辞开头写到"水有佳人"[4]2170，直接将其定位为美女。由此可见郭璞对于她们容貌的关注程度。经文只是简单书写了"赤水女子献"[2]154（《大荒北经》）衣服的颜色是青色，对于其他一概没有涉及。郭璞在《图赞》中则将其丰满起来，集美丽、灵慧、飘逸、多情于一身。"江有窈窕，水生艳滨"[4]49首先交代了她是美丽的。注词"神女也"及"可以媚神"的赞辞则点明其神女的身份及在祭祀中的通神作用。"彼美灵献"的赞辞将美丽、灵慧全部赋予了她，此时她就是美丽与智慧的化身。郭璞的这个演绎是有充足依据的。神女是用来通神的，这要求其容貌必须是美丽的，而且还需要是聪慧的。此外，屈原、宋玉、曹植等浪漫文人反复歌咏过"神女"这一类型女子的美丽，她成了文人心中理想异性的代表。"交甫丧佩，无思远人"的典故在《韩诗内传》《韩诗外传》《列仙传》、曹植《洛神赋》、阮籍《咏怀二首》等著作中都反复出现过。在这里，郭璞突出的是神女的明智冷静、灵化缥缈，但并不否定其多情的一面。"女祭女戚"[2]103（《海外西经》）的赞辞充满了郭璞对她们二人的好奇与关心。"姝"是郭璞对她们形貌的美丽定格。郭璞通过一个个的疑问将二女的赞辞串了起来。"彼姝者子，誰氏二女。曷为水间，操鱼持俎。厥儷安在，離群逸處。"[4]2168两个美丽、柔弱的女子身处水间，手中拿着鱼与俎板。《山海经图》及经文所展现的一切到此为止。可是郭璞的思绪并没有停止，而是由此引起对她们的强烈关注。她们是谁家的女儿？来这里做什么？她们的同伴在哪里？郭璞没有给出答案。这种空白的遗留无疑是一种美的创造，易令人遐想无限。由此，我们也读出了郭璞的怜香惜玉。此外，郭璞还将同情心施给了"女丑之尸"[2]103（《海外西经》）。《图赞》中郭璞对其"十日炙杀之"的遭遇充满了同情。经文对于女丑形象的刻画只是限于"以右手鄣其面"，她的容貌是美、是丑无法判断。可是即使在这种情形下，郭璞依然相信原来的她是美丽的。"彼美谁子"[4]2168的赞辞就是最好的证明。一个美丽的女子生时非常重视自己的容貌，死后也希望能够将美丽永远留给世人，如果不能的话她宁愿给世人留下一个谜，因此她"以右手鄣其面"。女丑遗留的这个谜团却得到郭璞的破解。郭璞读出了她的心声，将其原本的美丽归还于她。这再一次印证他的怜香惜玉。

经过郭璞这一系列美的创造，文中面目模糊的女子演变为充满激情与活力的美丽女性。这使得原本读来无情的《山海经》也多情了起来。

二 对内质之奇事物的分析

内质之奇的事物身上具有某种特殊潜质，在微观领域可以使人的身体、精神状况产生某种改观，在宏观方面可以对某个郡县、邑、国，甚至是整个天下产生某种预兆。因经文中没有具体说明这些内质之奇产生的原因，故郭璞的注释更多专注于此。他反复用"气"的思想对此进行解释。根据经文内容他提炼出的"气之相王，在乎食带"[4]2161说法极具概括性。"气之相王，在乎食带"出自《藏本》，而《足本山海经图赞》则将"王"换成"生"[5]11。不管是"气之相王，在乎食带"还是"气之相生，在乎食带"，所谈论的都是一个事实，就是事物体内所含的"气"与其"食带"的东西直接相关。《藏本》的说法意思更进一层，指出两种事物之间的相互影响是通过它们所含的不同"气"的相互作用实现的。简而言之，它的意思就是食用或佩带某物之后，该物便会对人或物产生某种作用。本文取《藏本》这一说法。这种朴素唯物主义的解释将看似神秘、难解的现象明朗化、合理化，同时也间接说明此类事物之"真"。此类事物在《山海经》中最有代表性，下面针对该部分经文的具体内容结合郭注及其图赞谈"气之相王，在乎食带"的具体体现。

根据作用领域的不同此类事物分为两大类：

（一）作用于微观领域的名物。根据其行文具体又分为四种：

1. "食"的方式。直接以"食"行文。经文对此已经交代得很明了，在此不再赘述。

2. "带"的方式。"带"是总称，它有多种具体表现形式，主要分为以下四种：（1）"佩"。郭璞在注释"鹿蜀"条时指出"佩"为"带其皮"[2]1，由此可知"佩"为"带"的一种。（2）"浴"。此方式涉及的名物为"黄蘁"草[2]11。据经文内容推断此草"已疥"的具体方式是将其放入洗澡水中使之与人的皮肤完全接触。因此说"浴"属于变相的"带"。（3）"涂"。"有流赭以塗牛馬無病。"[2]10（《西山经》）由郭注知"赭"是一种赤土，它使"牛馬無病"的方式是将其涂到牛马的身上或角上。借此实现了赭土与牛马身体的充分接触。由此推断"塗"是"带"的又一种变形。（4）"席"。该方式涉及的名物为"谿邊"[2]13兽和"桃枝"[4]2159。根据"谿邊"的具体经文内容和"桃枝"的相关赞辞可知分别是用谿邊兽的皮和直接用桃枝做成席子。人的身体与这两种席子接触之后，它们就会发生作用。因此说"席"也属于"带"。

无论是"佩、涂"，还是"浴、席"，都是具体化的"带"。它们之间的细微差别就在于涉及的物与人的身体接触的面积大小不同。

3. "服"的方式。"服"只是笼统说法，它所涵盖的方式属于"食带"范围，但需要根据郭璞赞辞推断其具体归属。草类以"蓇草"为例，据杨伯峻对《左传·宣公三年》："以兰有国香，人服媚之如是"的注词"'服媚之'者，佩而爱之也"[8]673及郭璞的"君子是佩，人服媚之"[4]2165赞辞，可断定"服"就是"佩"。另外，由"菮"草的"食之无天"[4]2166得知"服"就是"食"。以此类推其他草类莫不如是。玉类如"瑾瑜之玉"则由"君子是佩"[4]2160可知"服"就是"佩"。木类则以"櫔木""葡栢"为例，由"食之洞记"[5]22"食之忘寒"[4]2166得知"服"是指"食"。鸟类以"橐蓜"为例，据"带其羽毛"[4]2159可知"服"即"带"。

综上，"服"有时指代"食"，有时指代"带"，总之是不出这两者。

4. 以"可以"行文的，其指代的作用方式大多是对郭璞"食带"的间接表达，但是具体归属依然要根据经文做进一步推断。根据作用效果具体分为：

（1）以"禦×"的方式直言效果的，如"禦火、禦（辟）兵、禦凶"等。①对于产生"禦凶"效果的名物根据经文及郭注我们是看不出其作用具体归属的，只能如郭璞在《图赞·天狗》所言"气之相生，在乎食带"那样统而言之。②"禦（辟）火"的名物只有"鱬鱬之魚"是通过"食之避燔"[4]2162的赞词明确看出其作用归属的，其他一概没有明确指出。③能够产生"禦兵"效果的名物有鱼（2）、兽（1）、草（1）、鸟（1）等5种。《图赞·飞鱼》曰："食之辟兵"，在此郭璞将飞鱼产生作用的方式交代得很明了。郭璞在解释"駮"兽时指出"禦兵"为"養之辟兵刃也"[2]29，就是说人类如果将这种马饲养起来，吃了它的肉就可以避开兵刃了。据此知"駮"作用方式为"食"。另外如"有草焉……其名曰牛傷其根蒼文服者不厥可以禦兵"[2]73"鰤魚……食者無蠱疾可以禦兵"[2]74，据二者的经文内容判断，它们发生作用的方式是"食"。总之，这类名物产生"禦兵"效果的方式主要是"食"。"有獸焉……名曰耳鼠……又可以禦百毒"[2]33。由赞辞"厥皮惟良"[4]2162可知此物产生作用的方式是"带"。

（2）作用是针对具体某种动物的，如"走馬、毒鼠、毒鱼"等。在"杜衡"条郭璞注"走馬"为"帶之令人便馬或曰馬得之而健走"[2]13，不管是人带杜衡还是马吃了杜衡，都没有超出郭璞总结的"食带"之范围。因此处所涉及的名物都是直接跟动物相关，本文取后者。而且，此部分还有"服马"一处与马有关，郭璞对它的解释是"以汁塗之則馬調良"[2]57，意为把草汁涂到马的身上就可使马驯服。据此推断"杜衡"所针对的直接对象也是马，其发生作用的方式是"食"。而赞辞"礜石杀鼠，蚕食而肥"[4]2160已经将礜石"毒鼠"的方式言明。有的名物郭璞没有注明其发生作用的方式，这可能是因为郭璞认为它们身上不存在疑问。比如，毒鱼只能是鱼把草或者是树叶吃掉之后才会发生作用。总体上来说，此部分之草、木、石等发生作用的方式主要是"食"。另外，还有一种就是将草汁涂到马的身上，这样就可以使草汁与马的身体充分接触。因此说这是"带"之方式的变形。

（3）作用是针对人体的某种疾病，主要以皮肤病为主。从经文能够直接看出其作用方式的有 9 处，其中 7 处属于"食"的范围，1 处与"浴"有关，上文已言及，1 处为"有獸焉……名曰羬羊其脂可以已腊"[2]9，就是将羬羊的油脂涂抹到皮肤的皴皱处就可以"已腊"，它也是"带"的变相。"旋龜……可以为底"[2]1，根据袁珂的注词"底同胝，足茧也；可以为底，可以治足茧也"[9]4可知，旋龜治足茧的方式是把旋龜的壳与足茧充分接触、摩擦。由此说这种方式也属于"带"的范围。"有木焉名曰文茎其實如枣可以已聾"[2]10，由此可推断若食其果实则可以治愈耳聋。其余的名物行文说明得不详细，但是根据上面的分析推断它们应该都属于"食带"之列。

以上涉及了 18 种兽、29 种鸟、31 种鱼、32 种草、24 种木、2 种石、1 种土、5 种龟，还有 4 种不明归属的，总共 146 种名物。在"食"其肉、果实、叶子等部位或是与之以"带"的某一具体方式接触后，它们便会对人或物产生某种作用。其中多是针对人类的，或关系人的身体疾病，或关系人的精神状态，或是与女人的美貌、生育能力有关。一般情况下可以根据经文内容直接得出其作用归属，如若不然则可以根据郭璞的相关注词及图赞间接得出结论。这两者呈现一种互补关系。鱼类则是个例外，不管是注明的还是没有言明的，它们产生作用的方式只有"食"一种。

（二）作用于宏观领域的事物，它们以"见则"的形式展示其神奇之处

这类事物全是动物，包括鸟兽鱼蛇等 48 种。它们的出现对于天下、国、县、邑等有某种警示性作用，具体为"大旱、兵、大水、大疫、大穰、大風、火、恐、败、大繇、多放士、多疫、多土功、多狡客"等。它们的出现只带来"安宁"与"大穰"两种有利影响。大多数情况下它们带来的是负面影响：一是引起异常自然现象的发生，带来天灾，给社会造成巨大灾难；二是带来瘟疫、徭役，使得老百姓负担加重，身体遭受疾病的困扰；再就是使得国家出现一些祸国殃民的人士，造成小人得道、君子遭贬。虽然它们会带来灾异，但郭璞认为那是在执行上天的命令。在郭璞的眼中它们是美丽无比的。大水、大风、大雨、干旱等灾异只是暂时的。如果这些现象能够引起君主足够重视的话，那么换来的将是一个更加长久美丽和谐的太平盛世。

通观《山海经》中这些内质奇异的名物，它们颜色各异、精彩纷呈。据不完全统计，与赤色有关的共 75 处、白色的为 35 处、黄色共 14 处、黑色共 10 处等。其中，以"食"方式出现的为：赤色 25 处、白色 11 处、黑色 5 处、青色 3 处、黄色 2 处；以"服"的形式出现的为：赤色 8 处、白色 3 处、黄色 5 处、青色 2 处、黑色 2 处；以"可以"形式出现的为：赤色 19 处、白色 7 处、黄色 3 处、黑色 3 处；以"见则"形式出现的为：赤色 13 处、白色 14 处、黄色 4 处。这些颜色各异、形状独特的事物给郭璞的视觉以极大的刺激。同时，他认识到自然万物每个物种都是独一无二的，都有自己的生命价值所在。他又用道家的"齐之一归"[4]2160 "混之一归"[4]2167 的终极眼光将万物整合为一。通过欣赏这类事物他的内心澄净，精神获得超脱。

三　结　语

魏晋"玄学"思潮将"大自然"的地位空前凸显、强调出来。自然万物与士人之间产生一种直接的对应关系：一方面它是士人倾诉心灵、愉悦身体的最佳载体，另一方面士人又将个人价值的彰显与其紧密联系在一起。郭璞也因此将自己的价值实现选择于波澜不惊的学海，选择注释"天地有大美而不言"之类名物意象纷繁的古籍，通过此种方式间接游历自然。此外，郭璞选择注释《山海经》与魏晋时期尚"怪"的审美时尚也有着密切关系。他以欣赏自然、亲近万物的态度领略了各类奇异的"象"，他的强烈好奇心被完全调动起来，从其身上直接欣赏到让人叹为观止的"自然美"。同时，他认识到各种描述事物的"言"与"象"只是表层的东西，领悟包含事物内在意蕴的"言外之意，象外之旨"才是其注释的根本所在。因此，他透过气象万千的事物表象直究其背后玄妙、透彻的本质："道。"他的《山海经图赞》中随处可见其"以道观物"的痕迹。同时，他将自己的"情"辐射到注释对象身上，创造了一系列富于美与情的意象。由此可见，郭璞的《山海经注》从动机到具体解读活动均有着魏晋"玄学"的影子。

　　总之，在充分利用相关古籍、史实及各种耳闻、目验的材料的基础上，郭璞着眼于"真、美、道"三个方面重新解读《山海经》之"奇"。他用"气"的理论和"道"的思想反复证明《山海经》奇特名物的"真"，以朴素唯物的"以奇为美"的审美态度全新解读《山海经》中外表之奇的名物，提炼出"气之相王，在乎食带"的观点，对事物内质之奇产生的根源进行概括。他的这一系列朴素唯物的阐释为《山海经》中奇物的存在找到充分的合理性，证明了世界虽不神秘却是神奇万千，同时美丽又是无处不在的。借此他既愉悦了身心，又体验了"与道合一""万物与我为一"至高至美的空灵、妙悟之境界。在肉体备受痛苦煎熬的时空中他实现了思想的超时空自由飞越，完成了精神层面的"逍遥游"。

[参考文献]

[1] 郭璞：《注山海经叙》，严可均辑《全上古三代秦汉三国六朝文》，中华书局1958年版。

[2] 郭璞：《山海经注》，上海古籍出版社、香港迪志文化传媒有限公司1999年版。

[3] 曹海东：《〈庄子〉艺术变形及其审美特征》，《华中师范大学学报》1992年第2期。

[4] 郭璞：《山海经图赞》，严可均辑《全上古三代秦汉三国六朝文》，中华书局1958年版。

[5] 张宗祥校录：《足本山海经图赞》，古典文学出版社1958年版。

[6] 房玄龄等：《晋书》，中华书局1974年版。

[7] 宗白华：《美学散步》，上海人民出版社2005年版。

[8] 杨伯峻：《春秋左传注》，中华书局1981年版。

[9] 袁珂校注：《山海经》，巴蜀书社1992年版。

　　（此文曾发表于《中国文学研究》期刊2011年第4期，有改动）

[作者简介] 衣淑艳，1978年生，女，山东省烟台市人，东北师范大学人文学院副教授，文学博士。

论唐代小说实现自觉创作的文化原因

马　越

[摘要]　唐代小说在经历了先秦史家纪实创作，到六朝志怪志人的文学传统，实现了真正意义上的自觉创作。这种自觉，不但表现为创作上的自觉，也表现为文体上的独立，文学功能上的实现。本文深入探讨在唐代历史文化大背景之下，实现小说创作自觉的文化层面的原因，从唐代"行卷""温卷"风气盛行，诗文创作繁荣与思想开明的文化氛围，文学内容题材创作的演进等几个方面，综合分析论述"唐人始有意为小说"的这种创作上实现自觉的文化原因。

[关键词]　唐代小说；自觉创作；行卷

中国的小说历史悠久，追溯小说的起源，最早可以看到上古时期的神话传说中就已经孕育了小说的雏形。然而小说作为一种独立的文学体裁，其发展过程相对于诗歌而言，是相对缓慢的。从先秦、两汉的神话传说、寓言故事、史传文学到六朝时期的志人志怪，经过了漫长的演变发展沉淀，直到唐代传奇小说的出现，"唐人始有意为小说"，小说作为一种独立的文体才正式开始进入创作的自觉阶段。

这一跨越使得小说这一文体，从最初的《庄子·外物》中提到的："饰小说以干县令，其于大达亦远矣。"将小说作为琐碎言论；到班固《汉书·艺文志》将"小说家"列为十家之后，其下的定义为："小说家者流，盖出于稗官，街谈巷语，道听途说之所造也。"将小说定位为"街谈巷语，道听途说"的稗官野史中，彻底提拔出来，实现了小说作为一种文体的自觉。

唐以前写小说，是把小说作为记录奇文异事的野史一类来看待，粗陈梗概，不讲究语言修饰。《文心雕龙》详述各种文体，下及谐辞隐语，于小说一类却只字不提。说明在当时区分文笔，注意藻绘的风气中，志人志怪的小说，因缺乏文采而不为论者所重视，唐传奇情况则大不相同。鲁迅先生曾说过："传奇者流，源盖出于志怪，然施之藻绘，扩其波澜，故所成就乃特异，其间虽亦或托讽喻以纾牢愁，谈祸福以寓惩劝，而大归则究在文采与意想，与昔之传鬼神明因果而外他意者，甚异其趣矣。"（《中国小说史略》）唐传奇作者在吸收前人的传作经验之后，有意识进行文学创作，在艺术形式方面有了极大的改进，不仅"叙述婉转，文辞华艳"，而且小说在内容上实现了极大的丰富性和多元化，唐代小说因文人士族阶层的推动，在审美意趣和格调上也发生了升华。

从中国小说发展史的角度来审视，唐人小说是一次质的飞跃。将唐传奇同六朝志怪小说、史传文学进行比照便会发现，唐传奇作品中大量运用虚构、夸张和想象，背弃了历史著作对信实的要求，摆脱了子、史的束缚，表现出强烈的主体意识。作品的表现内容也更加注重细节化、生活化，并出现了大量的对话、心理、环境氛围的描写。此外，唐人小说表现手法和技巧也呈现出多样化的特点，在叙事艺术、叙事结构方面都有了很大的发展。可以说，唐代小说的创作真正实现了小说这种文体的独立和自觉。

本文将从唐代"行卷""温卷"风气盛行；唐代诗文创作繁荣与思想开明的文化氛围；唐代文学内容题材创作的演进；唐传奇创作对六朝小说创作手法的继承与发展；唐代士族阶层艺术创作审美倾向的转化五个方面，论述这一小说发展演进现象背后深层的文化原因，从而揭示出小说这种文体在唐代这个气象万千的时代里，实现创作上自觉，文体上独立，功用上普及，其内部的深层次历史文化根源。

一 唐代"行卷""温卷"风气盛行

唐代科举取士制度日趋成熟,大量的文人士子通过科举这条道路,晋升为国家的官员阶层。唐代科举考试有"行卷""温卷"的风气,应试的文人为了获得考试官的赏识,往往在考前送上自己的诗文,第一次送上叫"行卷",以后再送叫"温卷"。行卷之风为传奇小说的创作提供了一片沃土,激励了唐传奇小说的创作和传播。"行卷"的具体过程,就是参加进士考试的士子,为了能顺利地被录取,就在考试之前将自己的作品抄成卷子,送去拜谒当时与主持考试有关的或有名望的人物,希望得到他们的称赞和重视。开始的时候主要是用诗,后来因为传奇小说这种形式众体兼备,能够见出作者的诗才、史才、议论等多方面的才能,也成了"行卷"的重要内容。

宋人赵彦卫《云麓漫钞》中曾这样评价唐人的行卷,"唐世举人,先借当时显人,以姓名达主司,然后投献所业,逾数日又投,谓之'温卷',如《幽怪录》《传奇》等皆是也"。唐朝廷以文取士的科举制度和士子们的"行卷""温卷"之风客观上促进了唐传奇创作的兴盛。程千帆论著《唐代进士行卷与文学》中的一篇《行卷风尚的盛行与唐代传奇小说的勃兴》对赵彦卫《云麓漫钞》中的说法给予了充分肯定,并对行卷说加以补充论证,他最终认为"唐代进士曾用传奇小说行卷是个事实""传奇的发达,与进士们用它来行卷有关"。陈寅恪论著《韩愈与唐代小说》也同意这种说法,其论文《〈顺宗实录〉与〈续玄怪录〉》则认为《续玄怪录》是"江湖举子投献之文卷"。

唐人"尚奇",喜欢谈论奇人、奇物、奇事,尚奇是唐人的一种共同的审美心理。唐传奇作者多为应试求仕的中下层文人,社会上用诗文行卷的现象非常普遍,文士为了出奇制胜,便向主考官投其所好,用当时"文备众体,可以见史才、诗笔、议论"的新兴文体传奇小说来行卷。唐代科举考试没有采用糊名制度,所以考生的名声就显得相当重要。文名高、又有权贵或文坛前辈推荐的考生就容易被录取。对这一文化现象,鲁迅曾经作过分析:"唐以诗文取士,但也看社会上的名声,所以士子入京应试，也须豫先干谒名公，呈献诗文，冀其称誉，这诗文叫作'行卷'。诗文既滥，人不欲观，有的就用传奇文，来希图一新耳目，获得特效了，于是那时的传奇文，也就和'敲门砖'很有关系。"程国赋教授也认为，中唐重视进士的社会风气与传奇小说的出现几乎同步进行，产生这种现象应该说不是偶然的，两者之间有着一定的内在联系。重视进士的风气吸引文士参加科举考试，他们中有些人以小说来行卷，从而导致了小说的兴盛。

用传奇"行卷""温卷"之风盛行的前提，是传奇这种小说文体被人们广泛接受和欣赏，尤其在考官等文人官僚集团中获得了普遍性的赏识，这种风气之盛行又势必反过来刺激传奇小说的创作，于是"行卷""温卷"之风构成了唐传奇持续创作的一种时代氛围和特殊背景，有助于传奇的进一步写作、传播与繁荣。

二　唐代诗文创作繁荣与思想开明的文化氛围

古典小说在唐代走向成熟的最重要标志是作者拥有了自觉的小说创作意识。到了唐代，作者通过想象和虚构对生活进行艺术的概括和集中，开始自觉地小说创作，以表达他对生活的认识和评价。鲁迅先生在《中国小说史略》中从历史发展的角度指出："小说亦如诗，至唐代而一变，虽尚不离于搜奇记逸，然叙述婉转，文辞华艳，与六朝之粗陈梗概者较，演进之迹甚明，而尤显者乃在是时有意为小说。"也就是说到了唐代，传奇作者从真实记录历史真实发生的事件的史家意识，开始转变为以华美的语言叙写人物传奇的小说家意识。

唐传奇小说的繁荣有其时代和社会方面的原因，也有文学内部发展的原因。唐代政治经济的发展，城市的扩大和繁荣，随之而来的市民阶层的兴起，以及相对宽松的政治环境和开明的文化政策等，都对文学艺术的发展产生了积极影响，促成了文学艺术包括诗歌、绘画、音乐、舞蹈等的全面发展和繁荣。而各种艺术门类的发展又相互影响、相互促进。在这种文学艺术全面繁荣的基础上，唐代的传奇小说在前代的基础上有新的变化和发展，出现繁荣的景象，完全是顺理成章的事。唐代韩愈、柳宗元为代表的散文成就，民间的说话和变文等通俗文艺形式的发展，都对传奇小说的创作产生了积极的影响。

唐代是文学艺术普遍繁荣的时期，唐传奇的发展与其他文体的繁荣是分不开的。唐代散文和诗歌的高度成就，对传奇的创作必然有促进作用。它们的现实主义、积极浪漫主义精神，以及丰富多彩的表现方法，对传奇小说的写作都提供了良好的借鉴。

唐朝是"诗的王朝"，然而唐人对文章的重视并不弱于魏晋，只是看法上更为通脱。文章创作除了"文以明道"之外，还作为适性娱情抒发牢骚郁积的戏笔。韩愈《答张籍书》说："吾子又讥吾与人为无实驳杂之说，此吾所以为戏耳。"韩愈作《石鼎联句诗序》《毛颖传》，柳宗元作《李赤传》《河间传》，与元稹作《莺莺传》，沈既济作《任氏传》《枕中记》，李公佐作《南柯太守传》等，并无很大的不同。韩、柳之作，从古文的观点看是"以文为戏"的"无实驳杂之说"；而"无实驳杂之说"正是小说创作的一个特点。所以从小说的观点看，韩、柳之作，乃是自古文而来加盟壮大力量的一支生力军。而百花争妍的唐代诗歌将诗歌的抒情功能发挥到了极致。但文学不仅需要抒情，也需要叙事。记事和叙事乃是人类自身的一种本质力量，是一种与生俱来、不但不可违抗而且日益增强的内在要求。唐代新乐府运动在诗创作中加强叙事成分的努力，一定程度上反映了这个要求，但还不能很好地满足这个要求。于是在中唐诗歌、散文出现振兴局面的背景下，传奇文以其青春焕发的风姿吸引了大批才华出众的古文家和诗人参与传奇创作、写人叙事，他们把古文的章法笔致、叙事诗的叙描手段、抒情诗的意象创造融入传奇，从而大大提高了传奇文的艺术质量。

唐代的许多文学家，其中包含很多著名的诗人散文家，都积极参与这种创作。这也是唐传奇小说繁荣的一个重要文化原因。元稹、白行简、陈鸿、韩玉、柳宗元等人在诗文创作之余都曾投身传奇小说创作。元稹写《莺莺传》，白行简写《李娃传》，陈鸿写《长恨歌传》都是唐代传奇小说中的名篇，而韩愈写的《毛颖传》，柳宗元写的《河间传》，虽不能说是纯正的传奇作品，但在整体风貌上很接近于传奇小说。

唐代许多文学家创作小说作品与他们的文学创作观念关系很深。许多提倡文以载道的古文家，也同时比较注意文学的娱乐性功能，除了抒写情志，炫耀文采以外，也有自娱自乐的功能，这也是文人创作传奇小说的原因。

此外唐代思想比较开放，知识分子言论自由，禁忌较少，也是促成传奇小说发展的重要原因。从许多唐传奇的作者的笔记中可以看到，文人们经常共同饮酒、畅谈创作、传播逸闻、听说故事，这往往成为一种创作契机。

三　唐代文学内容题材创作的演进

在唐代无论是商贾市民的生活，还是文人官吏的会考游宴，乐工歌伎的演唱，都为唐传奇提供了大量生动的素材。唐代商品生产的发展和城市经济的繁荣，使世俗生活变得更加丰富和复杂，人们的审美需求也相应地发生了某些变化，他们的"好奇"之心更倾向于世俗社会的"奇事"，希望文学作品能够更紧密地靠向芸芸众生。正是在这种情势下，唐代雅质飘逸的诗歌艺术也自觉或不自觉地在审美取向上作出某些调整，即更多地关心奇人、奇事，俗情、俗感，诗歌创作出现人情化、大众化的趋向；而一些著名的诗人则直接涉足传奇创作，创作了一批诗情浓郁、文字清丽、叙述婉转、生活气息相当醇厚的传奇作品；还出现如《莺莺传》《长恨传》中的鲜明饱满、流传久远的文学形象。

唐传奇名篇大多涉于婚恋题材，与唐代政治较为清明，思想领域较为自由，传统的儒家思想并没有完全一统天下有关。唐代出现儒家与佛教、道教、祆教、摩尼教、景教、伊斯兰教等诸家并存的局面。唐代文士置身其中其个性得以充分地张扬，他们与妓女交往频繁，留下了很多脍炙人口而又感人至深的爱情故事。唐代文化呈现出较为自由、开放的特征，在婚恋领域，上至宫廷，下至民间，超越封建礼教之事比比皆是，私奔、改嫁之事随处可见，这在唐传奇中均有充分体现。另外，唐代佛教盛行、藩镇强大、女权发达，因此，文人学士可以任意大谈风月，侈言剑侠与神怪；唐传奇以一事自成起讫，长至几千言，而内容多涉恋爱、剑侠与神话等也就不足为奇。

唐代小说创作的繁荣与创作的内容分不开，唐代的传奇作家比之六朝时期的志怪小说的作者更多地关注现实，因而，现实社会的矛盾和斗争也只是处处影响着传奇小说的创作内容。例如，不合理的氏族婚姻制度，中唐时期的牛李党争，奸相的专权和昏君的市政，由于统治阶级内部矛盾尖锐引起的是人对仕途险恶的忧虑等，都在传奇创作中得到不同程度的反映，鲜活的现实内容更容易引起人们的注意，也使得作品获得了蓬勃的生命力。

唐传奇最兴盛的时期是在中唐。唐代是富有浪漫精神的时代，这种浪漫精神曾经以充满激情、充满自信和进取意识的特点出现在初盛唐的诗歌创作中。而到了中唐，安史之乱后社会陷入混乱与纷争之中，文人士大夫对社会现实都不再那么抱有期望，他们的心灵需要在现实以外的世界中寻求寄托。佛教在中唐的继续大兴，也源于这样的文人与民众心理。印传佛教中国化的过程，也就是它被中国文化消化吸收和改造的过程。中国人在接受佛教福罪报应生死轮回等观念的同时，也接受了佛教虚构的地狱天堂的世界，以及描述这一幻象世界的方式。《庄子·齐物论》中所说的"六合之外，圣人存而不论"的限制被打破。"实在"的观念发生了根本的动摇，幻想的潜能借助佛教无穷生灭恍然变化的故事和教义刺激发挥了出来。于是六朝人那些"粗陈梗概"的琐记，便成了唐人一展其虚构想象能力的基础。

四　唐传奇创作对六朝小说创作手法的继承与发展

如果去追溯小说创作的历史演进历程，会发现六朝时期的小说虽然还只是粗陈梗概的状态，但不论在叙事语言和人物描写等方面都积累了丰富的艺术经验，这既为唐代传奇小说的发展准备了重要的条件，又为它的繁荣留下了充分的空间。从文学的渊源上说，唐代传奇小说的来源有二。一是六朝时期的志怪，二是史传文学。唐代的传奇小说在题材和表现手法上继承了志怪小说的传统，但却发展得更加丰富、精细、婉转，更富于人情味，也更富于文学色彩，产生了更多的形式体制和叙事手法。唐代传奇小说中许多作品以传为题，为主人公立传，围绕主人公的形式和命运来叙事和组织安排结构，都显然来自史传文学。唐代的传奇作家在创作观念上扬弃了史家意识，不遵从"信"的原则，而采用虚构和想象来反映生活，但在体制和手法上却接受和继承了史传文学的传统。

唐代城市繁荣、商业经济发达，因而产生了多种面向市井民众的俗文学形式，如说话、变文等，都是以虚构故事来吸引听众的。它们不仅受到普通民众的欢迎，也引起文人士大夫的兴趣。唐代士人极喜聚谈奇闻逸事，代表人物如元稹、白居易等，文献和唐传奇本身对此记载很多。如段成式《酉阳杂俎》记载，他弟弟生日时请来的"杂戏"表演中，就有"市人小说"，即民间说话。元稹《酬翰林白学士代书一百韵》一文中，在"光阴听话移"一句下自注云："尝于新昌宅说话《一枝花》，自寅至巳，犹未毕词。"说话、变文这一类新兴的俗文学，必然会给文人的创作带来刺激，他们会吸取它们的题材、思想和表现艺术，来丰富自己的创作。如白行简的《李娃传》就是依据《一枝花》改编而成的《柳氏传》《周秦行纪》等传奇作品，散文与韵文夹杂，类似变文的体裁《虬髯客传》《长恨歌传》则吸取了民间传说的成分。所以说，唐代诗歌、散文等雅文学，说话、变文等俗文学，对唐传奇形成铺叙委婉、情韵深长、描写细腻、情节曲折的雅俗共赏之文体风格起了相当大的作用。

从小说文体自身发展来看，唐传奇小说不仅受到史官文化的熏陶，借鉴了六朝杂传的体制，还受到六朝志怪小说的直接影响。鲁迅在《中国小说史略·唐之传奇文》中曾经指出："传奇者流，源盖出于志怪，然施之藻绘，扩其波澜，故所成就乃特异。"

唐传奇与六朝志怪小说相比，在创作手法等方面已有根本性的变化，但它显然又是在前者的基础上发展起来的。沈既济《任氏传》、李朝威《柳毅传》、皇甫枚《王知古》等作品均传写奇闻，但此类奇闻均杂糅了人事与志怪的内容。任氏是一个美艳善良、勇敢机智的女性，她自愿与贫苦无依的青年郑六结合，帮助他成家立业，不甘受豪门子弟韦公子的凌辱压迫，坚决和他作斗争，显示了她对爱情的坚贞专一；但任氏却不是人世之人，是一个狐仙，作品一开头就交代说："任氏，女妖

也。"《柳毅传》中的柳毅为龙女传书"叩树三发"便由"尘间"入得
龙宫，显然受志怪小说极富异想之影响。皇甫枚所写《王知古》旨在
揭露晚唐藩镇的专横跋扈，蹂躏百姓，却通过极力渲染鸟兽精怪都异常
畏惧藩镇张直方这一超现实的故事情节来表现。运用了志怪小说的写法
艺术趣味浓厚，只是在唐传奇的这一类作品中，狐仙、龙女、狐兔等已
失了狐怪之气，而毕俱人性。唐人传奇受六朝志怪小说的影响是明显
的，它向着人情化、审美化、精致化的方向发展，至中唐时期便蔚然
大观。

五 唐代士族阶层艺术创作审美倾向的转化

当我们将小说创作的发展置于一个社会发展的宏大历史背景中去观
照时，一幅大历史的画面就展现在我们眼前。隋末农民大起义沉重地打
击了世族大地主阶级，唐代实行均田制的结果，又壮大了中下层庶族地
主阶级的势力。唐王朝以科举考试选取官吏，为中下层地主阶级知识分
子提供了较多仕进的机会，使这些人成为政治舞台上一支活跃的力量。
文士们为了赴京参加科举考试，为了向达官贵族、文坛前辈行卷，为了
求佛拜道，为了游山玩水，或为生计着想，出游者很多，从而形成文人
游士阶层。唐代著名的作家、诗人，大多出身于这个阶层，他们对社会
现实和人民生活比较熟悉，在文学创作上更求变创新的精神。唐传奇
小说之所以能表现出区别于六朝志怪志人小说的全新风貌，与这一批人
的生命历程、人生感喟、美学追求是分不开的。

著有《建中实录》十卷、史官出身的沈既济指出传奇应当"著文章
之美，传要妙之情"（《任氏传》），也就是指小说应当在美的形式中表现
人的情感。柳宗元、段成式、温庭筠等人则提出小说创作的"滋味说"，
认为小说是区别于诗书子史而别有滋味的文体，具有"能悦诸心，聊甘
众口"的审美功能。这些观点虽然在理论表述上显得朦胧和简朴，但表
明唐人已认识到小说作为一种具有独立品格的文学样式，必须从历史家、
伦理家、宗教家的樊笼中解放出来，必须由"记注"式的"史笔"转变
为自觉的艺术创作。

唐传奇作家突破了唐代诗人崇尚从主观视角出发感受世界和表现世界的基本态度，而更多地采取叙述和展示客观场景的立场。唐传奇作家对小说的崭新认识，是唐人在新的历史条件下，以恢宏开放的文化性格和推陈出新的创造意识反思以往小说创作和理论的结果。小说作家们创作艺术思维的这一跨越，是唐传奇兴起与繁荣发展的关键性内因，传奇小说的创作由此具备了足够的内部动力。

唐传奇作家所虚构的艺术世界，任由他们在其中幻想人生、解释人生，表达对于人生的种种看法。沈既济作于中唐时期的《枕中记》、李公佐的《南柯太守传》两篇传奇，表面上均传述异闻，实际上却写出了唐代士人沉迷于利禄、官场中钩心斗角以及世态炎凉的现实情形，折射出时代的变化和佛道的思想影响。初唐与盛唐人热情追求的功名事业，中唐人沮丧迷惘的心理和逃离现实的愿望，在这里被描绘成两场大梦。众多唐传奇作品的形成其实都有一个口头讲说的过程，然后经过作家的加工制作而形成文本，经层层加工便形成了它的精致和文雅。唐人讲说传奇小说是一种高雅的文化行为，成为他们精神生活的一部分。陈鸿《长恨传》中说："元和元年冬十二月，太原白乐天质夫举酒于乐天前曰：'夫希代之事，非遇出世之才润色之，则与时消没'乐天因为《长恨歌》歌既成，使鸿传焉。"《任氏传》的结尾处，沈既济写道："建中二年方舟沿流，昼宴夜话，各征其异说。众君子闻任氏之事，共深叹骇，因请既济传之，以志异云。"从陈氏、沈氏的篇末记中可以看出，这些故事在传颂过程中，打动了无数文人的心，使得他们在感情上得到一种共鸣，从而形成一种审美愉悦。所谓"众君子闻任氏之事，共深叹骇"，便成为"因请既济传之"的缘由。在如此动情叹奇的审美活动中，引发出强烈的创作冲动，于是唐传奇作家尚奇猎艳、遣兴愉悦的审美冲动促进了传奇创作的发展与繁荣。

综上所述，唐代小说继承了先秦史家纪实创作，又超越了六朝志怪志人的文学传统，实现了真正意义上的自觉创作。这一跨越使得小说这一文体，从最初的《庄子·外物》中提到的："饰小说以干县令，其于大达亦远矣。"将小说作为琐碎言论；到班固《汉书·艺文志》将"小说家"列为十家之后，其下的定义为："小说家者流，盖出于稗官，街谈巷语，道听途说之所造也。"将小说定位为"街谈巷语，道听途说"的稗官野史中，彻底提拔出来，实现了小说作为一种文体的自觉。这种自觉，不但表现为创作上的自觉，也表现为文体上的独立，文学功能上的实现。在唐代历史文化大背景之下，唐代"行卷""温卷"风气盛行，为唐传奇大量创作提供沃土；唐代诗文创作繁荣思想开明的文化氛围，文学内容题材创作的演进，为唐传奇创作飞跃打下了坚实基础。唐传奇创作对六朝小说创作手法的继承与发展，以及唐代士族阶层艺术创作审美倾向的转化，都促使"唐人始有意为小说"这种创作实现自觉。

唐代社会经济生活的进步和富裕，特别是随着大城市的出现，有一定文化修养和阅读水准人口的增多，以及他们对文化消费日益高涨的需求；佛教文化和与之相关的变文讲唱活动，科举中的"行卷""温卷"之风等，都对唐传奇创作的兴盛产生了积极的影响。而唐传奇作家置身于唐代以诗歌为主体的美学氛围中，他们的创作无可避免地受到同时代其他文体艺术特点与技巧的影响，他们尚奇猎艳、遣兴愉悦的审美冲动使得文学内部滋生了足够的动力，他们还较好地继承了前人记事写人文本的相关创作经验。唐传奇的创作同时具备了以上有利因素，使得唐传奇的发展与繁荣，创作方法与水准的提升成了顺理成章、水到渠成之事。

[参考文献]

[1] 刘勇强：《中国古代小说史》，北京大学出版社 2007 年版。

[2] 李宗为：《唐人传奇》，中华书局 2003 年版。

[3] 程毅中：《唐人小说史》，人民文学出版社 2003 年版。

[4] 鲁迅：《中国小说史略》，百花文艺出版社 2002 年版。

[5] 吴庚舜、董乃斌：《唐代文学史》（下），人民文学出版社 1995 年版。

[6] 中国古代小说百科全书编委会：《中国古代小说百科全书》，中国大百科全书出版社 1993 年版。

[7] 袁行霈：《中国文学史纲要·隋唐五代文学》，北京大学出版社 1999 年版。

[8] 张友鹤：《唐宋传奇选》，人民文学出版社 1997 年版。

[9] 杜贵晨：《传统文化与古典小说》，河北大学出版社 2001 年版。

[10] 章培恒、骆玉明:《中国文学史》(中),复旦大学出版社1996年版。

[11] 程国赋:《唐五代小说的文化阐释》,人民文学出版社2002年版。

[作者简介] 马越,1980年生,女,吉林省长春市人,东北师范大学人文学院讲师。

从"新写实"到"新都市"

——大众文化背景下"池莉现象"的透视

黄凡中

[摘要] 池莉是当代文坛上一位十分引人注目的作家。池莉的创作之所以久红不衰，除了作家的主观选择之外，还与大众文化的兴趣密切相关。她从普通人平平常常、庸庸碌碌的生活中找到了自己的创作对象——"新写实"，又从 20 世纪 90 年代的大众文化和时代变迁中找到了"新都市"作为自己的创作选择。无论是对世俗的肯定还是对大众文化的屈从，都使其创作伴随着时代不断发展、前进。

[关键词] 新写实；大众文化；新都市

在 20 世纪 90 年代的文坛上，池莉无疑是一位十分引人注目的作家，也是一位人们很难为其准确定位的作家。池莉既不属于主流文学的代表，也不是知识分子精英文学的干将，却能在当代中国文坛走红近二十年，这无疑是一个奇迹。究竟是什么原因使池莉持续走红，始终在时代大潮中游刃有余？我认为之所以会出现久红不衰的"池莉现象"，除了作家自己的主观选择之外，主要与大众文化兴起这一特殊的时代背景密切相关。可以说，池莉创作风格与写作姿态的不断变化，都是与大众文化的影响密不可分的。

我们知道，大众文化主要是指兴起于当代都市的，与当代大工业密切相关的，以全球化的现代传媒为媒介大批量生产与消费的，采取时尚化运作的当代文化。它包括了通俗文学、影视艺术、流行音乐、大众传媒，以及网络等一切通俗且符合大众欣赏要求和消费心理的艺术形式与行为模式。尽管人们对大众文化的观点不尽相同，但是大多数都认同大众文化的现代性、世俗性、商业性和娱乐性特征。与西方相比，我国的大众文化具有起步晚、发展快的特点。在 20 世纪 80 年代改革开放的时代背景下，大众文化才在我国找到了自己蓬勃发展的土壤，以十分迅猛的速度，以排山倒海雷霆万钧的力量，迅速冲决了传统的、一体化的文化，形成了崭新的文化时尚，给人们的生活方式、文化价值观念带来了强烈的震撼和冲击。无论是社会的主流文化，还是知识分子的精英文化，都不可避免地改变着自己以往的形态和性质。一方面，精英文化随着大众文化的兴起，被从社会的中心排挤到了社会的边缘。以往以艺术审美和注重精神追求为旨归的纯文学的审美被泛化——生活化、市场化和通俗化所取代。精英文化失去了人们的青睐，纯文学的艺术殿堂轰然倒塌，留下的是极为世俗又极为丰富的文化消费市场。另一方面，大众文化的兴起还导致了原有文化体制和机制的解体。作家不再是时代的宠儿、天之骄子，而只能是文化消费市场残酷竞争中的尴尬参与者。尽管仍有作家依然坚守自己的理念和写作立场，始终在寻找自己的"精神家园"，尽管有些作家将写作视为个人行为，坚持着"个性化"写作，但是，为了能在市场竞争中争得一席之地，而迎合大众的"口味"，取悦大众，甚至献媚于大众，使自己的作品"大众"化，则成为众多作家的共同选择。池莉就是其中比较典型的一个。

在 1987 年以前，池莉还只是一个诗情画意写作的模仿者。她的《月儿好》《有土地，就会有足迹》等小说尽力模仿当时社会流行的风格，或书写婚姻、爱情生活的不幸，或描摹乡村的知青生活，使其小说呈现出温情、浪漫的气息，但并没有引起文坛的关注。这使池莉感到了茫然，感到了与传统的"严重的对峙"[1]。她曾反复地询问自己为什么要当一个作家？要当一个什么样的作家？在迷惘和困惑中，池莉对生活有了自己独特的感悟："生活，我非常喜欢这两个字。它有毛茸茸的质感，它意味着千奇百怪，包含着各种笑容和泪水。它总是新的新的新的，它发生着的形态总是大大超过人们对它的想象"，"只有生活是冷面无情的，它并没有因为我把它编成什么样子它就真的是那种样子。……生活把什么没有展示出来？爱情，忠诚，欺诈，陷害；天灾人祸，大喜大悲，柴米油盐，家长里短。我终于渐悟，我们今天的生活不是文学名著中的那生活。我开始努力使用我崭新的眼睛，把贴在新生活上的旧标签逐一剥离"[2]。于是，池莉开始把目光集中到了那些平平常常、庸庸碌碌的普通人身上，从这些普通市民和他们那充满毛茸茸质感的生活中，显现出深藏于广大民众之中的强大精神和顽强的生命力。在《烦恼人生》《不谈爱情》《太阳出世》《冷也好热也好或者就好》等被称为"新写实"代表作的小说中，池莉采用"日常现实主义"的手法将普通市民的生存状态"原汁原味"地描写出来：《烦恼人生》中的印家厚是一名普通的产业工人。他无钱无权，虽然有对美好生活的渴求，有着对纯洁爱情的向往，还有着过人的才华（也能写出一个字的朦胧诗《人生》——"网"），但在冗长的日复一日的生活面前，却无法摆脱来自住房、工作、家务、亲情等方面的诸多压力，只能用"明天会好的"的话语来安慰自己；在《不谈爱情》中，新婚的青年外科医生庄建非所面临人生的困境——出身知识分子家庭的他在与出身小市民家庭的吉玲结婚之后，由于不懂得夫妻之间的相处之道，搞得夫妻反目，妻子回了娘家，而作为丈夫的他却并未在意，但当医院里出现了一个赴美观摩著名专家手术的机会之后，他的家庭矛盾便在单位里引起了轩然大波。为了尽快平息事态，也为了能给儿子争取到赴美观摩的机会，庄建非的父母毅然放下"高级知识分子""教授"的身段，两个人亲自到吉玲的娘家登门道歉，于是，所有的矛盾（包括夫妻的矛盾、单位的矛盾，以及赴美观摩的机会等）便统统迎刃而解了……

　　池莉的这种执着地关注普通市民、表现普通市民现实生活困境的选择，甚至不惜通过贬低知识分子精英文化来张扬市民文化的做法，迅速得到了读者和社会的普遍认同。与此同时，方方、刘震云、刘恒等人也大力推出了与池莉风格相近似的作品。于是，一批以平和实在的创作态度着力表现当代社会普通大众日常生活的"新写实"小说相继走红文坛，成为20世纪90年代文坛一道亮丽的风景。"新写实"的走红，不仅让池莉品尝到了成功的快乐，也使她更加清楚地认识到自己的创作必须与时

代的脚步，与历史的发展相契合的道理。当90年代中期"新写实"开始
走下坡路，很多"新写实"作家的创作开始陷入困境之时，池莉却能及
时地顺应时代的变迁，迅速调整自己的创作，使之继续与时代、与社会
的需要同步发展。

池莉曾多次表示，"我首先因为自己的生命需要而写作，同时为中国
人的生命存在而写作，我敬畏真实的个体生命存在状态，并希望努力为
此写出更加动人的作品"。"我关注和表达的是中国人的个体生命状态，
我个人认为这种状态集合起来才构成中国真实的历史。所以，我一如既
往地描写这些个体生命状态就行了。"[3] 她先后创作了《小姐，你早》
《来来往往》《生活秀》《午夜起舞》《化蛹为蝶》等一系列小说，近距离
地展现了中国当代社会生活所发生的沧桑巨变，以及广大民众在这巨变
中的沉浮、奋斗和充满理性的抉择。在这些被视为"新都市"的小说中，
我们依旧可以感受到池莉对生活、对普通人生的执着追寻，但必须指出，
尽管池莉依然描写的是世俗生活，作品却已经明显地强化了时代背景和
市场经济等因素，使这些小说与以往的"新写实"有了明显的不同。且
不说，池莉在《午夜起舞》《来来往往》等作品中建构的商品大潮和市场
经济的特定环境，就是在描写人物时，池莉也一反以往关注普通人、关
注普通人生存环境的做法，努力去表现那些充满着欲望和追求成功的人
生：在《小姐，你早》中，描写了副研究员戚润物与丈夫王自力之间的
情感纠葛。作为国家物资储备局设计院粮食储备研究所的副研究员，戚
润物是一位高级知识分子。一次出差的飞机晚点，使她发现了丈夫王自
力的外遇。原本打算离婚，后来她与李开玲、艾月结成了同盟，搞得王
自力身败名裂……；在《来来往往》中，描写了康伟业与段莉娜的人生
悲喜剧。康伟业出身知识分子家庭，回城后，在肉联厂当了一名普通的
工人，经人介绍结识了革命军人家庭出身的段莉娜。在交往中，康伟业
感到了困惑，想与对方分手，却又因毛主席的逝世阴差阳错地结成了夫
妻。婚后，康伟业很快进步成了干部，又下海经商、事业成功，但感情
生活却颇多波折，他先与妻子离婚，又很快在灯红酒绿中迷失了自
己……；在《生活秀》中的来双阳，一位汉口吉庆街上卖酱鸭脖子的商
女，却演绎了一场最优雅、最有风度、最有才干、最为轰轰烈烈的人

生……。池莉正是通过对戚润物、康伟业、来双阳等人的描写，向人们展现了一个充满着强烈欲望和追求的纸醉金迷的物质世界，通过主人公们在事业、爱情方面的执着追求和成功，充分肯定了这个充满着物欲的时代和世俗的生活，肯定人们对世俗幸福不断的追求合理性。

如果说，池莉的"新写实"主要集中表现了人们的世俗生活，表现了普通人在琐碎、凡庸生活中的窘境的话，那么在"新都市"的创作中，她更着力于对现代都市人在经济大潮下的生存现状进行挖掘。透过她"新都市"小说中描写的人生，我们分明看到了陆武桥、康伟业、王建国们在经济大潮面前的勃勃野心和顽强自信，看到他们由于敢于冒险的拼搏，以及他们在金钱、美色等方面所取得的成功，同时也分明感到了周围人们对他们投来的羡慕的目光。毫无疑问，这些"新都市"作品已经充分表明了池莉的创作态度，心灵的求索和拷问已不再是她创作的首选，相反，对世俗和大众文化的取悦成了其小说创作的新的价值取向。在这里，池莉一方面努力适应市场和大众的文化品位需求，坚持为"市民"的写作策略。"市民"的视角和立场的选取，对市民意识、情趣的大力推崇，使其创作失去了可贵的理性精神，而流于对市民生活表层的展现；另一方面对市场运作的青睐和与影视的联姻，又使池莉的小说明显具备了大众文化的特征。池莉在20世纪90年代创作的《来来往往》《小姐，你早》《生活秀》等小说，不仅以出让版权的方式"触电"——把作品搬上荧屏，还采取了一套全新的方法：剧本——电视剧——剧情小说模式的出现。《口红》本是池莉创作的第一个电视剧本。在人们熟悉的时代背景下，池莉构置了错综复杂的人物关系和跌宕起伏的故事情节，使电视剧风靡一时，为了进一步扩大"战果"，池莉又立即将剧本重新创作成同名小说，并取得了不俗的销售业绩。池莉这种充分迎合大众文化和口味的做法，使其作品明显留下了故事节奏频率过快，缺乏合理的铺陈，以及人物命运略嫌牵强等弱点。为了使自己的小说能更好地融入大众文化的时代氛围，池莉还注意利用商业策划来炒作自己的作品。她的新作《有了快感你就喊》，原名是《东方青苔》，为了能唤起读者阅读和购买的欲望，她突发奇想用20世纪70年代美国大兵中的一个格言：有了快感你就喊！来作为小说的题目。

总之，池莉作为一位在 20 世纪 90 年代很有代表性的作家，她充分注意到了写作与现实生活，与世俗、与大众文化的关系。池莉创作所涉及的文化背景、价值取向以及运作方式等都不仅仅是作家的个人行为，而是中国当代社会特有的文化现象之一。池莉从"新写实"到"新都市"的创作变化，在相当程度上表明了知识分子精英文化向大众文化的靠近和趋同。尽管大众文化并不是一种完全值得信赖的理想文化，但是对于大众文化灵活多样的商业运作模式，却为整个文化市场的繁荣带来了勃勃的生机与活力。尽管其中会存在着某些弱点和不足，我们仍不应该忽视其存在的价值，也不能简单地予以否定。

［参考文献］

［1］池莉：《写作的意义》，《池莉文集》（4）江苏文艺出版社 1995 年版，第 230 页。

［2］同上书，第 231 页。

［3］赵艳、池莉：《敬畏个体生命的存在状态——池莉访谈录》，转引自汪辉《历史意识与历史书写——观察近 30 年文学的一个视角》，《南京师大学报》2008 年第 5 期。

［作者简介］黄凡中，1952 年生，男，辽宁省辽阳人，东北师范大学人文学院教授，文学硕士。

从《创业史》到《麦河》：
乡村叙事的传承与发展

宋学清

[摘要] 21 世纪以来的乡土文学越来越远离土地，乡村叙事越来越缺乏"土性"，曾经作为乡村问题核心的土地被日渐边缘化。人们发现家庭联产承包解决了农民的温饱问题，却无法给农民带来更多的财富，土地的信仰开始流失，土地的危机即是乡村的危机。我们从《创业史》到《麦河》的文学谱系中努力发现乡土文学的当下现实主义创作原则与文学的扎根精神，以及乡土情怀支配下的乡村历史宏大叙事与农民群像的描绘。通过对乡村叙事土地传统的梳理比较，以期重建乡土文学关于土地的叙事方式与审美原则，试图参与中国当下乡村问题的思考。

[关键词] 乡土文学；乡村叙事；当下现实主义；文学扎根；土地情怀

20 世纪 90 年代以后，随着中国城市文明的崛起，都市文学日渐成为中国文学的重镇，在数量上较之于乡土文学呈现出压倒性优势。但是乡土文学的百年传统、文化积淀与代际传承，尤其是我们尚未完成蜕变的乡土性的中国社会土壤，使乡土文学始终是中国百年文学的主流，即使在 21 世纪文学的世界性背景下，这一现状仍未发生根本改变。乡土文学的韧性与中国乡村的大变动有着极为紧密的内在关联，中国百年乡村历经了从未有过的大裂变，固化乡村所谓的"超稳定文化结构"[1]在冲击中飘摇乃至断裂，而中国乡村的整体性重建直到今天仍处于不断地预设与探索阶段，这都为乡土文学提供了不竭的资源与书写空间。

当文学以现实主义的叙事原则追踪乡村变化，迅速捕捉国家土地制度的变革、农业现代化与乡村现代性的进程、新农民形象的演进，确立以中国经验讲述中国故事反映中国问题的文学立场，从而使中国百年文学的乡村叙事呈现出一定的连续性特征。以乡村叙事的代表性作品柳青的《创业史》为例，作为红色经典中为数不多地实现了政治性与文学性有机结合的典范，它开创出一种稳定的乡村叙事句法与审美原则，在主流意识形态支配下实现了对中国乡村的全景式覆盖。这种现实主义叙事方式、精神内核与"史诗"气质一直漫延于乡土文学创作中，路遥的《平凡的世界》、陈忠实的《白鹿原》直到21世纪关仁山的《麦河》等作品都在一定程度上继承发展了《创业史》的叙事方式，在文学品质上他们隶属于同类文学谱系，只是在继承、开拓与超越之路上渐行渐远，不断探索出新的叙事方式与审美范式。

一　当下现实主义的创作原则与文学的扎根精神

乡土文学自鲁迅手中出现伊始便奠定了现实主义的创作基调，可以说现实主义是乡土文学宏大叙事与史诗传统代际传承的重要保障。在现实主义的叙事句法下文学可以指向历史的深处，触及当下的现实，甚或抒情于理想。新时期文学之前的乡土文学更倾向于表现当下，即时重构的当下史文学序列构成了我们今天的历史记忆与认知资源，这种现实主义原则我们可以称其为"当下现实主义"。"当下现实主义"的文学理念首次被张丽军先生在《"当下现实主义"的文学研究》[2]一书中提出，即以艺术表现形式对当下现实问题进行直面思考，以审美的方式讲述"中国故事"发现"中国问题"，从而实现对中国当下问题的深度思考，以引起社会整体关注。这是一种以文学的方式参与社会良性发展理性建构的努力，知识分子的良知、认知与敏锐通过对社会问题的把握得以全面彰显。它要求作家自觉地关注当下贴近现实，"对乡村的叙事几乎是'追踪式'的，农村生活的任何细微变化，都会引起作家强烈的兴趣和表达的热情。"[3]对乡土中国当下问题采取的"追踪式"文学跟进，能够保证我们对乡村问题的及时把握与艺术的即时表现。

但是书写当下具有一定的冒险性，没有拉开历史的空间与审美的距离使我们对事件与人物的认知、定位都存在一定的困难，既容易流于表象的肤浅，又容易陷入历史认知的误区，《创业史》等红色经典的历史局限与历史命运即是深刻教训，也许这就是21世纪以来中国乡村土地流转备受文学冷落的一个重要原因。2002年颁发的《土地承包法》对农村土地承包经营权流转（转包、出租、互换和转让）做出明确规定，这是我国第三次地权改革，是21世纪中国乡村最为重要的土地制度，其后《农村土地承包经营权流转管理办法》《关于引导农村土地经营权有序流转发展农业适度规模经营的意见》等政策法规相继颁布，多地试点个案相继推出。但是百年间中国土地的分合史令我们有理由心怀忧虑，土地的再次集中是否会重蹈合作化的覆辙。这是新中国又一次关于土地制度的理性探索，它直接导致了新形态人地关系的产生，但是它的未来尚未明晰，短期效益与长期目标尚未统一，在历史中的定位尚难预见，这种未完成状态恰恰需要多领域的参与性谈论。但是本应"成为时代风气的先觉者、先行者、先倡者"（习近平《在文艺工作座谈会上的重要讲话》）的中国作家，却表现出少有的沉默，迄今为止表现土地流转的作品主要有杨廷玉的《花堡》、孙慧芬的《后上塘书》、千夫长的《白马路线》、谷凯编剧的《马向阳下乡记》，以及关仁山的《麦河》等。

正如关仁山所言："现实生活不好表现，作家在当下生活面前碰到了认知和表现形式的困难。"[4]怎么看、怎么写当下也许是当代作家面临的共同困境，但这不是我们放弃书写当下的理由，正如大江健三郎强调的那样："我更关心的是现在这个时代，因为时代在急速地变化，一个作家不应该回避他每天生存的这个变化的空间。"无论现实如何变动不居、复杂难辨，作家都要拥有直面现实的勇气，因为"对作家来说，存在的勇气就是写作的勇气，我们首先要有面对现实写作的勇气"[5]。关仁山敢于直面21世纪中国乡村现实，探索新的文学书写方式，无论土地流转最终走向何方，《麦河》都可以说是一部勇敢的、成功的作品，诚如李敬泽先

生指出的那样，"《麦河》值得我们认真研究。它是直面现实的。在中国
作家中，就对现实的而不是记忆中的农村问题、包括土地问题的认识水
准而言，关仁山是首屈一指的"[6]。这一高度评价在一定程度上肯定了关
仁山《麦河》对当下乡村关注的诚意、高度与深度，高扬了作家直面当
下现实的勇气。

但是对中国乡村的当下书写不仅需要作家的勇气和能力，还需要作
家具有扎根乡村的精神，能够重拾乡村生活经验与生命体验，重建作家
与土地间的血肉联系，努力"建构一种基于中国农民本身的生存经验和
生命体验基础上的中国农民话语体系和中国农民价值判断体系"[7]。避免
知识分子式的过度理性干预与乡村想象，更要避免使乡村与农民成为被
任意形塑的他者，甚至被简化成一种隐喻性符号，进而在知识权力场里，
从知识生产的源头重建农民被剥夺的话语权。

就扎根精神而言柳青们无疑是后世作家的典范。为真实呈现"当下"
乡村，赵树理从1951年开始，"每年用一半左右时间，到晋东南区跟老
熟人们'继续共事'"[8]，1952年春直接入住山西长冶川底村，用两年时
间了解"互助组"与"合作社"问题，最终在1955年完成重要作品《三
里湾》；周立波则于1954年11月作为下派干部重返湖南益阳老家，直接
参与指导益阳县谢林港区"互助组"与"合作社"工作，并于次年10月
举家迁回湖南益阳桃花仑乡竹山湾，先后担任大海塘乡互助合作委员会
副主任、桃花仑乡党委副书记，并最终于1957年根据第一手资料开始创
作《山乡巨变》。[9]柳青则于1952年落户陕西长安县挂职县委副书记，主
抓"互助组"与"合作社"工作，先后组建且用个人稿费支持多个合作
社，1953年辞职定居皇甫村直到1967年被造反派强行带走，1959年开始
在《延河》杂志连载小说《稻地风波》，同年《延河》8月号正式改题为
《创业史》。柳青们不仅仅参与了中国当时的重大历史事件，而且能够舍
弃城市生活与知识分子身份，扎根于中国乡村，以农民的身份重新认识
乡村、理解农民，深入乡村生活肌理，从整体上把握乡村实现"乡村本
体"书写的可能。这已经超越了作家一般意义上的采风与野外作业。

无论在当时还是今天看来，《创业史》都是一部成功的作品。它在
《延河》连载的同年《收获》便开始转载，1960年5月中国青年出版社

开始发行单行本，即时引发了社会轰动效应，并获得"农村社会主义史诗"的高度评价。从《创业史》的生产方式来看，它的成功是有迹可循的。柳青终身扎根乡村的意图与 14 年下乡经历使他宏大的乡村书写计划变得有理有据、切实可行，可以说《创业史》的成功也是知识分子"扎根精神"的一次胜利。扎根乡村最为重要的是精神扎根，彻底完成身份的转型，避免暂时落脚乡村获取文学资源与政治资本的投机心理，以农民的身份去理解乡村观照农民，并能运用知识提升认知的高度与深度，尽量规避俯视与肤浅，实现文学与乡村深入、深刻、平等的对话。柳青是中国作家身份转型最为成功的一位，在《创业史》之前柳青先后完成了《关于王曲人民公社的田间生产点》《怎样沤青肥》《耕畜饲养三字经》等纯粹实践性的有关农业生产的作品，并创作中篇小说《狠透铁》，完成前期准备，可以说《创业史》是一部有备而来的作品。但这种"扎根精神"与文学生产方式在其后的文学创作中被逐渐淡化，1980 年后的诸次文学实验令很多作家流连于哲思抑或形式的创新，1990 年后物质主义与消费主义将文学推向真正意义上的生产。部分乡土小说悬置乡村，沉迷历史放弃当下，以想象代替生活，部分作家甚至放弃了生活。

在这种背景下，关仁山能够继承柳青传统，扎根乡村，坚持当下现实主义的写作原则，以文学直指当下乡村的现实问题，以期"引发人们对中国当代农民问题的关注与思考"[10]。关仁山在《创作要仰仗灵动的生活洪流》《在生活中创新》《春天来了，我们在土地上播种》等创作谈中多次提及柳青对自己的影响，认为柳青不仅"对陕西作家影响很深，对我们影响也很大"[11]。并将这种深入乡村表现新农村新现象新农民，将乡村生活经验上升到生命体验的真诚写作定义为"柳青精神"，进而认为"这种精神在今天同样应该激励我们'深入生活，扎根人民'。"[12]向柳青学习首先要学习他的"扎根精神"，能够在农村蹲得住，在精神上融入乡村，而不是简单地走马观花空发一番知识分子的人文感慨，这是治疗当下文学远离乡村、落后生活"贫血症"的一剂良药。

由于中国的乡村一直在不断地变化发展，原有的乡村认知与情感界定已然失效，重新认识乡村，重组乡村话语方式成为 21 世纪文学的必然选择。梁鸿、孙慧芬、贾平凹、阎连科、周大新等一批作家对此做出重要贡献，而关仁山无疑是其中最具代表性的一位。关仁山与乡村血脉相连，他出生于河北省唐山市东田庄乡谷庄子村，那是他的"血地"埋葬着祖先的尸骨，在那里他度过了与土地有关的童年。成名后，关仁山曾到唐山市唐海县挂职，协助抓农业的副县长工作，在深入乡村的过程中对农民和土地有了全新的认识。尽管关仁山自己认为这种挂职体验生活已经很难像柳青、赵树理等人那样扎实了，但先天的乡土情感与后天的深入生活，已经使他重新进入了当下乡村。这期间，一位省农校毕业的女大学生——新一代农场主——令他发现了新农村的新农民，由此有了《红月亮照常升起》，也有了《天高地厚》与鲍真。

为了创作"新乡村史诗"《麦河》，关仁山重返故乡体验生活，并到还乡河女过庄见证了现代农业的发展态势。本书从 1997 年开始准备工作，直到 2009 年完成第一稿，十二年间作者采取了"一边写作一边到农村里去"[13]的新写作方式，不断发现新乡村新农民新事物，在发现中不断修正写作。这期间完成于 2001 年的《天高地厚》无疑成为了《麦河》的前期准备文本，它们构成了"农民三部曲"中"写土地"的姊妹篇。这种扎根乡村生活、追踪乡村变化的写作姿态，构成了百年乡村叙事的文学传统，同时在习近平主席《在文艺工作座谈会上的重要讲话》提出的"扎根生活"的鼓舞下，这种"扎根精神"应该成为 21 世纪中国乡土文学的核心价值观。

但是在扎根乡村的同时我们还要警惕审美距离问题，过度融入乡村往往会令部分作家以情感代替理智去观察乡村，失去认识的高度与理解的深度，使乡村变成情感的符号抑或土地政策的图解。这都不利于乡村问题的解决与乡村叙事的良性发展。

二 土地伦理与中国土地的历史重构

柳青的《创业史》与关仁山的《麦河》分别表现了合作化与土地流转政策下的乡村图景，两种土地制度同时涉及土地集中问题，但背景完全不同，一个是土地革命之后部分农民由于生产资料不足，再次面临失地危机，一个是家庭联产承包之后分散经营导致的土地利用率低，甚至被闲置现象；短期目标也不同，一个是为了解决农民生存问题，一个是为了提高土地生产效率；土地集中方向不同，一个是集中到国家集体，变土地私有为公有，改变了土地所有权的性质，一个是集中到个人公司，租借土地的使用权所有权性质不变。但是在长远目标上基本一致，都是为了发展现代农业，最终走向共同富裕。《创业史》借梁生宝之口："现时搞互助组，日后搞合作社，再后用机器种地，用汽车拉粪、拉庄稼……"[14]可见当时温饱是直接目标，最终目标是走向农业的机械化工业化。这种预期目标在《麦河》中被实现，鹦鹉村在曹双羊的带领下正在走向农业的现代化。《创业史》与《麦河》农业现代化的预设最终都是为了实现中国农民的共同富裕，共同富裕是新中国由来已久的奋斗目标，从未改变，改变的只是基本策略：梁生宝们放弃个人"创家立业"，坚持走集体富裕路线；曹双羊们通过残酷的资本积累迅速富裕，先富帮后富，最终实现共同富裕。我们可以说《麦河》是当代版的"新创业史"。

《创业史》与《麦河》都是"写土地"的小说。柳青时期，中国的乡土小说大部分是关于土地的小说，土地是乡村生活与乡村问题的核心。但是新时期以来的乡土小说真正描写土地的很少，尤其是 21 世纪之后乡土小说越来越远离土地，乡村叙事越来越缺乏"土性"，曾经作为乡村问题核心的土地问题被日渐边缘化。人们发现家庭联产承包解决了农民的温饱问题，却无法给农民带来更多的财富，土地的信仰开始流失。因此我们可以看到这样一种现状：乡土文学的作品很多，但是直面土地的作品很少。韩少功的《马桥词典》、王安忆的《小鲍庄》、陈忠实的《白鹿原》直到关仁山的《日头》等作品，倾力于"写文化"；贾平凹的《鸡窝洼人家》《小月前本》《秦腔》、莫言的《流水》《四十一炮》，一直到蒋子龙的《农民帝国》等作品，倾力于"写经济"，第三产业与工业的发展引发的乡村嬗变；古华的《芙蓉镇》、莫言的《红高粱》《丰乳肥臀》、贾平凹的《老生》等，更倾向于"写历史"；毕飞宇的《玉米》《平原》、李佩甫的《羊的门》、周大新的《湖光山色》等更倾向于"写政治"；而张炜的《九月寓言》、阎连科的《日光流年》《炸裂志》等更像是"写寓言"，家国创业发展的寓言。李锐的《太平风物》、曹乃谦的《在黑夜想你没办法——温家窑风景》等作品涉猎到土地问题，却远离土地制度与土地关系的变化，带有浓厚的土地情结与零碎的土地认知。

在今天，正如关仁山所言，中国乡村问题的核心仍然是土地问题，如果说"不了解乡村，就很难了解中国"，那么不了解土地也很难了解乡村，"土地"是了解中国乡村与中国农民基本情感与思维方式的重要途径，是乡土文学试图进入"乡村本体"书写的根本性问题。那些远离土地的乡村叙事无论从叙事句法、叙事情感还是现实指向等方面都很难真正进入乡村的肌理。

雷达先生认为："《麦河》有一个真正的主人公，那就是土地。"[15] 充分肯定了《麦河》的"土性"，认识到土地在《麦河》中的重要意义。在《麦河》中关仁山将农民的土地情怀融于土地文化与小麦文化之中，上升为一种"土地崇拜"情结，"连安地神"的物化形象成为了小麦与土地神奇力量的重要表征。"连安地神"是土地的保护者与拯救者，在《麦河》中他不仅仅以神话传说的方式存在，还是一位当下现实的干预者。白立国作为土地文化坚定的追随者与执行人，多次利用"连安地神"化解与纠偏曹双羊的精神危机，使他能够一次次重新匍匐在土地上，回归对土地的虔诚与敬畏。"连安地神"在文本中不断战胜与超越了资本的力量，土地成为治愈现代病的一剂良药。身居城市别墅里的曹双羊在枕芯里放着鹦鹉村的黑土，否则睡不着觉，长时间不回到故乡的土地就浑身不自在，即使成为富翁也难脱农民底色。尤其是曹双羊的现代都市病与精神危机只有回归土地与小麦方能得以抚慰治愈。美丽健康灵动的桃儿在城市堕落，浑身充斥着一股令人反胃的螃蟹味，只有在土地中才能沉静散发出迷人的麦香。这一带有明显反现代性的情节极具反思意味，学者秦晖曾说过："我国的现代化进程归根结底是个农民社会改造过程，这一过程不仅是变农业人口为城市人口，更重要的是改造农民文化、农民心态与农民人格。"[16] 今天在农业机械化、现代化的历程中，工业思维对乡村社会的改造已初见成效，新农民正在成为中国乡村新势力，现代性在导致乡村文明溃败的同时也在孕育着新文明的迅速崛起[17]。这也许是历史进化论的一个必然阶段，站在这一历史语境中呼唤"土地精神"、倡导"土地崇拜"、颂扬土地的疗救功能是否具有历史的合理合法性？这是知识分子单纯的怀旧式抒情还是传统土地文化的局囿？土地是否能够真正解决中国当下的现代病问题？可以说关仁山的土地情结与《麦河》的现代农业发展趋势共同构成了深沉的文本张力。

柳青《创业史》的土地情怀主要表现为对"劳动"的尊崇与农民对土地的贪恋。无论是富农姚士杰、富裕中农郭世富还是代表主任郭振山，虽然他们都是合作化的阻碍者，但是抛却浓厚的意识形态政治批判性话语，柳青笔下时常不自觉地表露出对他们劳动本色、劳动能力的赞赏，称他们为"蛤蟆滩三大能人"，甚至发出有违阶级立场正确性的感慨，"劳动是人类最为永恒的崇高行为！人，不论思想有什么错误，拼命劳动这件事，总是惹人喜爱，令人心疼，给人希望"[18]。而梁三老汉与梁生宝的冲突一方面是个人/集体创家立业的矛盾，另一方面则包含着对梁生宝热心政治疏忽土地劳动的不满。在劳动与土地面前人的评判标准具有一致性，这是《创业史》在政治性与文学性之间寻找到的一个价值平衡点。同时《创业史》并不隐晦中国农民的狭隘与偏执，土地在农民心目中占有重要位置，于是才会出现郭振山、梁生禄等人稍有余钱便积极买进土地的行为，更能理解面对合作社的土地集中政策农民们表现出来的冷漠与排斥心理。这种土地的偏执在柳青身上也打下深深的烙印，《创业史》中农民的创家立业被严格地设置在土地上，这也是梁生宝面对徐改霞进城进工厂的试探时莫名恼怒的原因，对土地任何形式的逃离都被视为一种背叛。

这种人地关系我们可以称其为"土地伦理"，它不同于奥尔多·利奥波德在《沙乡年鉴》中提出的土地伦理概念，它是在长期的人地关系中通过对土地的深刻认知逐渐形成的一种深沉的情感关系，且随着情感的不断累积、发酵最终升华为一种与土地间的伦理关系，土地不再是单一的生产资料，它成为了人类的母亲、信仰、图腾与神祇，维系着人们精神世界的平衡。这种土地伦理在一定程度上维系了中国传统乡村的社会秩序，直到21世纪以来城镇化的扩张、现代性的侵入，土地被作为商品贩卖抑或作为被遗弃的对象，人地情感被稀释淡化，梁三老汉、郭振山、曹老大、狗儿爷等中国农民创家立业的梦想不再被建立在土地上。而《创业史》与《麦河》等诸如此类的作品能够重拾我们对土地的信心，尤其是《麦河》站在当下却能以历史的纬度重构事关土地的百年历史，以宏大叙事的方式宏阔地展现出当下人地关系在土地发展长河中的历史节点，为今天的土地流转提供了可资借鉴的有效资源。

如果说《创业史》对合作化当下历史的全景式建构隶属于土地的断代史，那么《麦河》则是中国土地的一部百年通史。曹老大被洪水冲到鹦鹉村，获得大地主张兰池默许开荒种地、生儿育女，但两度开荒两度失地，土地牢牢地掌握在张兰池手中；土地革命时期，在张建群带领下，曹家分到了土地，兴奋的父子二人在地里睡了一宿，狗儿爷积极参与革命活埋了地主张兰池；合作化期间的狗儿爷成了"梁生宝"，曹老大则成为"梁三老汉"不愿献地入社，但是他们的深耕密植不如《创业史》般幸运，面对土地实验的失败曹老大因气致病，最后死在曾是自家的麦田里；面对旱灾、蝗灾与饥饿，当上村支书的狗儿爷以地换命，用一千亩土地与当地驻军交换粮食渡过难关；为了村民的生存狗儿爷"借地于民"，鹦鹉村再次焕发活力；家庭联产承包后曹玉堂成了县里的售粮状元，土地多种经营盘活了乡村经济；土地流转政策使曹双羊回到鹦鹉村，成为了农场主，以工带农将方便面厂与麦河农场联合生产，迎来了土地新的历史。但这是历史的进步还是倒退？被祖辈打倒的大地主张兰池与今天的大农场主曹双羊区别与联系在哪里？土地集中能否从根本解决中国土地问题？21 世纪中国土地的出路与未来在何方？在历史的维度上思考中国当下乡村问题，在土地演进的轨迹中实现中国乡村问题的整体性思考，避免偏知偏得，更要避免历史悲剧的重演。

从历史重构的角度我们可以发现，《创业史》与《麦河》同样以狂欢化的语言勾勒出土地集中之后宏伟的乡村蓝图，但《麦河》同时向我们讲述了一个完全不同于《创业史》的关于合作化的历史记忆。关仁山尊重柳青但却不能违逆当下对合作化的集体认知，更不能违背历史的客观性。如果根据这种逻辑关系，《麦河》与土地流转的最终命运同《创业史》与合作化之间是否具有必然的内在关联。

三　中国农民的历史认知与审美想象的代际传承

《创业史》《平凡的世界》《麦河》等作品构成了一个相对连贯、完整的以乡村叙事的传承与发展为红线的文学谱系，在这一谱系序列里《麦河》成功完成了对《创业史》艺术经验的借鉴与突破，在叙事结构、叙事方式与人物形象等方面取得创新性成果，尤其在人物塑造方面成功接续了百年中国人物谱系，接力式填补了"新农民"形象的艺术画廊。

柳青在《创业史》中采用了"以人物结构作品"[19]的叙事方式，借鉴肖洛霍夫《静静的顿河》，"用主要人物结构作品，众星拱月式地层次清晰地安排周围的人物，矛盾冲突递进地展开"[20]。《创业史》中用来结构小说的人物无疑是梁生宝，梁生宝领导的互助组在克服困难的过程中串连起活跃借贷、买稻种、终南山捐竹子、水稻密植和统购统销等主体性事件，阻碍者、帮助者次第出现，在显在与潜在的冲突中各类人物形象日渐完整。《麦河》基本借鉴了这一结构模式，虽然它采用了更为复杂的多视角双线叙事方式：瞎子白立国、苍鹰虎子、亡灵狗儿爷共同构成了文本的听觉叙事、动物叙事与亡灵叙事；鹦鹉村当下土地流转事件与鹦鹉村百年土地历史双线交叉叙事。叙事虽然复杂但以主人公曹双羊的行踪结构小说显得杂而不乱，曹双羊为追求富贵舍弃土地、夺矿场、开方便面厂、土地流转、组建麦河集团等，曹双羊的行踪串连起官场、商场与乡村各类人物，演绎出一段现代版的个人"创业史"，表现出《平凡的世界》成长类小说的基本特征。

在《麦河》中，狗儿爷的亡灵叙事回顾了鹦鹉村和曹家与土地有关的百年历史，故事穿插在曹双羊创业主体事件的间隙，但是在功能上与柳青《创业史》开篇"题叙"极为相似，共同将小说有效地置于历史的观察纬度，土地与农民的命运在历史面前具备了连贯性与整体感，只有站在历史的高度才有看清当下、远瞻未来的可能。因此《创业史》与《麦河》中的人物形象都是在历史中生成的，带有显著的历史时代烙印，他们的行动与心理需要在历史中去理解。

梁生宝与曹双羊兼具政治符号与时代英雄的角色。作为土地政策的执行者他们代表着一个时代的基本方向，政治正确性是他们行动的基本前提，这种政治性经常成为宏大叙事遭受诟病的一个重要原因。但是"政治生活是社会生活的核心内容，人类的各种活动，无不打上政治的烙印"[21]，无端的"去政治"必将沦为反生活化审美，正如柳青对《创业史》"生活故事"的定位，写生活就是写政治，我们既不能用政治遮蔽生活，也不能将政治与生活完全割裂。为了政治需要，梁生宝与曹双羊们时常需要承担政策宣传的功能，但是在拖沓冗长的解读与宣讲之外是政策直面生活的困境，是政策与个体创立家业间的调和与冲突。因此我们可以说梁生宝与曹双羊们在人物形象的塑造方面带有符号化、制度性特征，但是我们不能否定他们与生活的紧密联系，更不能否定他们体现出来的文学性与审美性特征。

梁生宝与曹双羊都是历史大时代的阶段性英雄，正如马克思所言："每一个社会时代都需要有自己的伟大人物，如果没有这样的人物，它就要创造出这样的人物来。"[22]梁生宝与曹双羊正是应时代要求而生产出来的英雄，"永远听党的话""党的忠实儿子"，梁生宝被柳青赋予"当代英雄最基本、最有普遍性的性格特征"[23]，较之于曹双羊，梁生宝的英雄气质更纯粹，也更具符号性，他脱离了低级趣味甚至脱离了基本的欲望需求，这也正是那个时代对英雄品质的基本需求。这种梁生宝式的英雄一直以来颇受质疑，他的形象塑造存在一定问题，丁帆先生认为梁生宝的塑造没有"充分展示在历史交替时代两种对立的社会道路的不同选择中丰富的内心冲突所造成的人性变异"[24]，直接指出在历史大变动的浪潮中对人物形象自身矛盾冲突表现不足。梁生宝身上集中了人与环境、人与人之间的矛盾冲突，土改后蛤蟆滩乃至整个中国乡村的基本环境成为了梁生宝们的新的挑战，对合作化抵触排斥的各类乡村人物构成了梁生宝们基本人际关系，但最为重要的在大历史面前人自身的矛盾冲突在梁生宝身上却未曾体现。梁生宝未经任何精神蜕变直接成为坚定的革命者，他从未置疑自己的事业，从未动摇自己的行动，这是一位单向度的时代英雄，这恰恰是梁生宝形象的一个最大不足。

但是这一问题在《麦河》中的曹双羊身上却不曾出现，家庭联产承包后的乡村生存不再是问题，但发家致富却仍难实现，这是曹双羊面对的鹦鹉村；在他的资本积累过程中，与赵蒙、张洪生、陈元庆、陈锁柱，甚至父亲曹玉堂、老农民郭富九、情人桃儿、朋友白立国等之间都曾产生过矛盾冲突，他们兼具曹双羊事业的阻碍者与帮助者；同时曹双羊又是一个矛盾集合体，多次陷入精神危机，在大时代面前表现出自己的渺小与脆弱，在不断自我质疑自我迷失的过程中，在白立国的帮助下艰难地完成精神蜕变。曹双羊作为 21 世纪的新农民、新英雄形象，在塑造过程中他成功克服了《创业史》"写理念活动多，性格刻画不足（政治上成熟的程度更有点离开人物的实际条件）；外围烘托多，放在冲突中表现不足；抒情议论多，客观描绘不足"[25] 的问题，最终成为一个有缺陷却有血有肉的英雄。每个时代的英雄都有自己独特的精神气质，时代精神不经意间便会渗透进他们的血液，因此从梁生宝到曹双羊不存在优劣，他们都是时代的选择与产儿。

如果说"一位作者负有义务，尽可能地澄清他的道德立场"[26]。那么作家的道德立场往往是在处理人物关系中被呈现，而不仅仅依靠中心人物的审美塑造。《创业史》与《麦河》"以人物结构作品"的宏大叙事方式最终落脚点仍然是大历史面前的众生相，虽然作为土地集中的直接执行者，梁生宝与曹双羊承载着土地的希望，寄寓着作者无限的审美想象，但是他们在新人地关系中与乡村农民形成的新的人际关系才是作家文学立场的重要表征。

《创业史》中的合作化运动最终将土地集中到国家手里统一管理规划，这是对传统土地私有制的一次彻底革命，它重新定义了乡土中国"差序格局"[27] 中的群己、人我关系，意欲根除"愚、病、贫"的中国乡村基本症候，尤其是比愚和病更普遍得多的"私"的毛病。这就需要反传统的新农民形象的出现，他能够克服私有欲望公而忘私，突破个体创立家业的企图走向共同富裕之路。因此梁生宝首先需要破除"家"的概念，即要"大家"不要"小家"，他与父亲梁三老汉的冲突正是对"家"的内涵与外延认识措置的一次表现，他与梁大老汉、梁生禄的矛盾正是对族群观念的一次突破，他对徐改霞清教徒式的姿态也是为了避免与"家"有关的私有思想的产生而设置的强制性情节。可以说梁生宝在没有任何准备的情况下颠覆了中国乡村传统的群己、人我关系，这是一次纯粹文学式的审美升华，与当时的乡村现实形成极大反差。中国农民的土地情结使他们对合作化的抵触情绪可想而知，即使是梁生宝的原型王家斌也有过买地经历，尤其是他对梁生宝原型角色的极力否认也能让我们窥探到中国乡村"私"的力量。而柳青对此有着清醒的认识，梁生宝理

想化的人格是合作化成功的保证，而这一人物形象在现实乡村的缺席正
是合作化运动的一大困境。因此柳青在梁生宝身上更多植入的是一种理
念，具有较强的政治说教色彩，他的帮助者冯有万、高增福、任欢喜等
人，同样阶级意识胜过人格的丰富性。而对于那些阻碍者，柳青的文字
表现出自然流畅的生动，他并不避讳中国农民的"势利"与"圆滑"、狭
隘性与劣根性，他们对梁生宝买稻种、互助组的观望及参与往往带有唯
利是图的成分，但无论是柳青还是梁生宝对农民的"私"都表现得极为
宽容，他们要做的是去引导，且用"公"的效益吸引"私"的个体。同
时也能看到富农姚士杰"被劳动锻炼粗大的手"，以及"身材魁梧的庄稼
人"的身份；富裕中农郭世富是一位"过日子的人"，保留了"一辈子重
劳动过的体型"；憨厚的富裕中农郭庆喜更是一位庄稼地里的铁人，劳动
能力和劳动强度惊人；落后的代表主任郭振山勤俭持家，能将废弃的果
园改造成良田……

《创业史》在土地面前对于中国农民"私"的包容，对于与土地有关
品质的讴歌无意中呈现出一位完整的隐含作者，他隐于幕后却能有效调
节政治观念与道德立场在文本中的冲突。

关仁山曾说过："文学可以沉迷传统，但不能忽略新的农民。"[28]《麦
河》塑造了曹双羊为代表的新农民形象，但同时也深入关注了底层农民
的历史命运，对弱者命运的关注正是一位作家文学伦理与道德立场的表
现。曹双羊对鹦鹉村的资本介入采用了工业思维管理农业生产，并最终
实现了农业的机械化、产业化。曹双羊的资本原始积累过程正如马克思
所言充满了血和肮脏的东西，借黑锁之手杀赵蒙夺矿，与张洪生的恶性
竞争，与县长陈元庆官商勾结、钩心斗角……现代资本的邪恶性灌注在
曹双羊身上。但是在鹦鹉村土地流转事件上，曹双羊的资本却可以称得
上是良性资本，资本性质的转换与白立国有着重要关联，白立国是鹦鹉
村的传奇，双目失明却能脚踩阴阳，通鬼神晓人事。他以民间艺术乐亭
大鼓令桃儿起死回生，他以土地文化、小麦文化多次拯救曹双羊于水火，
他的百岁苍鹰虎子在两次涅槃后拥有了预见未来的能力……白立国代表
了中国乡村文化中的良性一面，正是在他的鼓励下，曹双羊的资本才能
正式进入鹦鹉村。曹双羊资本的介入与乡村流氓无产者陈玉文、村主任

陈锁柱发生冲突。《创业史》中的白占魁最终转变成《麦河》里的陈玉文，只是 21 世纪中国乡村的流氓无产者发展成为"村霸"。陈玉文不事生产、心术不正，他强奸了麦圈儿导致了后者悲惨的人生，他组织黑社会强征土地，试图主持土地流转。在鹦鹉村他依靠哥哥村主任陈锁柱的势力，陈锁柱从《创业史》中郭振山的"能人"形象转换成现代乡村的"村阀"，"机动地""以租代征"、企图强奸桃儿、跑马场占地、与曹双羊争夺鹦鹉村的话语权等事件，令这位鹦鹉村的实权派成为了典型的文学想象的反派"村支书"[29]。陈锁柱的靠山是县长哥哥陈元庆，他们共同构成了乡村家族势力，代表了乡村文化中阴暗的一面。

曹双羊在鹦鹉村土地流转过程中遇到的一大阻力主要来自所谓的"旧农民"，曹玉堂、郭富九、刘凤桐、韩腰子等梁三老汉式人物。在《创业史》中他们在经济上身处劣势但却拥有政治上的优越感，但是在《麦河》中他们丧失了任何优势成为纯粹的弱者。柳青在《创业史》、关仁山在《麦河》中都认识到现有的土地制度只能解决农民温饱，无法令农民走向富裕，但是柳青时代的中国乡村生存问题仍是重要命题，而 21世纪的中国新农村早已超越了饥饿开始更高层次的追求，这就是《麦河》的主题意识所面对的中国现状：私有化的土地，分散化生产已然无法令土地带给农民新的希望。但是曹双羊的工业式管理工业化思维最终试图以西方的团体格局取代中国乡村传统的差序格局，年轻的农民成为了"蓝领"土地工人，而年老的农民则被剥夺了劳动的权利，新的秩序在土地中建立。但是中国农民的土地情怀却被无端忽视，他们对土地的情感甚至被看作进步的阻力，韩腰子的惨死正是源于失去土地的无助。《麦河》不断通过白立国的胜利与曹双羊的转变去彰显乡村正义与尊严，这种理想化的处理方式在一定程度上缓解了乡村文化崩败的失落感，但是它在遥望土地未来的同时却无法安置"旧农民"的土地情怀，同情却又无奈。

四　结　语

关仁山多次引用台湾作家陈映真的话："文学是使绝望丧志的人重新

点燃希望的火花，使扑倒的人再起，使受凌辱的人找回尊严。"因此关仁山坚持："文艺工作者要尊重农民，尊重他们的尊严。除了尊重他们生活的场景，还要尊重他们生活的逻辑。"[30]尊重农民、尊重土地，给予农民对于土地的希望，这是中国乡土文学的担当与品质。从《创业史》到《麦河》土地的分分合合使政治话语不断失效，但是只要农民对土地的信仰、对生活的向往不变，文学话语将永远保持对土地的真诚与有效认知。

如果说"《创业史》这部小说要向读者回答的是：中国农村为什么会发生社会主义革命和这次革命是怎样进行的。"[31]那么《麦河》则努力向我们展示：土地流转背景下的中国乡村发生了什么和土地将走向何方。关仁山非常清楚"'土地流转'这种探索是否成功，需要时间来印证"[32]，因此当下的文学直书是一件极不讨巧的事，这也正是当下现实主义的文学追求，在历史的纬度上认识当下遥望未来。

正如鲁迅在《狂人日记》的结尾呼唤"救救孩子！"《麦河》则假借转香之口发出"救救土地"的呐喊，同样的忧患意识同样的振聋发聩，如何在当下的历史语境中重新认识土地，培养人们的土地意识、土地情怀乃至土地崇拜，还土地以尊严成为了我们共同的命题。

[参考文献]

[1] 孟繁华：《百年中国的主流文学——乡土文学/农村题材/新乡土文学的历史演变》，《天津社会科学》2009 年第 2 期。

[2] 张丽军：《"当下现实主义"的文学研究》，北京大学出版社 2014 年版。

[3] 孟繁华：《"茅盾文学奖"与乡土中国——第七届"茅盾文学奖"的两部乡土小说》，《西南民族大学学报》2010 年第 3 期。

[4] 关仁山：《创作要仰仗灵动的生活洪流——写在〈在延安文艺座谈会上的讲话〉发表 70 周年之际》，《光明日报》2012 年 5 月 8 日第 14 版。

[5] 关仁山：《拓展新的文学空间》，《中国文化报》2001 年 5 月 10 日第 3 版。

[6] 李敬泽：《土地的意义》，《文艺报》2010 年 12 月 24 日第 5 版。

[7] 张丽军：《"样板戏"在乡土中国的接受美学研究》，人民出版社 2014 年版，第 6 页。

[8] 董大中：《赵树理年谱》，山西人民出版社 1982 年版，第 106 页。

[9] 李华盛、胡光凡：《周立波研究资料》，湖南人民出版社 1983 年版，第 41—43、

第 386、第 424—425 页。

[10] 关仁山：《天高地厚·后记》，作家出版社 2009 年版，第 482 页。

[11] 关仁山：《春天来了，我们在土地上播种》，《文艺报》2012 年 10 月 26 日第 5 版。

[12] 关仁山：《在生活中创新》，《文艺报》2015 年 5 月 27 日第 3 版。

[13] 关仁山：《麦河·后记》，作家出版社 2010 年版，第 529 页。

[14] 柳青：《创业史》，中国青年出版社 2005 年版，第 110 页。

[15] 雷达：《土地是〈麦河〉的灵魂》，《文艺报》2010 年 12 月 24 日第 5 版。

[16] 秦晖：《耕耘者言——一个农民学研究者的心路》，山东教育出版社 1999 年版，第 63 页。

[17] 孟繁华：《乡村文明的变异与"50 后"的境遇——当下中国文学状况的一个方面》，《文艺研究》2012 年第 6 期。

[18] 柳青：《创业史》，中国青年出版社 2005 年版，第 449 页。

[19] 王鹏程：《〈创业史〉的文学谱系考论》，《中国现代文学研究丛刊》2014 年第 3 期。

[20] 王维玲：《岁月传真——我和当代作家》，首都师范大学出版社 2009 年版，第 320 页。

[21] 李志勇：《市场经济视野中的中国政治文化转型研究》，河北人民出版社 2009 年版，第 18 页。

[22] 马克思：《马克思恩格斯选集》（第 1 卷），人民出版社 1972 年版，第 450 页。

[23] 柳青：《提出几个问题来讨论》，《延河》1963 年第 8 期。

[24] 丁帆：《中国乡土小说史》，北京大学出版社 2007 年版，第 231 页。

[25] 严家炎：《关于梁生宝的形象》，《文学评论》1963 年第 3 期。

[26] ［美］布斯：《小说修辞学》，北京大学出版社 1987 年版，第 433—434 页。

[27] 费孝通：《乡土中国》，上海世纪出版集团 2013 年版，第 23 页。

[28] 关仁山：《土地：现实与梦想——关于长篇小说〈麦河〉的创作》，《满族文学》2011 年第 3 期。

[29] 赵卫东：《"村支书"和他的反抗者——〈羊的门〉等五部乡村叙事文本解读》，《小说评论》2002 年第 6 期。

[30] 关仁山：《创作要仰仗灵动的生活洪流——写在〈在延安文艺座谈会上的讲话〉发表 70 周年之际》，《光明日报》2012 年 5 月 8 日第 14 版。

[31] 柳青：《提出几个问题来讨论》，《延河》1963 年第 8 期。

[32] 关仁山:《乡村变革给我激情——谈长篇小说〈麦河〉创作》,《人民日报》2011 年 1 月 25 日第 24 版。

[作者简介] 宋学清, 1979 年生, 男, 吉林省集安市人, 东北师范大学人文学院副教授, 在读博士。

社会转型期知识分子的
心灵阵痛与蜕变

——长篇小说《自己埋单》读后

刘莉萱　周小萱

[摘要] 文章对长篇小说《自己埋单》的思想内涵进行了挖掘，分析了社会转型期知识分子的苦闷、挣扎、无奈直至蜕变的心路历程。也对作者以生活真实为基础的写作特征和幽默风趣、充满机智调侃的语言风格进行了评点。

[关键词] 转型期；知识分子；心灵蜕变

中国知识分子在民族传统文化的浸润和影响下，一直把"内圣外王"的统一作为人生价值的最高境界。然而，时光延伸到了 20 世纪的 90 年代，市场经济的大潮颠覆了固有的社会秩序和思维模式。经济的飞速发展，使得建立在这个基础之上的文化也发生了巨大变化。而"当代中国面临的文化转换，是一种双重性转换，即不仅要补上近代人文主义启蒙这一课，而且要迎接 20 世纪现代文化的挑战"[1]。在这扑朔迷离、万花筒般的变幻中，知识分子从肉体到灵魂都在多重力量的挤压下扭曲变形。他们无法在欲望横流的社会中熟视无睹，躲进真空，洁身自好，于是随波逐流，让现实淹没自己。此时，他们身上虽然还贴有文化人的标签，但骨子里却已经由"雅"入"俗"，改变了传统的思维模式和行为准则，在心灵阵痛中实现着人格姿态的巨大转移。长篇小说《自己埋单》中以主人公周子浩为代表的中年知识分子们，无疑为这个转移和蜕变做出了形象的诠释。

小说讲述的故事，是在一个出版大楼的环境中展开的。中年编辑周子浩，在外人眼里是个事业有成的知识分子。他有体面的工作，有稳定的收入，有和睦的家庭，所以"他在单位，在社会上的人气一直很旺"[2]（引自王曦昌《自己埋单》。文中所引除注明出处者外，皆引自该书）。而且他还自年轻时起就是个有理想、有抱负的"进步人士"，曾有过远大崇高的人生追求。他崇拜全国劳动模范、大寨大队党支部书记陈永贵；崇拜知识青年的榜样邢燕子；大学毕业前夕，还曾积极响应上级号召，追逐时代潮流，毅然决然"同传统观念决裂"，报名去农村当农民。因为他要"追求伟大和永恒，追求自己名字的不朽……为此，他认定了的事情就破釜沉舟、玩命似的去干，去拼搏，去努力，哪怕是赴汤蹈火，也义无反顾。""四人帮"的倒台，使他的远大"抱负"遭遇破灭。他曾一度消沉，但这毕竟是青年失意，他觉得在"知识改变命运"的时代，他还有希望再次崛起。他发奋读书，考上了研究生。毕业后，几经周折，走进了编辑队伍，希望在这里实现他崇高的人生价值。然而，在迅速变革的社会环境中，他由开始的不甘、拼搏到后来的无奈、随俗，逐渐失去了自我。

首先，是当下社会的价值评判标准使周子浩自尊受辱。他发现"知识""文化"不再值钱，物质财富的多寡越来越成为社会地位的象征。"男人夸富，女人比美"这条在酒桌上创造的格言，不知不觉中成为一种社会时尚。他的好友、靠写通俗小说和流行剧本发迹、后来几乎以"酒色"为主业的登图子，就因为钱大，所以气粗，"对漂亮的女孩子，他几乎是见一个喜欢一个"，"对生活永远充满着一种无尽无休的乐趣和不着边际的追求"。而周子浩在妻子生病住院时，竟然要面对被医院催交住院费的尴尬。就是在单位也以"钱"来评定员工的等级，"做编辑，第一要赚钱，第二还是要赚钱，赚着钱了，你就是好编辑；赚不着钱，你就是拥有英国牛津大学或美国哈佛大学的博士学位也不好使"。于是他开始拼命挣钱。在出版社里精心设计选题，多方寻找好的项目，尽量拓宽赚钱的渠道……。但是，不公平的竞争，无数暗箱操作的潜规则，使他和众多知识分子一直引为骄傲和自豪的文化优势竟变成了劣势，在汹涌的商潮面前他显得相当低能：精心设计的图书选题在社里遭遇搁浅；在绝望中又被书商骗得一塌糊涂。为了赚得一点点躲过老婆盘查的"活钱"，去应对聚会、人情往来和找情人造成的"一路攀高而无法降下来的消费水平"，他甚至不顾及自己名编辑的脸面去给人家当写作"枪手"。

经济是社会的基础，也是人赖以生存的依靠，"按现在的说法，货币是一般等价物的商品……在一个经济社会，它什么都可以调节"[3]。"金钱是魔鬼的化身，在特殊环境下，金钱是能扭曲一个人的灵魂的。"没有了经济的支撑，人可能会动摇，甚至会放弃精神上的追求。几经折腾，身心疲惫的周子浩不得不放弃头脑中根深蒂固的"内圣外王"的人生价值观念，逐渐向世俗靠拢。因为"他需要在朋友面前体面一些活着"，"总不能在朋友面前露出穷相来，让人瞧不起"。

其次，是世俗世界的诱惑使周子浩的行为失控。在事业上遭到一连串的打击后，他开始在行为上放纵自己，他"对上班感到厌恶"，觉得那"像天天吃白菜、土豆一样索然无味"。他开始到世俗中去寻找慰藉，借以填充精神上的空虚。而"这个社会也真的容易让人堕落，一玩儿就上瘾的东西实在太多了"。他"喜欢麻将……手中的十三张牌，永远变化无穷让你充满希望，那本身就是一种魅力……社会上的竞争，大多尔虞我诈，……然而在麻将桌上，四个人是绝对的平等"。"遇上漂亮的女孩子他还是控制不住自己的欲望"，抵挡不住"那充满激情芳香四溢的胴体对他的诱惑"。"朋友会朋友，必须得喝酒。酒不仅是色媒人，更是友情的黏合剂"，"保持朋友的温度……最好的方式是经常在一起喝喝酒、聊聊天，吹吹牛，侃侃大山"。无尽无休的聚，无拘无束的玩儿。他感到身上没有了压力，"活得舒坦"。什么"诚意、正心"，什么"修身""治国"，已经不再是他行为的约束和精神的追求，"世俗就像一张网，已经早早把你牢牢地粘上了"，他和世俗中其他人一样，感到自己是个有血有肉的鲜活生命，而"生命需要刺激"。于是他"被生活推着走，就像那江河水中的浪花似的随波逐流"。

男人是这样，女人同样也被世俗推着走，而她们的"堕落"则似乎更加顺理成章，让人难以抵御。故事中的女主人公、周子浩的原情人、后来的准儿媳宋木欣，就是一个很好的例证。她本是个好人家的女孩，父亲是"文化大革命"后第一批考上大学的幸运儿。她像父亲那样聪明、有才气，所以在高中毕业那年，如愿以偿地考上了理想的大学。正在她"乐得一个晚上都没有睡着觉整个身子都感到发飘的时候"，妈妈突然得了脑出血，父亲早在八年前因车祸去世，弟弟则刚刚走进高中。一夜之间，她成为家中生活的唯一顶梁柱。她不得不放弃正规的大学，步入社会。但她还是不甘心，报名去读"自考"，而且"科科得高分，每科都是一次性过关"。弟弟的高中还没读完，妈妈就离开了人世。她虽然拿到了自考大专文凭，也走进了"知识分子"的行列，但在找工作时不管用。只好到一个私营企业搞营销，又因不愿意受老板侮辱而被炒了鱿鱼。在她走投无路的时候，有人拉她去做"三陪小姐"，因为这"赚钱最多赚钱最快"，为了实现她对弟弟"一定要供你上大学、读硕士、博士"的承诺，"就要不了脸面了"。令宋木欣不能放下的，只有一点，她还"有思想"，但她逐渐体悟到，"人的痛苦就是源于有'思想'"，"自己比同龄女孩多明白一些事情又有什么用呢？还不如傻大乎的，吃饱了就什么都不去想，省得心里这样痛苦"。女人失去了羞耻之心，又没有了"思想"，就没有什么不能干的了。宋木欣的放荡、堕落不但没有遭人白眼，而且由于她"聪明伶俐，人又漂亮"，所以很快就得到了认可，从"三陪小姐"一路升为服务员领班、经理、副总经理，直到年薪20万元的大型娱乐场所的总经理。

宋木欣的成功，使那些青年知识分子、在校大学生更加相信"在理论上越无能的人，就越精通于实践，特别是实践厚黑学"[4]，青年人也就"根本不知道勤奋的目的何在"[5]，不"把本该属于青春与激情的时间花在不值一提的知识上"[6]了。女人在这个"实践"的大海中，无疑比男人有更多的优势，前提是"不要脸"。

宋木欣在社会上的顺风顺水，正好陪衬出了周子浩等中年知识分子在新的生存环境中的尴尬和无奈。它以事实昭示：以物质财富的多寡作为人的价值评判标准的理念，已为社会所认可。而文化在贬值，知识在贬值。这就把一直自以为是、处于社会上层（或称中心）的周子浩们抛到了社会的边缘，他们所遵奉的"内圣外王"的崇高价值观不但遭到了社会无情的嘲讽，而且被击得粉碎。为了得到社会的重新认可，他们不得不屈从世俗，在极度的心灵绞痛中艰难跋涉，开始了虽不情愿，但却不能自已的痛苦蜕变。

当然，周子浩、宋木欣等人的蜕变，还有一个原因，也是最主要的原因，那就是他们个体秉性的犹疑、软弱，这是在中国这块土地上成长起来的多数知识分子的先天不足。

周子浩也感觉到酒"是生命和时间的头号杀手"，"麻将就像毒品似的，粘上就上瘾"，他甚至认识到了"他是自己的叛徒。他背叛了他以前生活中认为所有的尊严和神圣的一切东西，仅仅十余年的时间，他是在灵魂深处进行了一次脱胎换骨，连他自己都认不出自己是个什么模样了"。"他终于明白，一个人在事业上最大的敌人就是自己各种各样的欲望。"他感觉到"自己的毅力肯定有问题""太没有定力了"。但是他无力从中自拔，因为是当下"社会的大环境包容了他这极其复杂的心灵"，于是随波逐流，失去自我。

《自己埋单》在艺术手法方面也有鲜明的特色。首先是小说的取材来自于生活的真实。据笔者了解，这是一部自传性质很浓的作品。作者的叙述角度虽然采用的是第三人称，但周子浩的人生阅历与作者的人生阅历有很多相似之处。小说所使用的素材基本上都是作者自己生活中的经历。作者很熟悉他们这一代知识分子的心态境遇、所思所想，所以作品中人物的每一个细小的生活场景及思想上的波澜起伏，都逼近生活本身。真实的情感，真实的情节，大家都熟悉的社会背景，引领读者同作品中的人物一起去体验杂乱纷呈的世界，当然也就有了相互交流的欲望。这正是长篇小说《自己埋单》的阅读魅力所在。

《自己埋单》的阅读魅力还在于作者的宏大叙事。小说虽以出版界为背景，但叙事涉及了医院、高校、公司等多个知识分子聚集的领域，这就把整个知识分子阶层在这个背景下的处境、心态、行为等做了多侧面的描写和展示，使得主人公身上所呈现出的事件、心理活动有了更真实、广泛的基础。这无疑增强了小说的阅读引力和社会张力。

小说是叙事的艺术，而叙事是由鲜活的语言来完成的。《自己埋单》

的成功，还在于作者幽默风趣充满机智调侃的语言风格。如写登徒子"就像一头驴一样，主动地为宋木欣提供各种无偿的服务，男人就是这副德行，在他要猎取的女人面前，向来都装得很听话，他想用服从和慷慨来猎取女人的芳心"。这段文字亦庄亦谐，既有对登徒子本质的深刻揭露，又有对他虚伪、油滑、令人作呕的丑态的描写，真是入木三分。再如："单位领导最重视的事情就是开会的时候，看看有谁没有参加。因为领导的权威只有在开会的时候才能得到充分的发挥""领导的权威也是通过一次次讲话一点点树立起来的"。这对于时下有的单位会议成灾的现象进行了辛辣的讽刺。再如，对周子浩等中年知识分子心态的剖析"他们是在特殊背景下成长起来的一代人，这一代人的佼佼者才捧上了大大小小的铁饭碗，凡是端着铁饭碗活命的人大都有一个致命的弱点，那就是诚实中夹杂着虚伪，贪婪中还要装出一点大公无私，他们什么都想要，但又不想付出太多""他们这茬人除了对自己的子女肯倾家荡产地投入外，做其他事情都不那么投入""这一代人活得是最不真实的""这是一代可怜的人！"短短一段话，就把处于社会转型期的中年知识分子的所思、所为以致他们骨子里的劣根性剖析得淋漓尽致。

当然，《自己埋单》中也有不足之处。比如，小说的结尾就略显匆忙，这给作品的完整性留下了缺憾。再如，作者想给读者一个宏阔的社会背景，作品中除文化、知识领域外，也涉及市井中的酒吧、饭店、庸医的小诊所等，但在叙述中或一笔带过或简略交代，对社会风气的触及略显肤浅。对青年编辑麦小琪、大学生周行健等知识分子新生代，在形象塑造上尚欠丰满。但瑕不掩瑜，整部作品在如何面对世界经济一体化浪潮对民族文化的冲击和民族精神的侵蚀，知识分子如何在社会转型期的蜕变中完善和重塑自我等方面带给我们的震撼、思考和启迪还是相当有力量的。

[参考文献]

[1] 夏中义：《新潮学案》序 4 页，上海三联书店 1996 年版。

[2] 王曦昌：《自己埋单》，作家出版社 2008 年版。

[3] 史生荣：《大学潜规则》，人民文学出版社 2010 年版。

[4] 李师江：《中文系》，人民文学出版社 2010 年版。

[5] 同上。

[6] 同上。

[作者简介] 刘莉萱，1950 年生，女，辽宁省葫芦岛市人，东北师范大学人文学院教授。

周小萱，1981 年生，女，吉林省长春市人，珠海市理工职业技术学校教师。

东北人的快乐基因及其
追求快乐的表现形式

王曦昌

[摘要] 东北人在生活中追求快乐方面的指数，远远高于其他地域中的人。东北人性格中追求快乐的基因源于东北移民文化形态。东北人追求快乐，大体上有三种表现形式：一种是"苦中作乐"，一种是"闲中找乐"，一种是"喜上加乐"。东北人追求快乐是寻求一种开心，一种精神上的解脱，一种心灵上的抚慰，同时也是面对生命存在方式的一种态度。

[关键词] 东北人；移民文化形态；追求快乐

环境养育性格。我国的南方人跟北方人虽然都是中国人，但其性格特征有很大的区别。同是北方人，西北人跟东北人的性格，以及黄河以北齐鲁燕赵一带人的性格也是大有不同，相对地看，东北人在生活中追求快乐方面的指数，远远高于其他地域中的人。为什么呢？这主要与东北人的性格有关，而东北人性格的形成与东北文化中的移民文化形态有密切的关联，基于此，不能不谈谈东北的移民文化问题。

众所周知，在东北文化中，其最显著的特质就是掺杂着移民文化形态。史书和有关资料记载：从汉、三国、北魏到辽诸朝代都有关内汉人移居东北的现象存在，但移居人口都不算太多，汉族和东北土著民族之间的人口比例大体持均衡状态。到金代，金统治者在南侵宋朝中，大肆劫掠汉民到东北地区垦田开荒，导致在东北的汉人人口才陡增起来，居住地区也由辽东半岛逐渐东进北上，使在东北居住的汉人人口与当地土著民族的人口之比发生了显著变化，开始居于绝对多数的地位。而且居住区间也遍及东北各地，最终形成汉人和当地土著民族的人口杂居共处的局面，才给予东北文化的形成以最强大的影响。清灭明建立清朝后，为了开发东北，积极鼓励关内人民出关垦荒，从顺治八年（1651）至康熙七年（1668），先后 18 年间，大约有 200 万人被移民到东北垦荒。至此，关内向东北移民已成势头，大有不可阻挡之势，以至于竟使康熙感到忧虑，怕东北汉人太多，侵扰了满族的"龙兴之地"。于是在康熙七年（1668），下达了取消拓民垦荒令，转而对东北实行封禁政策，严禁汉人进入。但仍然有盲流不断"闯关东"。鸦片战争以后，沙俄不断蚕食东北领土，在外力侵逼形势之下，清政府于咸丰十一年（1861）先后在东北局部开禁政垦，以期靠人口的增加充实边备。光绪二十三年（1897）进而实行东北全区开禁。这样一来，关内流民更加"蜂攒蚁聚，汇成一股向东北迁移的洪流"[1]。自金代的天会年间至中华人民共和国成立前究竟有多少中原汉人移居东北？据可查证的史料记载，移民数量达 1200 多万。"至此汉人人口占东北人口总数已上升到 80% 强。"[2] 汉人移居东北，带来的中原传统文化与当地土著文化——满族的渔猎文化和蒙古族的游牧文化相融合，就逐渐形成了独具特色的东北移民文化形态，而东北移民文化形态的显著特征就是：以移民所带入的汉民族传统文化消解了土著文化后还客观存在着有别于其母体文化的特殊异质因素。而这些"特殊异质因素"主要体现在东北人的性格特征、道德观念、价值取向、宗教信仰和艺术审美等方面，比如性格：与中原汉人的含蓄、谨慎和重礼仪的总体性格特征相比较，东北人则以彪悍、率直、敦厚和达观作为总体的性格特征。东北人好勇斗狠、重情义、心直口快、刚毅达观，均源于东北土著民族的影响所致。比方说，刚毅达观。东北原为苦寒之地，在关内汉人已经进入封建社会后的很长一段的历史时期内，其土著民族还处在以渔猎、游牧为其生产方式，以逐水草穴地而居为其生活方式的原始社会形态之中。落后的生产力和艰苦的生活造就了东北土著民族处逆境而不馁的刚毅达观性格。据《明一统志》载：东北人"大抵质直少文，刚毅而不挠，其天性也"。这种刚毅达观的性格同样为关内移民所接受，成为东北人的整体性格。反映在对生活的态度上，则无论生活多么艰苦，都能做到苦中求乐。这种"苦中找乐"是掺着泪水的，是他们生命意志的赛跑，有时不免有阿Q式的滑稽，堂吉诃德式的浪漫，终归是"乐"了一场。"找乐"是寻求一种开心，一种精神上的解脱，一种心灵上的抚慰，同时也是面对生命存在方式的一种态度。

东北人找乐，大体上有三种形式，一种是"苦中作乐"，一种是"闲中找乐"，一种是"喜上加乐"。

首先，让我们分析探讨东北人的苦中作乐。东北人苦中作乐与其性格有关。东北人大都野放、粗犷、大度、实惠、乐观、幽默，而乐观和幽默是他们战胜困难克服困难的法宝，同时也是面对生命的达观情怀。二人转老艺人李青山回忆旧中国他在"大年三十"晚上蹲"花子房"的情景就是最好的佐证。虽说是"一无所有"，满目凄凉，但他们不忘记给花子房贴对联，用来自嘲自娱。"鼠盗无粮含泪去，看家狗儿放胆眠。"横批是："清锅冷灶。"[3]

"乞讨"，只有生活无着落的人才以乞讨为生，东北人在绝境中乞讨，也不是哭着喊着去乞讨，而是唱着笑着去乞讨，虽说这种"唱乞"不为东北的穷人所专用，但东北的"唱乞"是有特点的，他道出了东北人苦中作乐的共性。旧中国东北人行乞多拿着竹板，也有拿着三弦、二胡的。但以拿竹板为多，一般是进街，或进村屯，见人就唱："哎，哎，竹板一打进屯来，鸟为觅食人为财。鸟为觅食飞天下，人为财来拜大街。拜完道南拜道北，拜完秦琼拜敬德。秦琼白，敬德黑，杨香武三盗九龙杯。有钱有势多行善，没有零钱舍顿饭。没有饭，不要紧，给点豆包、饺子、肉炖马莲粉。哪位乡亲行行好，给我多少算多少，傻子从来就没挑。"[4]乞讨如碰上东家不理，马上关门，他就唱："叫东家你别关门，可怜可怜受穷的人。你不给，我就要，要到天黑日头落，狗也咬，鸡也跳，吵得你全家睡不着觉。"这时，乞讨的人如碰上东家放狗出来咬人，"乞讨人"仍然不依不饶："你这个狗，可真怪，反穿皮袄毛朝外，嘴又尖，牙又快，咬了我傻子就放赖。我让你供我吃，供我穿，养我养到上西天……"[5]生活已无着落，但仍然不失调侃幽默。这种"唱乞"虽然看似滑稽可悲可笑，但他是穷人的一种苦中作乐的发明创造。是的，命运可以让他们一无所有，走投无路，但他们精神不倒，满口的"喜幸话""拜年嗑"，有时虽也"自贬""自贱""自卑""自责""自骂"，但每句话里都充满幽默滑稽，令人发笑，娱己娱人，这就是"苦中作乐"。

东北民间苦中作乐的另一表现形式就是在艰苦的田野劳作中创作幽默来自娱。例如，在东北乡下，夏锄或秋收季节，大家在田野中劳作，间休时，大家一定要叫上几个人唱几段二人转或东北民间小调，有时不唱了，就比赛着说粗野的"四大"系列，什么"四大红""四大绿""四大香""四大孝""四大白""四大黑"……有时也讲"荤故事"，大家就在这种粗俗的语言中得到精神上的一种放松与自娱。此外，还有一种就是在劳动休息时，聚众"开哨"。这种"哨"是东北特产，而且有"哨书"流传，"哨书"主要刊载"开哨"的语言。东北民间的"哨"就是两个人比赛谁的"哨话"多，以多者为胜。如甲说："我打开'哨本'，哨死你老婶"，乙说："我打开'哨书'，哨死你大姑。"甲说："癞蛤蟆上菜板，你硬装大堆肉呢。"乙说："我看你是耗子进牛群，硬装大牲口呢。"……这样，两个"开哨"的人唱主角，周围听的人起哄助阵，造成一种欢乐的气氛。这种"开哨"既没有政治色彩，也没有实际的生活内容，纯属是一种劳动中的自娱消遣，苦中寻乐。

东北民间苦中作乐的另一表现形式是逢年过节的追风随俗。东北的农民不管家中是否贫困，每逢过端午节，一定在房檐上插一串艾蒿，挂几串纸葫芦。等到春节，即使杀不起年猪，借二斤白面过年，但也要买炮仗，贴对联。即使是家徒四壁，清锅冷灶，也要把大红的"福"字倒贴在"门"上。明明是家穷得叮当直响，也在对联上编写"天增岁月人增寿，人满乾坤福满门"。明明是猪圈里没猪，也要贴上"肥猪满圈"；明明是鸡架里没鸡，却也要贴上"金鸡满架"，明明是粮囤里无粮，也要贴上"粮食满仓"。他们要的是一种对未来的期待。

东北民间苦中作乐的现象，几乎是无处无时不存在。比如，在衣、食、住、行等生活习俗上，几乎无处不体现着苦中作乐的思想和印记。

东北人寻求快乐的第二种表现形式是"闲中找乐"。在东北乡下普遍流行着这样一句话："一个月过年，两个月耍钱，三个月种田，六个月干闲。"一年十二个月竟有六个月是闲着，这就是东北乡下人生活的具体写照。

人是一种运动着的有智能的高级动物，劳动和创造是人的天赋，人一旦离开了劳动和创造，就会走向一种沉寂，劳动和创造能使人集中情感、集中智慧、集中精力，使生命富有意义，但一旦停止下来，就会感到生命的乏味和生活的无聊，精神上的空虚，必然要找办法去填补，于是"闲下来"的东北人，便自己去找乐。但在东北乡下找乐并非容易，乡下的生活是枯燥无味的，在几十年前的乡下没有电视，没有收音机，也很少有影剧院，没有图书馆，整个文化生活都是极其单调的，唯一能称得上文化生活的是看一看二人转，听听大鼓书，或在正月里看一看大秧歌，平时非年非节的想看一看热闹，除了看打仗斗殴、骂大街之外，就是看"跳神"了。就是在 20 世纪 90 年代直至 21 世纪的今天，东北乡下农民的文化生活除了看电视外，想"找乐"的内容仍然是看"二人转"、看"大秧歌"。东北的乡下人特别喜欢二人转，他们说："宁舍一顿饭，不舍二人转。"东北乡下人几乎人人都能唱几句二人转。有的甚至能成段成段地背诵唱，而且百听不厌。吉林省民间艺术团在 20 世纪八九十年代到乡下演出，竟有几万人去围观的火爆场景。那种红火热闹的场面真是前所未有。二人转究竟有什么样的艺术魅力，得到东北人这么偏爱呢？主要是二人转的表演形式以及它的语言风格适应了东北人的口味。二人转的剧本或大喜、或大悲，舞蹈是大扭大浪；说口"大逗大扯"，穿着是大红大绿，音乐是大起大落，这正适应了东北乡下人的审美需求。扭就扭个昏天黑地，唱就唱个大喜大悲，"逗"就"逗"他个前仰后合，这样才"解渴""感动""过瘾"。传统的二人转剧目有 300 多个，如《西厢》《蓝桥》《回杯记》《红月娥做梦》《杨八姐游春》《包公赔情》等。解放后新创作的二人转有《窗前月下》《丰收桥》《美人杯》等，这些二人转大都有"喜幸词""实惠嗑""扎心段"，而且每个故事都有串口、笑口，说起来令人捧腹大笑，唱起来又乡音悦耳，百听不厌。

东北人闲中找乐的另一种表现形式就是听有说有唱的东北大鼓、东北评书或西河大鼓，统称为东北说书。东北民间说书是很流行的，冬闲了，村子里有钱的人家或者全屯子人集体合伙掏钱，请来大鼓书艺人，供吃供住，一讲就是十天半月，或者就是两个月、三个月。有了说书的，屯子里不分老幼，便全挤在有说书的人家里，听说书人讲南朝北国或侠义故事。

东北的说书艺术，可以追溯到辽金时代。早在契丹建国初期，中原人大批流入契丹重要城市，除了商人、手工业者、知识分子外，还有杂技、说唱等艺人，把中原的文化艺术带入契丹。《辽史·太宗纪》中有"天显四年（926）春正月，及诸国使观徘优角抵戏"的论述。"徘优"是古代以表演、戏谑为业的艺人，即表演讲述滑稽故事，对后世的说书、相声均有影响。到了清代，东北民间说书业已有了很大的发展。据清刘世英在《陪都记略·诸般伎艺门》（同治十二年）中写道："学评词，有架式；学悟空，装猴子；济颠鞋，鞑拉只；刀缠头，枪要直；说飞檐，看手指。"这里，不仅概括了评词的表演特色，还点出了《西游记》《济公传》两个具体书目，同时还描绘了袍带长枪，侠义短打类书目及演出技巧。

在东北民间，因为群众喜欢听书，也可以说是有足够的消闲时间听说书，所以，东北的说书艺术一直经久不衰，尤其是长篇大书，在东北就更受欢迎，据不完全统计，各地演出的书目已超过百种。常下单的"袍带书"（讲史及英雄传奇书）有《大隋唐》《秦琼扫北》《罗通扫北》《薛仁贵征东》《秦英征西》《少西唐》《薛刚反唐》《粉妆楼》《岳飞传》《呼杨合兵》《呼家传》《杨家将》《明英烈》《清宫秘史》等；常下单的"短打书"（公案侠义书）有《大八义》《小八义》《七侠五义》《七剑十三侠》《三侠剑》《鹰爪王》《童林传》等。此外，《封神榜》《济公传》《白蛇传》等演义类大书也经久不衰。这些传统书目通过艺人的表演给东北乡下人增添了无穷的乐趣，打发了一个又一个漫长的冬天，充实了季节的清闲。

东北人闲中找乐的另一种表现形式就是讲"瞎话"。东北民间的讲"瞎话"，就是讲民间故事。"闲"下来的人，一旦没有了二人转，没有了长篇大书听，没有了大秧歌可看，那么就讲"瞎话"，听"瞎话"。"瞎话"是东北民间的口头文学艺术，来源于民间，发展在民间，扎根在民间。东北的民间故事是最发达的。在东北民间故事中，不仅有各种各样的传说，还有世俗故事、爱情故事、动物故事、植物故事、神话故事、人参故事、淘金故事、放排故事、闯关东故事、抗联故事……但最有特点的当属人参故事、淘金故事、放排故事和闯关东故事。而这些丰富多彩的民间故事，不仅是东北民间文化艺术的奇葩，也是祖国文化宝库中不可多得的文化瑰宝。这是东北劳动人民在闲时创造的民间文化。不仅富有浓郁的东北地方特色，同时也成为考察研究东北民俗民情文化不可缺少的第一材料。

东北民间闲中取乐的另一个特点就是"看热闹"，东北人喜欢看热闹。尤其是在闲暇时。东北民间的"看热闹"一词的包涵内容是很广泛的，看戏、看二人转、看秧歌、听大鼓书，这是看热闹，看"跳大神"也是看热闹。而看"打仗""骂街"，看"斗嘴"、看"开哨"、看车"打误"、看翻车、看"挖井"、看"兄弟分家"、看杀猪宰牛、看娶媳妇，甚至把看"出殡"也一并放到"看热闹"中去。所以说东北民间的"看热闹"就非常有东北民间特色。"看热闹"是东北民间闲中取乐的最为明显的突出表现。他们把身边能够发生的事情，尽力划到"热闹"中去，实际上，他们看的不仅仅是东北民间上演的一出出活剧，也是民间文化所呈现出的不同景象。就是这些不连贯的无序的"风景"构成了他们对生活、对艺术的追求，逐渐形成了他们对艺术的审美情趣。他们就是喜欢这样的艺术格调：对传统的英雄人物喜欢大勇大猛、无私无畏；对穿着服饰，喜欢大红大绿；对舞台动作喜欢大扭大浪；对戏剧说书的故事情节喜欢大起大落；对语言喜欢风趣幽默。更喜欢大实话，即实话实说，不来虚的；对艺术形式，喜欢随意性强的。这一点，对二人转的喜爱可见一斑。

东北人闲中找乐的另一个内容就是"闹笑话"，也叫"闹着玩"的。东北乡下人的幽默起源于"闹着玩"的。东北乡下人是爱开玩笑的，这也是一种"休闲"方式。闲着无事就闹着玩，姐夫小舅子，嫂子和小叔子之间，儿女亲家之间都是开玩笑的最佳对象。但在事实上是真正的姐夫小姨子、嫂子和小叔子、儿女亲家之间不太闹笑话，而是叔辈的或沾亲挂拐的远房姐夫、小姨子、小舅子，嫂子和小叔子或亲家之间才闹得欢势。什么话都敢骂，什么恶作剧都敢为。比如，小姨子给姐夫卷烟里面放个小炮仗，或在大庭广众之下小舅子给姐夫脸上抹一块锅底灰，几位嫂子联合按倒一个淘气小叔子掏出乳房喂奶或粗野扒小叔子的裤子，这都有可能发生，这种粗野的玩笑一般都不会翻脸，而且大家都能接受。在乡下，大家都喜欢爱开玩笑的人，而不爱开玩笑的人，一般都很有个性，没有人去搭理。

东北民间闲中找乐的另一种形式就是聚堆喝酒。中国的酒文化是比较发达的，人们的日常生活，似乎常常与酒有着千丝万缕的联系。似乎整个中国的历史，都被酒浸泡过。《史记·殷本纪》载殷人即好酒，纣王"以酒为池，肉为林长夜之饮"。中国的酒文化在东北发挥得最为淋漓尽致。东北人能喝酒，东北人好喝酒，东北人喝酒不要命，这是国人对东北人的评价。东北人好酒，首先是历史原因。《后汉书·东夷传》载："东夷率皆土者，喜饮酒歌舞。"《隋书·靺鞨传》载："嚼米为酒，饮之至醉。"《大金国志·女真传》载：女真人"饮宴宾客，尽携亲友而来。及相近之家，不召皆至。客坐食，主人立而侍之。至食罢，众宾方请主人就坐。酒行无算，醉倒及逃归则已"。又说："饮酒无算，只用一木勺子，自上而下，循环酌之。"古代文献里记载的"东夷""勿吉""靺鞨""女真"均是东北满族的先祖，以此看来，东北人能喝酒是有着久远的历史的，也是古代东北少数民族渔猎文化时代的遗风，无论做什么事情，都明显表露出刚猛、彪悍、仗义、豪爽的个性，喝酒亦然。

另外，东北人能饮酒，与自然环境亦有关。东北夏季短，冬季漫长而又寒冷。每年秋收结束，便进冬月，此时不仅千里冰封、万里雪飘、银装素裹，而且是北风怒吼、滴水成冰、哈气成霜，这样酷冷的天气至少要有4个月的时间，天冷，人们就想到了喝酒暖胃。冬季喝酒，酒是要烫热的。喝到肚子里，马上就有一股热气升腾到嗓子，直暖到全身，尤其是在古代的东北少数民族，他们到冬季，便要"寝冰饮雪，喜弓马弋猎"[6]。天寒地冻，除在穿戴上要御寒挨冻之外，在饮食上多食肉而喝酒。以捕鱼为生的鄂伦春等民族亦是如此。凿冰捕鱼前，均要喝足烧酒。此外，东北人喝酒与冬闲也有直接关系，冬季无事，亲朋好友，左邻右舍聚在一起，就想到要喝几杯水酒，以助谈兴。久而久之，也就成了一种交往的形式，"以酒会友"。

东北人喝酒，真的能喝出许多乐趣，他们都是用大碗喝酒，大盘上菜。喝酒讲的是喝透、喝足。"酒足"才能"饭饱"。喝酒人讲的是感情。"感情深，一口闷，感情浅，舔一舔。"那么喝时谁也不想表现感情浅，所以就"一口闷"。"闷"完这口"闷"那口，这"一口闷"是很有学问的，很有讲究的，一两的杯子是一口闷，三两的杯子也是一口闷，没有酒量的几口就闷到桌子底下去了。东北民间喝酒的讲究是很多的，除了划拳外，还有什么"鱼头鱼尾喝一杯"，什么"左手端右转弯"，什么"三中全会""六六大顺""九九归一"。东北人喜欢喝酒，一是与冬季天冷有关，但更主要的还是寻找一种乐趣，以作消遣。他们有充足的时间喝酒。除喝酒外，东北农民闲中还有一种娱乐方式就是赌钱，玩纸牌或掷骰子、推牌九，此纯属陋习。

东北人追求快乐的第三种表现形式是"喜上加乐"。喜上加乐，主要表现在对喜事到来时的欢庆形式上。东北民间对喜事的概念是很宽泛的，旧时包括男婚女嫁、拉排盖房子、生子、金榜题名、生日寿诞、乔迁新居、升官发财、大难不死、年老寿终等。但随着时代的变化，喜事又增添了新的内容。抽签中奖、子女考上大中专学校、户口"农转非"、儿子参军、民办教师转正、小店开张、公司开业、工厂扩建、企业易主等都算是喜事。

是喜事，按传统风俗就要祝贺。于是有了喜事就大摆酒席、宴请宾朋好友、左邻右舍。经济条件优越的，在祝贺时还要请来剧团、戏班子唱唱戏，吹吹鼓乐，对对大棚。经济差一些的，就邀请大家喝一顿酒。但这种"喜上加乐"的做法，现在逐渐加入了浓重的人情功利色彩。请客者（喜事的主人）往往利用办喜事的机会大量收取财礼，而来祝贺的人必须来送礼品（或送物或钱，但大多为现金）。所以这种乐上加乐的"找乐"现象，现已成为东北民间的一种陋习，一种心理上的和经济上的难以承担的负担。

综上所述，我们可以得出这样的结论：东北人追求快乐的基因源于东北的移民文化形态，东北人追求快乐的方式也趋于简单、朴实，不拘一格，但他们的生活态度是达观向上的，基于此，他们的生命才有活力，他们对未来才充满希望！

[参考文献]

[1] 邴正、邵汉明主编：《东北地域文化考论》，吉林文史出版社 2007 年版，第 67 页。

[2] 同上。

[3] 王兆一：《二人转史料》（第二集），中国曲艺工作者协会吉林分会编辑出版（内部资料），1998 年版，第 108 页。

[4] 王曦昌、李孚：《满洲丐帮》，时代文艺出版社 1991 年版，第 55 页。

[5] 同上书，第 56—57 页。

[6] 李澍田主编：《黑水先民传长白先民传》（长白丛书），吉林文史出版社 1987 年版，第 2 页。

[作者简介] 王曦昌，1951 年生，男，吉林省怀德县人，东北师范大学人文学院中文系教授。

对曹保明田野考察方法的考察

王曦昌

[摘要] 著名文化人类学家曹保明通过田野考察搜集第一手资料，撰写著作100多部，他用大量的丰富的文献资料，诠释了一个事实：曹保明开发创建并实现了一些东北文化中的活态文化到固态文化的转变过程。这个贡献是巨大的。曹保明在田野考察中，边实践边摸索出了一套属于曹氏的田野考察方法。实践证明，曹氏田野考察方法既有独特性，也有实践性，同时，也有可操作性。本文从几个大的方面对曹氏的田野考察方法进行考察。

[关键词] 曹保明；文化人类学；田野考察；文化传承人

不管哪种文化形态其传承方式与延续途径都呈现出多元形态，比如说东北文化，就有其固态文化和活态文化两种主要文化形态特征。固态文化，是指那些有文字、图片、实物等没有再生和发展能力的文化，如古籍图书、历史遗迹、出土文物、古代建筑等有形文化；而活态文化是相对于固态文化而言的，它不是传承在历史文献里，而是活在民间生活里，活在人们口头上的口传文化。多年来，我们一直重视固态文化的研究与传承，而对活态文化一直重视不够。文化人类学者曹保明发现了这个问题，他从20世纪80年代至今在东北含辛茹苦、不遗余力地挖掘和抢救文化记忆，2010年3月吉林省图书馆创建"曹保明先生文库"，库里收纳了他的62部著作和48种著作手稿，是他几十年风餐露宿、惨淡经营，用汗水和脚上的泥土浇铸出来的东北文化丰碑。

曹保明用大量的丰富的文献资料诠释了一个事实：部分东北文化——从活态到固态的转变。比如，东北渔猎文化、东北行帮文化、东北放山文化、东北淘金文化、东北河灯文化、东北作坊文化、吉林乌拉文化、长白山森林文化等。这些文化，过去都在口传之中，是活态的，但在曹保明文库启动的同时，这些以往的东北活态文化已经转化成了固态文化，加入人类文化（文本文化）的文化系列。这个贡献是巨大的，应该说是史无前例，具有里程碑般的价值和意义，而其意义，伴随着时间长河的流动和光阴的磨洗，弥显珍贵。曹保明的著作不仅丰富了东北地域文化的内容，也填补了东北文化史上的一些空白，搭建了一个新的过去从来没有的结构框架。

在社会和人们都在关注和肯定曹保明科研成果的同时，也在探寻这些丰富成果的诞生途径。曹保明丰富的科研成果源于他的不辞辛苦的田野考察。下面，笔者就从几个大的方面对曹氏的田野考察方法进行考察。

一　考察思想的准确定位

实事求是地说，曹保明对东北活态文化的挖掘和抢救，不是一开始概念就清晰的。1978 年，他还是吉林大学中文系民间文学教师的时候，因为教学的需要，他带领一班学生到田野考察，这一次，让他接触到一个土匪的故事，查阅档案，他发现这个土匪跟其他地方的土匪有本质的区别，这个土匪是抗日的，这就引起了他的极大兴趣，随即走访调查。后来，他写出了考察纪实文本《三江好罗明星》，在《长春日报》副刊连载，影响很大。这使他在思想上对东北文化有了一个特殊的看法，历史上的特殊人物的生活形态与地域文化有着密切的联系，特殊文化是鲜明的地域代表性存在，这是他对东北文化的深切感知。这种感知在矫正着他原来的思维。后来他听说在磐石有一个活着的土匪叫小白龙，于是，在大年初二就去考察。他知道，这个小白龙是当时健在的最后一个土匪。因为被采访者过去的身份是土匪，所以，自从新中国成立后，小白龙对自己这一段经历讳莫如深，乡亲们很少知道他过去的底细。但曹保明不气馁，在他执着真诚的感召下，小白龙终于敞开心扉跟他交流，不仅如实讲述了自己当土匪时的经历，而且很详细地讲述了东北土匪的规矩和习俗以及很多土匪故事。曹保明马上意识到，这是东北这块土地上一种特殊的文化形态，在这之前，还没有文字记载，所以回到长春后，昼夜梳理采访的资料，写出了中国（也可能是世界）第一部关于土匪文化方面的专著《东北土匪》，此书出版后，以其新颖和独特的文化理念，在国内外引起了巨大反响。就是这次田野考察以及《东北土匪》的出版，启发他应该给自己的科研方向明确定位：从事田野考察，挖掘抢救东北文化记忆，而且要直面东北现实，自觉地有准备地锁定东北田野考察目标，比如，木帮、淘金、挖参、渔猎、河灯、土炕、烟麻、店铺、作坊、狩猎、吹鼓扎彩、东北奇俗、满族剪纸……每一项都精心操作，每一项都有始有终、每一项都收获颇丰。

二 以个人为单位，大步走向田野

人类学、民俗学调查是一种包含个性色彩的"软科学"，调查对象是具有不同思想和思维方式的活的群体，其文化、政治和信仰等状况总是依时依地而千差万别，这些情况都决定着田野调查的明确性、准确性、独特性，因而不能用一种公式化的程序对之实行调查，也"没有心理学的实验程序或者社会学所用的限制式或匿名式的问卷、访问、抽样方法"。而是要求调查者"一心一意地日夜和一个群体一起生活"[1]。讲究的是体验、参与。正如著名民俗学家钟敬文先生所说："民俗学的资料采取方法是田野作业。"[2]实际上，田野调查也很难有固定划一的形式，有的是组队调查，有的是以个人为单位进行调查，曹保明的田野调查是以个体为单位来开展工作的。曹保明的经验是一个人行动方便，不惊动相关部门和个人，可以集中精力、剔除很多人为障碍。所以，多年来，他一直是单枪匹马进行田野考察，他从来不跟地方政府或者熟悉的官员打招呼，为的是节省时间，减少程序，否则，有些地方官员或者文化事业部门的领导听说你去了，给你接风洗尘或者带你观赏地方景点，不仅浪费时间，还给对方增加很多麻烦和负担。个体的田野考察在实践中验证自己的独立思考，不浪费资源的展示性。待个体踏查完成后，经过认真分析得出结论，再交给群体去认知，节省了很多争论过程。实践证明，这是田野工作的最佳方式。

三 寻找"活态"文化的代表性传承人

俗话说，纲举目张。考察研究东北活态文化，最关键的一步是寻找活态文化的传承人，这是曹保明始终坚守的采访原则。传承人是活态文化之根。传承人，就是跟你讲故事的人。紧紧盯住活态文化传承人这个"纲"，其他问题也就迎刃而解了。曹保明从事田野考察从来没有采用问卷调查的方法，他赞同美国文化人类学家威廉·W. 哈维兰的说法："依靠问卷调查是一项危险的事情，无论谁做这种问卷调查。问题在于问卷调查太容易体现外来者的而不是受调查人的概念和范畴。"[3] 所以，曹保明的田野考察，都是直接跟文化传承人见面，获取第一手资料。他认为，文化有继承性，这是和这种文化自身的特点分不开的。要全面彻底地了解和掌握这种文化，必须找到这种文化的传承人，也就是这种文化的继承者。这是因为，口述的传承文化有许多变异性，它是人类最悠久的文化品种之一，它的历史开端就是与其他形式综合共生的，只有紧紧抓住传承人的表述方式才能准确掌握这种文化形态的代表性规律，如行帮文化的传承人与继承者往往是这一行一帮的当家人、老爷子、大掌柜或帮内有背景的重要人物，他们往往是这个行帮中主要规俗的制定者和传承者，是一个集团和行帮的精神领袖与文化执行者。找到了这样的人物就等于找到了了解这个行帮、开启这个行帮神秘大门的钥匙。特别是一些独特的技能、信仰、习俗、行规、行话隐语，依靠他们口碑代代相述，所以具有一定的科学性和可信性。然而，活态的杰出文化传承人不会自己找上门来，也不会在哪个地方等待你去采访，田野考察人员要不断去寻找。寻找记忆文化的传承人不但要执着，还需要科学筹划、精心准备，苦心寻找。首先要做的就是定向，也就是你的研究课题一定要定位，然后主动去寻找此方面的传承人。比如，人们念旧时，提及皮匠这个"过时"的职业，说者无心，但从事民间文化研究的曹保明却激动不已，决心找到这方面的传承人。于是，他去东北平原中部茫茫的科尔沁草原与东部长白山林的交接地带各个村庄、小镇去打听，他走访过许多家铁匠炉、马俱店、大车店、旅店。整整找了一年多的时间，终于在延吉市安图县的一个小镇上找到了中国"最后一个皮匠"，然后跟踪考察，实地访谈，拍摄了 300 多幅图片，摸清了皮匠的历史渊源与现状。2009 年 1 月，曹保明的《最后一个皮匠》出版，反响很好。从历史文献中寻找传承人线索是曹保明经常使用的田野考察方法。在阅读大量东北文献时，他了解到东北早期文化有两种文化是最主要的，一种是蒙古族的草原游牧文化，一个是满族的渔猎文化，他于是下决心去寻找这方面的传承人。一天，他在查干湖附近终于发现一个渔猎村落，而且找到了一个老渔把头石宝柱，摸清了北方关于渔猎的文化特征，接着深入走访，最后终于掌握了东北渔猎文化的内涵，一鼓作气，完成了富有文化记忆的著作《最后的渔猎部落》。再就是从当今的各种媒体中去发现活态文化传承人的线索。当今报刊、网络上经常有各地发生的新闻报道，有时候某个新闻报道很短，可能几百字或者上千字，但很有价值，因为它给你提供了传承人的线索。比如，曹保明从媒体上得知大山里有一位叫阎福兴的人懂鸟语，马上就去采访，写出了《世上最后一个懂鸟兽语言的人》著作。

四 在时间上超常态进行，坚持高速度和高效率

美国的一些人类学家倾向于把 18 个月当作一个田野调查的时间单元，而中国的民俗学者杨成志的西南民俗调查"前后共用了 1 年零 8 个月的时间，无论是调查的时间长度、调查的深入程度，还是调查内容的明确方向和专门化等方面，都显现出他的此次调查是学科发展历史中的重要事件"[4]。实事求是地说，无论是美国人的田野考察经验还是杨成志的民俗调查经验都是值得借鉴的，因为田野考察是个细活儿，但这个经验在曹保明这里不好使。曹保明的田野考察经验证明：寻找活态文化的传承人一定要有紧迫感，分秒必争。因为他采访过的这些文化传承人，有很多人都是到了人生的暮年，有的人，他刚刚采访过，就过世了。所以，他认为，寻找文化传承人是一项极其特殊而又极其迫切的工作，耽误不得，每一分每一秒都是极其珍贵的，你争取了时间，某些活态文化

就可能保存下来；而你稍稍滞后或者犹豫，就有失去挖掘和保存记忆的可能，因为活态文化的挖掘和抢救，跟考古学者考察古迹或者出土历史文物是两种不同的概念，一座古墓，10 年以后，100 年以后挖掘，其结果都是一样的，那是固态文化，但活态文化是口传文化，只有传承人活着，我们才有机会进行抢救、挖掘，所以抢救、挖掘活态文化，一定要雷厉风行、分秒必争。

五　以人为本，和传承人交朋友

和传承人交朋友，这是挖掘、抢救活态文化的重要途径。如何跟传承人交朋友，第一，要真诚；第二，要入乡随俗，不能摆架子。人世间，三百六十行，不管从事哪种行业，只有职业的分工不同，没有高低贵贱之分，尊重每一个生命个体，不仅是一种博大的情怀，更是一种人生的修养和态度，而田野文化工作者，尤其要有一颗平常心，一定要以人为本，平等待人。否则，将一无所成。曹保明在采访最后一个土匪小白龙时，他每次去，都带礼物，而且都是过春节或者中秋节时去，此外，就是帮助小白龙干各种庄稼活，不这样，对方就感受不到你对人家的尊敬和真心。又比如，他在采访猎鹰传承人赵明哲时，发现这个人家境困难，大冬天的，穿得很单薄，于是，他就决定送给赵明哲一件皮袄，但在市面上买不到，就到乡下买了四张羊皮，找人熟了皮子，然后，又找人缝制了一件皮袄，给猎鹰传承人送去了。赵明哲非常感动，说："曹老师，你放心，我一定按照你说的办，把祖先的文化保护下来，传承下去。"此后，赵明哲就把曹保明当作朋友，也就有了以后的《最后的鹰猎部落》的出版面世。此类故事，在曹保明的采访中是经常发生的。曹保明认为：这些活态文化的传承人，不仅是国家的财富、东北的财富，也是民间的财富。要把他们当作大写的人，尊重他们、理解他们，认识到他们的重要性和不可复制性。

六 对材料梳理要系统化，并且从内容
到形式都保存原貌

占有材料后的梳理材料过程，虽然没有统一的方法和约定俗成，但大体上也是有套路的，这个套路，就是系统工程。曹保明的方法是：对某个文化传承人掌握了考察材料之后，回到家里，就是列出提纲，然后，根据提纲，对收集采访的资料进行系统梳理。整个梳理过程就是材料的取舍过程。所以，必须根据需要去粗取精、去伪存真，但更重要的是保持材料的原色性。一般情况下整理顺序是：1. 传承人的故事，他的经历、成长等故事。2. 行业规矩。3. 行业禁忌。4. 行业故事。5. 行业中有特点的人的故事。6. 实物图片。7. 工具。工具和相关的背景记录是非常重要的记忆文化。比如，农村的草垛、柴垛、院墙、苞米楼子、水井、烟囱、牛马圈等，这些都是珍贵的记忆背景。在整理考察材料时，生动的故事是内核，但最主要的是要保持材料的原汁原味原色原形原貌，材料都要体现原生态文化的原色本真面貌，才有价值、有意义。

七 结 语

综上所述，我们可以得出这样的结论：曹保明不仅是东北文化的学者，还是东北文化的"传承人"和地域文化的"传承源"，是一种文化人类学的实践理论与实践之源。他以自己的行为总结和实践了一条人类文化学者认同的生动方法。曹保明在民族民间文化和地域文化研究中采用的田野考察方法，是国际文化人类学者普遍使用的一套切实可行的科学考察方法，他的考察方法直接与世界接轨，而且已经得到国际专家和机构的认可，这是一种珍贵的人类文化研究与文化探索的成功经验。曹保明经过几十年默默地田野文化实践，已在地球北部的民族生活区域和族群生存地完成了这种珍贵的探索，并建立了人类地域文化、民族文化的考察手段、理论、方法。这是一种走进自然、跟踪自然、走进生活、融入生活的文化认知方法，其实也是同摩尔根、雅克贝汉、珍妮古道尔一

样的一种自然、文化、生活的同期走进，是一种综合的文化走进。此外，曹保明把民俗学、地域学和文化人类学进行交叉研究，通过比较研究、交叉研究和抽样调查的方式进行田间作业，其效果是成功的。曹保明走过的科研道路证明：科学方法＋毅力＋信念＝成功！

［参考文献］

［1］［美］尤金·N. 科恩：《文化人类学基础》，李富强译，中国民间文艺出版社
　　　1987 年版，第 3 页。

［2］钟敬文：《钟敬文民俗学论集》，上海文艺出版社 1998 年版，第 211 页。

［3］［美］威廉·W. 哈维兰：《文化人类学》，瞿铁鹏、张钰译，上海社会科学出版
　　　社 2005 年版，第 8 页。

［4］王建民：《中国民族学史·上卷》，云南教育出版社 1997 年版，第 117 页。

［作者简介］王曦昌，1951 年生，男，吉林省怀德县人，东北师范大学人文学院中文系教授。

关于刘志学微型小说的电影改编研究

张佰娟

[摘要] 2015 年，在新媒介的时代背景下催生的微文学与微电影
进行了创作联盟，这使得文学与影视找到了一个新的跨界融合方式。
本文以微电影《长大了我们都嫁给你》为研究对象，从主题、情节
改编、人物塑造等方面来对比分析将微型小说改编成微电影的技巧
策略，同时探讨改编后存在的一些问题，以期为我国微小说及微电
影艺术事业的发展提供一定的参考与借鉴。

[关键词] 微型小说；《长大了俺都嫁给你》；电影改编；刘志学

一 微型小说《长大了俺都嫁给你》[1]及电影创作背景阐释

《长大了俺都嫁给你》是河南省作家刘志学的微型小说作品。此小说
已经被选入华东师范大学出版社出版的《九年级·现代文》初中阅读教
材以及吉林大学出版社出版的《七年级·现代文课外阅读》（最新修订
版）之中，同时还荣获了第二届全国微型小说（小小说）年度评选的一
等奖。小说讲述了一个发生在偏远落后山区鹅脖湾的故事，主人公冬来
身残却志坚，独自在家乡办起了一所学校，而当爱情与事业面临选择时，
他最终选择了牺牲自己的爱情而固守鹅脖湾教育事业的感人故事。

微电影《长大了我们都嫁给你》是根据刘志学的微型小说《长大了
俺都嫁给你》改编的。2015 年 8 月初，由记者出身的青年导演韩铁英执

导、天水唯尔影视传媒出品。该电影于8月8日举办了首映式，当天在腾讯视频播放的次数就达到了6.3万次，通过微信进行转发的达到2.7万次。在第三届亚洲微电影艺术节上更是脱颖而出，获得本届艺术节最高奖——"金海棠"最佳作品奖及最佳公益微电影奖。[2]该片共20分钟，生动真实地反映了支教老师在偏远山区教学和生活的现状以及贫困山区孩子们学习及生活的艰苦环境。影片不仅反映了我国当下山区农村教育现状，还反映了很多当下的社会问题，这是能够引起大家的关注和思考的一个重要原因。

二 微型小说《长大了俺都嫁给你》的电影改编策略

（一）通过调整人物和情节等方式深化主题

微型小说《长大了俺都嫁给你》的主题表达的是扎根于贫困山区的教育事业、默默无私为山区孩子奉献的辛勤教师们，他们的艰苦与辛酸，执着与坚守。改编后的微电影《长大了我们都嫁给你》将小说中主人公在鹅脖湾办学这一事件去掉，取而代之的是一个23岁一直怀揣支教梦想刚刚毕业的大学生只身一人到武山县河湾村来"圆梦"，通过增加孩子们上课间打闹、偷土豆、第一次看"投影"，学生家长朱玉珍的谩骂、无礼等情节真实地再现了偏远山区的落后，教学条件之差，学校师资的薄弱与匮乏，孩子不良的学习和行为习惯，家长对教育的错误认知和理解等问题。在这里，微电影根据主题表达的需要，通过人物的增加、情节的调整、语言的改编等形象地反映了扎根在一线的支教人，他们在理想和现实之间所面临的巨大差距及问题，使主题的表达更加符合当今的时代潮流，具有一定的社会高度和广度。

（二）通过情节的改编来完成对人物形象的塑造

微型小说《长大了俺都嫁给你》在塑造主人公冬来身残志坚、富有爱心、热爱教育事业，默默在贫困山区无私奉献的辛勤园丁形象主要通过冬来虽残疾但却能在鹅脖湾办学教书的励志故事以及在面对与香荷青梅竹马的爱情时，他选择的是牺牲爱情而留下来坚守鹅脖湾小学的教育事业来实现的。电影中塑造这一形象主要是通过一个身残志坚但一直怀有支教梦想的大学生来完成的，这样的人物出场设定更具有普遍性和共鸣性。在塑造主人公的人物形象时，主要是通过孩子们的顽劣、闹剧不断，家长的轻视与谩骂，于是开始否定自己，甚至有离开的冲动，但当面对孩子们的天真、可爱和农村教育的使命，他还是选择留下来；在展现主人公的富有爱心方面，除了对学生的关心、疼爱外，还有电影中增加的一个情节，即得知学生家长朱玉珍生病后，一路奔跑在悬崖峭壁的小路上将其送往医院。可以说，无论是小说还是电影，所塑造的这一艺术形象，对广大读者和观众都是一种经典的励志，让读者和观众真切地感受到了那些用生命在坚守，用责任在照亮孩子世界的辛勤园丁们。

（三）电影开放式的结局带来了与小说不同的观影体验

微型小说《长大了俺都嫁给你》结局是主人公冬来为了鹅脖湾的教育事业选择了留下来。微电影则是以孩子们和曾经谩骂过黄自强的学生家长一同哭喊着："老师，可不可以不走，等长大了（过几年）我嫁给你"以及黄自强与女友离开的背影作为故事的结局。在这里，对于黄自强的去与留，并没有给观众一个清晰的答案。这种开放式的结局使电影的叙事更为精彩，很自然地调动着观众的全部经验与想象，甚至引发观众深深的思索：如果是我，我会怎么做？会像小说中的冬来一样固守着鹅脖湾小学的三尺讲台么？这个世界上会有多少个像冬来一样的人呢？贫困山区的教育事业该何去何从？对于这样的问题，电影的结局所留下的空白远远比一个明确的答案更能引人深思，让人意犹未尽。

三 微型小说《长大了俺都嫁给你》改编后存在的问题

（一）人物形象的偏离

人物形象的偏离主要体现在电影对小说中香荷这一人物形象的改编上。小说中的香荷是一个出身农村、漂亮、好学、质朴的女孩子。而电影中的雨婷是一个时尚，具有城市气息的女子，而且这一人物少了乡土气息、质朴之感，多了一些"红尘""世俗"之味，这些特点主要体现在她的着装、言行方面。笔者认为，这是电影改编后的一大败笔。因为无论是小说还是电影，这一人物的"出场"除了是在推进小说、电影情节的发展外，也是想通过男主人公对两个人之间坚不可摧的爱情选择而从侧面凸显男主人公这一人物形象。而影片中观众却很难感受到雨婷与黄自强之间任何的爱之深，情之切的浓情蜜意，反而是一种陌生人、路人甲的关系和感情，尤其是小说中所体现出的她对爱情的挣扎、执着与坚守在影片中更是无从感知。

（二）情节表达模糊造成的误读

情节表达模糊造成了误读主要体现在两个方面。一是电影中增加的几个大学生来支教的情节。本以为此处是为了体现鼓励大学生到贫困地区支援教育的行为，而此时的黄自强却说"这有我一个老师就够了！""那我们就再见吧"，于是来支教的学生就走了。此情节的设计会让观众不知所云，难道是要反映贫困山区是不需要支教事业么？二是影片当中出现的"唯尔影视"对学校的捐助情节，对于这一事情黄自强采取的处理办法是对他们说："本子和书，我去年买了，还够，还够……"[3]，并将捐赠者和媒体全部推出了学校。看到这里，观众会产生疑问：为什么要拒绝捐赠？是为了展现黄自强的哪方面人物性格特点呢？还是意在讽刺或者反映当下那些形式主义作秀的捐赠形式？这对于主题的表达又有何意义呢？这两处情节的处理，个人觉得是由于情节表达模糊而造成的。

四　结　语

将小说改编成电影作品是一个极其复杂的创作过程。将微型小说改编成微电影亦是如此。对于微电影《长大了我们都嫁给你》的改编而言，导演能够准确地把握微型小说作者的立意，保留了作品中的主要情节和主要人物的基本性格，包括作品的基本风格和基调，并且能够在此基础上，充分运用电影自身的艺术特征，通过对电影语言的尝试与创新，实现了从文学作品到电影的成功改编。

[参考文献]

[1] 刘志学：《长大了俺都嫁给你》，2011 年 6 月 28 日，http：//blog. sina. com. cn/s/blog_ 63ccf3770100rx1p. html，2016 年 4 月 15 日。

[2] 网易新闻：《武山青年获亚洲微电影艺术节两项大奖 摘得两朵"金海棠"》，2015 年 11 月 15 日，http：//www. 0938net. com/tianshuiyule/jingpinjumu/2015 - 11 - 13/16936. html，2016 年 3 月 15 日。

[3] 爱奇艺：《长大了我们都嫁给你》，2015 年 11 月 19 日，http：//www. iqiyi. com/v_ 19rrklsasg. html，2016 年 3 月 10 日。

[作者简介] 张佰娟，1981 年生，女，吉林省长春市人，东北师范大学人文学院讲师，硕士研究生。

浅谈网络文学的几个基本特征

黄凡中　　蒋於缉

[**摘要**] 网络文学的出现是信息时代的重要标志之一。网络文学作为一种新的文学形式，虽然同样具有教育、娱乐和审美的功能，但更注重其娱乐性和实用性；同样具有多样化的特征，但风格显得更为繁复、更为多样。其主要特征包括：创作主体的平民化；感情的宣泄性特征；以及写作的随意、便捷、互动性强；创作方法多样等。

[**关键词**] 网络文学；创作主体；宣泄性；互动性；创作方法

随着网络的迅速普及，网络文学越来越引起人们的广泛关注，成为信息时代的重要标志之一。对于网络文学，人们也从不同角度给予了阐释和界定：有人认为网络文学就是 e 形文学——即电子化的传统文学文本（电子读本），网络于它们只是一种载体；也有人认为网络文学是“.com”文学——即在网络上发表的文学，从原创的角度涉及了网络文学的某种特质；还有人认为“网络文学就是以网络生活为题材的文学”，是以题材来划分的，自然带有明显的偏狭。那么，究竟应该怎样来把握、界定网络文学呢？著名的网络作家李寻欢曾在《我的网络文学观》中指出：“它的准确定义应该是——网人在网络上发表的供网人阅读的文学”；并进一步指出了网络文学的三个基本特征：即“网络文学的主体必须是‘网人’——网络的使用者”；“网络文学的传播渠道（或者说主要的传播渠道）必须是网络”；“从作者的创作动机来说，必须是为网上受众写作的。"[1]应该说，李寻欢较为准确地把握住了网络文学有别于传统文学的最主要特征——"必须是为网上受众写作的"。因此，尽管人们对其"网上受众"说法还存在着一些歧义，但不能不承认李寻欢对"网络文学"的概括还是较为准确的。

我们知道传统文学的发展经历了漫长的历史进程，逐渐形成了其以纸张为载体、以教化为目的，强调实用功能的"文以载道"的文学（也包括文化）传统。在漫长的历史进程中，传统文学涌现出了众多的、为广大民众所喜爱、所传颂的名篇佳作，陶冶了一代又一代国人的情操与心灵。但是，由于受理念、传播渠道（或手段）等方面的限制，又使传统文学形成了受众面相对狭小、偏重教化功能等不足。进入当代社会以来，随着文化的普及和全民族文化水平的不断提高，文学越来越成为广大人民群众生活的重要组成部分，承载起了教育、娱乐和审美的功能。相比之下，我国在 20 世纪 90 年代后期出现的网络文学，随着网络（Internet ——因特网）的普及，逐渐为人们所认识、所接受、所使用，并形成了网络文学的创作大潮。我们从最初的"痞子蔡"的网络小说《第一次的亲密接触》借助印刷纸质"媒介"的广泛传播，到今天网络上铺天盖地的文学网站、博客，以及浩如烟海的网络小说，可以充分感受到网络文学在祖国大陆迅速兴起、发展的沧桑巨变。

但必须指出，网络文学作为一种新的文学形式，它一经产生便表现出了自己鲜明的品格。网络文学虽然同样具有教育、娱乐和审美的功能，但更注重娱乐性和实用性；同样具有多样化的特征，但风格显得更为繁复、更为多样；从反映生活的广度来说，网络文学所表现、反映的范围更广泛等。网络文学之所以会具有这些特征，是与其产生的特定时代背景和氛围密切相关的。在西方，网络（Internet ——因特网）的出现是在 20 世纪的六七十年代，而此时恰好也是关于后现代主义争论的第一次高峰时期，这就使网络明显地打上了"后现代"烙印，也使网络文学表现出了与传统文学所不同的特质。

首先，网络文学具有创作主体平民化特点。文学属于社会意识形态，属于上层建筑。在网络文学未出现之前，文学创作的话语权掌握在少数作家手里，广大人民群众实际上被排除在创作主体之外，使文学创作成为一少部分人手中的"专利",而广大的人民群众则长期处于被动的文学接受者的地位。网络的出现,使文学走下了高高在上的"神坛",变成了群众自觉参与的创作活动和娱乐活动,成为了群众的精神食粮和娱乐手段。从目前所掌握的资料来看,在网络上从事写作活动的既有专业作家、准作家,也有学校教师、新闻工作者等专门从事文字工作的人员,还有政府官员、企业高管等,但是,更多的还是那些接受过一定文化教育的学生(包括大、中学生和研究生)、社会闲散人员(包括有闲阶层、无业人员、自由撰稿人)、打工一族等。他们的身份复杂、包罗广泛,可以涵盖当今社会的不同阶层,具有十分广泛的代表性。对于这些在网络上从事写作活动的人,大家习惯称他们为"网络写手"。他们充分利用网络这个既自由又具有高度隐匿性的空间来展现自己,开网站、写博客,发表自己的作品。由于"网络写手"们都是使用网名上网并发表作品的,这不仅隐匿了"写手"们的真实身份,也使他们获得了相当大的自由度——在虚拟的网络空间里尽情地展现自己的能力、欲望和想象,把个人在生活中的随感,一点点灵感,一点点艺术的火花,都忠实地记录下来、制作出来,放到个人的网站、主页中去展示、被浏览,同时也接受他人反馈的意见。也许有人会说:"这些人的文化低,也不懂什么文学,只不过在网上随意涂鸦,发表点小心情罢了。"网络文学的出现的确打破了文学与广大群众之间较森严的壁垒,使文学通过网络与广大群众达到了很好地结合与沟通,既释放了人们的"写作情结",实现了人们的"发表欲望",也提高了广大群众的写作水平、欣赏水平和文化素质,还活跃了他们的文化生活,是值得充分肯定的。

其次,网络文学还具有感情表达的宣泄性特征。文学是人学。人们从事文学创作的一个很重要因素是人的心理动因和欲望的表达——心里情绪的宣泄。有人曾将文学家分成哲理思辨型与情绪宣泄型两类。一般来说,现实主义作家大多属于哲理思辨一类,浪漫主义作家则大多具有情绪宣泄的特点。关于这一点,我们可从鲁迅、郁达夫等著名现代作家的创作中找到答案。但是,由于出版机构和严格的编审制度,使文学所表达的感情不仅要符合社会的规范——法律、道德、思想观念等的需要,还要符合报刊编辑的爱好和"口味"。一部作品能否发表,发表前是否需要修改，以及怎样修改等，均取决于编辑和他所掌握的"尺度"。因此，必然在很大程度上制约作者的写作自由，使其感情不能得到充分的表露和展现。

相比之下，网络文学的出现为广大的"网络写手"提供了一个尽情展现自己思想感情的空间。在这里，人们不必担心正规刊物严格的审查制度，也不必担心因一不小心说错话所带来的灾难，可以随意地展现自己的思想和感情，把自己对生活的感受、体验和思考，统统用文字在网上表达出来。有时"写手"（也包括其身边的亲友）所经历的悲苦困境——生活的困难、家庭的悲剧、事业的坎坷，以及所受到的种种磨难等，都被写进其创作的网络小说之中，以期在虚拟的文学世界中得到感情的宣泄和心理的补偿。关于这一点，我们可以从网络上流行的"种马、意淫""穿越、幻想"等网络小说中找到相应的答案。那些在现实生活中并不如意、历经艰辛的作者——"网络写手"，将自己的悲苦命运和感情释放到网络小说中去，通过作品中那些高大威猛、出身显赫、左右逢源、具有超人能力的主人公向恶势力的宣战、快意恩仇，使自己心头的压抑感得到缓解，将自己那些沉痛记忆稀释和淡忘。

再次，网络文学还具有随意、快捷、互动性强的特点。一般来说，文学作品都具有较为固定的格式或形态（例如，传统文学中的小说，就是由开端、发展、高潮、结局等部分组成的）。这些较为固定的格式或形态，就成为了人们衡量一部小说艺术水准高下的基本条件。有些作家为了探索和创新，大胆尝试改变小说的结构和写作手法——由小说常见的线性结构，变成主、副线相结合的结构；由原来的靠人物语言、行动来描写人物，到使用意识流和心理分析的方法揭示人物的内心世界等，使小说的结构更为复杂，艺术表现力有了很大的提高。但是，无论如何探索、创新，对于小说的一些基本要件（或称格式），每个作者仍必须认真遵循。网络文学出现后，完全打破了这些传统文学的"清规戒律"。"网络写手"们根本不去注意作品（如网络小说）结构的严谨性，也不注意采用什么手段来刻画人物、塑造人物性格，而是以十分随意的态度来"码字儿"——进行写作。这就使他们所写作的作品显得结构松散、拖沓，情节随意并不严谨，就犹如没有精心设计的房屋一样，常常显得头重脚轻，前后搭配不均匀，使读者很难准确把握住小说发展的主要脉络。

由于网络文学是在网上发表的，使其不必像传统文学那样受到出版机构的反复审查，可以迅速、快捷地在网络上发表、展示，同时还可以迅速得到读者——网民们反馈的信息。一部作品（网络小说或是诗歌、文章），一旦开始在网上展示，立刻就会有人跟帖，作品的好坏，质量的高低，马上就会有人评判。经过读者的检验，文章的作者——"网络写手"们，不仅会与跟帖的作者在网上进行交流，还会依据跟帖者的意见对自己的作品进行修改。这种通过网络进行的作者与读者的交流、互动，远远超出了传统文学作者与读者间的交流，是网民之间的交流互动，是心灵与心灵的沟通。而且，网络文学作品实际上一直处于不断修改、不断完善的状态之中，随时会有浏览者加以评述、修改、补充，使作品更加优美、更加完善。

当然，还必须指出网络文学的这种交流、互动，可以使作者（"写手"）广泛地听取读者（网民）的意见，并根据意见对作品进行加工和修改，不仅扩大了网络文学的影响，也使广大读者（网民）积极参与了网络文学的创作，活跃了他们的生活，丰富了他们的精神世界。但是，由于网络的公共性，使网络文学作品一经在网上贴出，就变成了公共的精神产品，不仅谁都可以说三道四、评头品足，谁都可以欣赏或下载，甚至出现有人将作品改头换面，另署名字发表的现象，使原作者倍感尴尬。

最后，网络文学还具有创作方法多样性的特点。一般来说，传统文学的创作方法主要集中于现实主义、浪漫主义两个方面。新时期以来，随着改革开放，西方现代的各种创作方法（或艺术手法）被大量的借鉴、使用，使新时期文学呈现出日新月异、欣欣向荣的局面。而网络文学在中国的出现是在 20 世纪 90 年代，恰好是新时期文学最为活跃的时期。一方面，新时期文学为网络文学提供了运用多种创作方法的成功范例，使网络文学的写手们可以熟练掌握和使用各种艺术方法。从传统的现实主义、浪漫主义，到现实主义与浪漫主义的相结合，以及对超现实主义、象征主义、魔幻现实主义、印象派等手法的借鉴，极大地丰富了网络文学的表现力；另一方面，由于网络是技术革命的产物，又为网络文学提供了将艺术手段与技术手段整合的可能。因此，网络文学已经不再是单一的、以文字为载体的艺术形式，而是一种具有交融性特征的综合艺术。人们在网络上，使用多媒体技术把多种艺术形式融合在一起，达到图、文、声、像并茂的效果；还将诗歌、小说、广告、戏曲、散文、绘画、动画、流行音乐、电影（画面）、电视等相互交融，相互拼凑、剪切、粘贴在同一主页上，形成了一种"超文本"的链接，无疑极大地增强了网络文学的艺术表现力。

总之，网络文学作为一种全新的文学样式，具有与传统文学不同的特质。我们可以从其创作主体的平民化，感情的宣泄性特征，以及写作的随意、便捷、互动性强、创作方法多样等特点中，感受到网络文学对传统文学的继承与超越。当然，也应看到，由于网络文学产生于"后现代"的社会背景之下，必然使其带有相当明显的"后现代"的印记——对传统文学的颠覆、对娱乐性的执着追求，以及过分的情绪宣泄等，都极大地影响了网络文学的思想深度与艺术水平，而成为一种消费性文化。

［参考文献］

李寻欢：《网上寻欢》，时代文艺出版社 2002 年版。

［作者简介］黄凡中，1952 年生，男，辽宁省辽阳市人，东北师范大学人文学院教授，文学硕士。

蒋於缉，1954 年生，女，江苏省宜兴市人，长春理工大学文学院教授。

［注］本文是吉林省社会科学基金项目《网络、大众语境与文学的未来》，编号：20050074。

原载于《长春理工大学学报》2009 年第 1 期。

网络媒介与 21 世纪文学的转型

金振邦

[摘要] 媒介决定文学的艺术形态和发展节律。新媒介孕育的网络文学，已经给传统主流文学带来了危机。网络开拓着文学新的生存空间，推动 21 世纪文学的艺术裂变和历史转型。网络媒介正在全方位地改变着文学的内容、形式和手段。新媒介带来了新的文学观念、表现手段、体裁样式、审美趣味、批评视角和探索空间。媒介理论是文学研究的全新视角，它不仅是当下文学研究的科学理论之一，同时将颠覆传统的文学历史，重新描述世界文学的演化轨迹。

[关键词] 网络媒介；21 世纪；文学；转型

媒介决定文学的形态和节律。新媒介带来全新的文学。网络文学已经给传统主流文学带来了危机。网络开拓着文学新的生存空间，推动 21 世纪文学的转型和裂变，使文学在深广度上得到了前所未有的发展。网络媒介正在全方位地改变着文学的观念、内容、形式和手法。

一 文学观念的网络化演进

文学观念的演进，与媒介更迭息息相关。网络比特媒介将带来全新文学观念。存在决定意识，媒介决定内容。新媒介是文学发展和变革的强大动力。

传统文学观念面临重构。麦克卢汉曾说："媒介即讯息。"[1]152 "新媒介对我们感知生活的影响和新诗的影响差不多。他们不是改变我们的思维而是改变我们世界的结构。"[1]274 媒介本身就是意识形态。计算机网络正在拓宽人们的感知视野。文学传播由传统原子媒介变为比特媒介，文学观念也将随之变迁。雅克·德里达的《明信片》，曾借主人公之口说了一段耸人听闻的话："在特定的电信技术王国中（从这个意义上说，政治影响倒在其次），整个的所谓文学的时代（即使不是全部）将不复存在。哲学、精神分析学都在劫难逃，甚至连情书也不能幸免。"[2] 新的电信时代正在通过改变文学存在前提和共生因素把它引向终结。德里达和米勒认为，网络可使两个距离遥远的空间点瞬间重合和折叠。网络中时空观念已经消失。它摧毁了文学赖以生存的物理前提，文学将不复存在。文学即距离。文学中的模仿、想象、陌生化、修辞等实际是"距离"的另一说法。距离产生美，没距离就没美。印刷术使文学、情书、哲学、精神分析，以及民族独立国家的概念成为可能。网络时代正在产生新形式来取代这一切。网络绝不是被动的传播母体。它会以自己的方式来打造被"发送"对象，把内容改变成该媒介特有的表达方式。[3] 网络媒介的巨大能量，可影响使用人的思想观念、心理状态、审美趣味、艺术想象、表达方式等，并按照新媒介逻辑，来重新铸造人的灵魂。网络不仅更新文学内容和形式，也造就新的作家群。传统文学观念将被注入新的内涵，文学将从平面趋向立体，从单一媒介变为多种媒体。文学的部分将趋于终结，同时萌生新的肢体。新媒介是一种最富活力和潜力的变革性力量，是世界发生重大变迁的最重要和最根本的因素之一，也是文学世纪转型的最根本原因。虽然文学受到严峻挑战，网络媒介致使审美感知浅表化和碎杂化，但它一定会脱胎换骨，就像烈火中腾飞的凤凰获得重生。

网络将消解文学与其他领域的边界。视觉和听觉形象，以及各种文本都受到了比特媒介的融合和改变，网络正在促成多种媒介的综合应用。网络还在消融不同艺术和学科领域的边界，使文学社会化，社会文学化，或者说是审美生活化和生活审美化。纯文学的边界正在模糊和淡化，文学以强劲的态势入侵其他领域，比如，图像世界、手机短信、商业广告等，从而出现了图文诗、短信文学、多媒体商业广告等新的文学形态，甚至文学和计算机程序设计相结合，出现了电脑软件自动创作的各类文学作品，使文学接受者眼花缭乱、目不暇接。文学正在以前所未有的姿态化整为零地融入其他领域，而整个社会也情不自禁地以文学来装饰自己。网络化和全球化对文学的影响，绝不是浅表化、形式化的，而是无孔不入、脱胎换骨、深入骨髓的。近些年来关于文学和文艺学边界问题的理论论证，就从一个侧面反映了这种时代的发展趋势。

文学将与图像结盟。网络时代是一个以图画和影视为主要形态的读图时代。图像正在不断地挤压文学的空间和领地，并处于霸权地位。因为图像包含的信息要远远大于文字。视觉将成为人们把握世界的一种重要方式。图像对文学的侵蚀，并非是在建立新的张力关系，而是文学在被压迫后留下痕迹而已。因此，图像盛行即是文学衰亡。"图像对文学的扼杀还不只发生于文学进入影视，即在图像与语言所构成的二元对立关系的域限内，第二种情况是图像在文学外独立创造出一种新的视觉审美文化。艾尔雅维茨看到：'在后现代主义中，文学迅速游移至后台，而中心舞台则被视觉文学的亮丽辉光所普照。'他接着又指出：这个中心舞台变得不仅仅是个舞台，而是整个世界：在公共空间，这种审美化无处不在。"[4]文学与图像的结盟是一种不平等关系，它将被网络媒介离散化，并弥漫于整个网络世界。

二 艺术方法的多元立体化

立体辐射的超文本链接。传统文学文本是封闭的平面展示，而超文本文学则显示为多种平面文本的叠加，呈现立体化开放性网状结构。它向读者展示出意义生发的不同路径和多种可能。"超文本和纯文本不同的是，预先描绘并设定了一系列可以在屏幕上点击就能实现的选择，而纯文本只是间接地具有某种或多种选择的可能。从某种程度上说，超文本的热链就像 DNA 的链接一样，一个核酸既表示自身成分，也组成特定环境下蛋白质结构的分子式。换句话说，超文本不仅描述或提及其他文本，而且重构了读者的阅读空间，将其带入更广阔的领域。"[4]超文本最终的目标是，建立一种用无限多方式组合、排列和显现信息的系统。网络上的超文本具有超越时空障碍的辐射力。它没有单一明确的中心主旨，其内在意义的取向是无限的，主要取决于特定读者选择的阅读路径。超文本则给了读者更大权力，那种先入为主的引导性已经解除，读者有充分的解读自由。台湾诗人代橘的《危险》一诗除采取回环式超文本链接外，还用动画安排了文字意识流过程。美国摩斯洛坡的《里根图书馆》，则尝试了随机跳转技术在文学中的运用。

跳跃断层的非线性叙事。传统文学作品的情节叙述本质上是线性的。它不仅指作品情节发展有明确的先后次序，而且还包括时空颠倒的情节叙述，甚至没有时空顺序的意识流片段叙述。人们阅读作品时只能按固定顺序往下读。而网络文学的情节叙述，是一种非线性待组合形态。它采用网状结构组织块状信息，没有固定顺序，就像是一个全息、多维、多重时空的重叠。读者可根据个人的文化背景、审美情趣等，对情节进行独特的非线性重组。因为人类大脑本身就是一种网络结构，其信息的存储无法用时空坐标去进行定位，它存在着多种路径，不同的联想导致不同的检索结果。迈克尔·乔伊斯的超级文本小说《午后》，揭示了这种形式的小说的优越性和局限性。它表明一种新的美学必须用一种新的认知方法去解读。

不同时空的并置性意象。传统文学的意象体系、作者给读者进行充填的艺术空框是相对稳定的。读者可在这个艺术空框中进行自由的艺术再创作。中国古诗就十分讲究文学的意象并置和意象叠加手法。意象并置，就是几个意象不用连接词并列在一起，如马致远《秋思》："枯藤老树昏鸦，小桥流水人家，古道西风瘦马。"意象叠加指的是比喻性意象不用连接词而直接与所修饰的意象连在一起，并置意象间的关系是不明确、多义的，如"落叶他乡树，寒灯独夜人"。不管上述哪种情况，作品中的意象群是固定的，它不能随读者的艺术趣味而随意增减。但网络超文本文学，读者最终阅读的文本群是由自己决定的。因此，超文本文学的意象组合千变万化、捉摸不定。不同文本和时空的意象并置，会开掘出无限广阔的艺术再创造空间。台湾姚大钧"文字具象"网站[5]，其链接的超文本目录有 45 个。超文本文学的意象组合是随特定读者的艺术趣味而不断发生着变化。

交互式开放性艺术结构。传统文学作品的结构相对封闭。读者阅读时无法调用另一部作品的信息，更不能将后者纳入当下作品中来。而超文本文学却超越了个别作品的局限，使众多文本互联为一个大文本系统。这种全息辐射功能，使网络文学结构处于一种动态的、无限开放状态。它使作品呈现出千姿百态的多样性和丰富性，从而使真正的个性化阅读成为可能。台湾诗人须文蔚的《在子虚山前哭泣》[6]，作者将诗情节推移的选择权让给了读者。作者透过一滴水的旅程来观察台湾水资源的利用与环保问题。这是一首多向文本的网络诗，也是无数首诗。它采用的是外部方式在"无数首诗"中进行链接。这种神秘随机性，使读者在阅读过程中每一次的点击都有一种强烈的心理期待。

三　审美趣味的另类平面化

新媒介蕴含了新的意识形态，必将形成新的审美趣味。这种新形式美学体系目前还未十分清晰。但后现代艺术的特征将成为网络文学新的审美追求。

追求超时空的平面性。网络新媒介正在把我们的时代拉成平面，其中包括网络文学。这种平面是时空被抽取掉之后的一种社会的和艺术的形态。传统文学作品具有时空性质，因此它具有一定的深度。文学所强调的审美"陌生化"和词语使用的"偏离"，是为了拉开欣赏者和作品之间的距离。丹·格拉海姆认为，电子媒介是一种将恒定的物理时空幻化为不确定诗意空间的拓扑学手段。多媒体作品则进一步提供了拓扑空间的真实体验。金惠敏认为，印刷文字突出了语言与现实之间的距离。由文字阅读转向图像阅览，势必要求主体相应改变。如果文字是理性的，与它相应的就是理性和工具性的主体，图像则就暗示了一个感性或非理性主体。如果前者是深度主体，后者则是平面主体。[4]网络媒介还能扭曲物理时间形态和节奏，对时间进行压缩和放大，从而形成极为复杂的时空结构。时间开始具有主观的心理色彩。时间闪回的艺术处理，将重组时间顺序，并把人们的各种心理情状如意识流、预感、记忆等诉诸视觉形象。一幅超现实绘画《时钟》，时钟如一块柔软面饼放在一个物体上，可看作网络文学扭曲时间的一个出色艺术象征。

文学媒介的立体扩张。借助网络，文学文本已介入图片、声音、动画、视频等，它已不是印刷时代的文学形态了。文学和其他学科相互入侵边界，壁垒森严的学科疆界正被网络媒介消解和颠覆。文学欣赏再也不受制于作者提供的单一形态和路径，读者获得了巨大自主权，成为作品创作的另一重要因素。文学文本将趋向于多种媒体混合的多彩形态。希利斯·米勒就说过："文学系的课程应该成为主要是对阅读和写作的训练，当然是阅读伟大的文学作品，但经典的概念需要大大拓宽，而且还应该训练阅读所有的符号：绘画、电影、电视、报纸、历史数据、物质文化数据。"[7] 所谓纯文学观念，将慢慢退出文学视野。但这种理想状态的文学作品，其完美和成熟依赖于媒体技术的进一步发展和完善。美国摩斯洛坡的《里根图书馆》，其后现代叙述不易消化，但超现实 360 度环视的 3D 景观却值得驻足品味。

文本解读的多元格局。对于网络阅读和欣赏来说，这种接受欣赏多元化现象，比起传统文学文本要有过之而无不及。有时网络上的 BBS 帖子，跟帖数量巨大，多则有上千条。各种思想并列和撞击，不断延伸出许多新的观点。传统文学文本的阅读面受作品印数和流通的限制，要远远逊色于网络文学文本的传播效率。传统文学的传播常是一种线性路径，而网络文学则是一种网络型放射状路径。有时一个网站一天的访问量可达到数百万人次。文本价值决定于作者和读者的共同创造。文学文本的多元解读，将使文学作品极大增值，使其生命活力常在。

不规则的马赛克并置。超文本作品具有一定的马赛克效应。在一定距离上欣赏，它是一个完美的、线条流畅的艺术对象。而拉近距离以后，我们就会发现作品是由许多板块随机组合起来的，而且每一板块都具有自己的独立性。其结构是松散的，仔细"观看"甚至会有"锯齿状"。这种随机组合，常取决于接受者的艺术追求和审美趣味。这种不规则马赛克并置，造就了网络文学千变万化的艺术风格和美学趣味。作者试图通过各种链接的文字意象来传递某种深刻的东西。每个超文本都设置了一定的文学性意象。每个文学意象都具有独立的内涵。它们没有时空或逻辑上的一定联系。但是，读者在超文本阅读中，这些并置性的意象组合，会延伸出新的内涵。超文本数量越多，并置性意象组合的方式就越复杂，也就可能衍生出更为丰富的、捉摸不定的艺术主题。

超越国界和文化差异。文化特性常取决于地域的空间位置。不同的地域空间会形成相异的文化传统和民族精神。而且不同媒介也会带来不同的文化精神，造成一定的文化差异。一个民族主文化内部的亚文化，常常就是由不同媒介造成的。网络媒介是人类神经的一种延伸，不受国界和地域的限制。这得益于世界统一的网络技术标准。因此，网络文学就必然具有世界性。网络媒介造就了网络文学作家和读者一些共同的文化心理和思想观念。当然，在新的网络文化精神之下，也会渗透进一定的地域和语言因素，从而形成网络文化内部的亚文化差异，这是不言而喻的。

四 批评标准的超时空观念

新媒介会引入新的艺术眼光和评判标准。"任何媒介对个人和社会的任何影响，都是由于新的尺度产生的；我们的任何一种延伸，都要在我们的事务中引进一种新的尺度。"[1]227它将滋生新的文学价值观。

超文本链接。这是前台文本通往后台潜在文本的枢纽和通道。它是网络媒介给文学带来的一个重要特征，超文本文学是网络文学真正主体和代表。它将成为网络文学评价的一个十分重要的标准。这是衡量作品是否具有开放性、艺术容量、欣赏多元化的重要尺度。没有超文本链接的文学作品，充其量只能说是传统文学的一种网络化形态，是向网络文学转型的过渡形式。是否具有超文本链接，将决定作品是否能够向读者展示出意义生发的不同路径和多种可能，是否可以用无限多的方式组合、排列和显现信息，是否能够让信息可采取任何形态自由流动，是否能够把各种信息都打开，从不同层面进行详尽分析。并且，这种方式还将提供读者与作者进行互动的巨大空间。

非线性结构。传统文学作品由于受到原子媒介的局限，采用的是一种线性结构。它强调的是时间和空间顺序。而网络的比特媒介，允许读者借助链接，从一点瞬间转换到另外一点，从而打破了线性叙事的传统模式。大脑终于摆脱了纸张媒介的限制，回归到它自身的非线性思维特性上来。网络文学作品可以利用数字化技术，实行时空的重叠、倒置、组合、并置、跳转等，来营造出一种全新的叙事模式。美国麻省理工学院媒体实验室 Steven Holtzman，在《数字化拼贴艺术：赛柏空间的美学》一书中声称：对 Web、数字化艺术、音乐和交互式多媒体等赛柏（Cyber）现象，现在已有可能对其进行美学描述和研究。虽然各人有不同的"赛柏空间"（Cyberspace）定义，但完全可以跨越这种表象差异去定义其蕴含的美学原理和美学形态。[8]

虚拟化真实。网络文学具有完全不同于传统文学那种虚拟的内涵。一方面，网络文学艺术地构建虚拟世界，它是现实世界的数字化艺术折射。另一方面，其作品形态也完全是虚拟的，包括整合进来的各种媒介，如图像、声音、视频等，甚至文字都是比特呈现。它运用虚拟化的文学形态，来再现现实世界的真实。随着网络世界的扩张，网络文学作品的虚拟性和传统文学文本的实态性，将逐渐地融通起来。"我们正在重新思考真实的概念。……我们不会被虚拟世界'吞噬'，也不会完全生活在实体世界中，将来要学习的是如何在这两个世界里生活。实体和虚拟世界间的交流将越来越频繁，两个领域的分界会越来越模糊。"[9] 网络文学和传统文学将逐渐地模糊相互间的界线，实现形态的转化。它们会具有共同的灵魂、目标和前景。

多媒介整合。人们的认知方式和媒介息息相关。每一种媒介会提供一种新的认知方式。文学作品的多媒介整合，将使读者对作品的欣赏对象具有全方位的认知优势。网络文学的多媒介整合，是文学借助新媒介向其他领域的拓展和浸润。这种多媒介文学形态，比传统文学作品所容纳的信息要更加丰厚和深远。网络文学的多媒体手段，是"通感"的现代化形态，是一种全方位、全息式的情感立意表达。但多种媒体信道有时会相互干扰和妨碍，其想象空间比较有限。相反，单一文字能够激发意象和隐喻，使读者从想象和经验中衍生出丰富意义。阅读传统小说时，是读者赋予它形象、声音、颜色和动感。要真正感受和领会"数字化"的意义，同样需要个人经验的延伸。多媒体作品如果越生动、形象、具体，其艺术想象创造的空间就越小。但网络文学的超文本手段，在一定程度上弥补了它在这方面的缺陷。

五 探索空间的延伸和拓展

文学版本研究的新路径。运用计算机程序，通过对文章句式、词类、词汇、用字、标点等的统计、分析，可确定文章的风格及其作者。文本中用字频率及其分布，同一定的时代文化、作者的语文修养及用字偏爱等息息相关。它适用于作品风格、司法证据、版本真伪等的鉴定。深圳大学学者早就运用计算机系统，对《红楼梦》前80回和后40回中的用字特点进行了比较研究。武汉大学语言自动处理研究组，曾对《倪焕之》一书的标点符号进行了频率统计，它可提供文体风格的一个侧面。过去英国戏剧界对《托马斯·摩尔之书》作者究竟是谁的悬案一直没有结论。汤·梅里安对剧本经过计算机分析后，认为莎士比亚是真正作者，而安东尼·文迪只是抄写者。其方法是把作品中的冠词、代词、连接词等输入到计算机中，计算其使用频率，从而得出结论。美国现存的《联邦文集》，关于敦请纽约州人民批准美国宪法的12篇作者的考定，也是运用计算机鉴定的。这项技术还可运用于文字考古。科学家在美洲马雅文和古希腊线条文字的释读上，已获得较大进展。至今未完全解读的甲骨文，也可用这种手段重新进行研究，以期获得突破性进展。

文学主题概念历史研究的新方法。要研究特定主题概念在古代文献中的使用频率，使用常规方法可能是一项浩瀚工程。现在，运用计算机检索功能就会变得易如反掌。如在《四部丛刊》中，查找一个特定术语"文体"的出现频率。利用电子版《四部丛刊》的检索功能，几秒钟就回馈回来有250条含"文体"一词的信息。点击其中的任何一条，就会显示出它在特定篇章的位置，并且可以拷贝带"文体"一词的文本部分或全文。这对研究古人文体意识的最初萌芽和历史嬗变，具有重要的学术价值。它可以为古代文学典籍的研究开拓出全新的研究空间。

基于数据库的文学跨文化研究。在新媒介催生下，各种数据库如雨后春笋般地兴建起来。有人认为，电子数据库将是网络时代，继报纸、广播、电视、网络、手机五大媒介之后的第六媒介。信息量浩瀚的文学数据库，有香港的"网上文学大全"、大陆的"国学""名著在线""天涯在线书库""亦凡书库""中文电子刊物""台湾文学"等。它们在文学跨文化传播，实现世界文学作品资源共享方面，具有独特的重要作用。它大大加快了文学跨地域和跨文化的传播和融合速度，而且对于比较文学研究，提供了丰富的作品资源。跨文化文学比较研究，一直是文学研究的热点之一。

文学时尚的数字化趋势图。网络的检索比较功能，可科学显示人们对文学等事项的关注程度。Google Trends 提供了各种关键词被搜索的趋势图，可使我们了解到世界上的网民当下正在关注什么。这对于研究各种文学现象的盛衰有着重要的借鉴意义。比如，我们检索"小说""散文"和"短信"3 个词，回馈的信息可明显看出，在搜索量上小说占绝对优势，其次是短信和散文。而在新闻引用量上则是短信被关注程度最高，其次是小说和散文。如果检索"游戏""小说"和"电影"，发现趋势图上 3 项被搜索量都很大，并处于胶着状态。但在新闻引用量上则是"游戏"和"电影"要超过"小说"。如果搜索"小说"和"散文"，在趋势图和新闻引用量方面，是"小说"远超"散文"。

计算机写作软件提供文学创作新维面。计算机软件自动创作文学作品，从某种意义上说是作家创作灵感的一种变体。但是，计算机自动创作的文学作品又不同于传统作家的作品，它开创了文学创作的新维面。它的内在艺术灵性来源于两个管道：一是软件设计者的文学素养和底蕴，二是软件使用者的艺术趣味和灵性。这两种因素的随机融合，就会产生既不同于设计者，又不同于软件使用者的创作灵感，一种具有全新个性和风格、具有新质的文学作品。这种作品的分析和评论，不能完全套用传统文学批评的标准和框架，它将是一个全新的研究领域。

[参考文献]

[1] [加] 埃里克·麦克卢汉、弗兰克·秦格龙：《麦克卢汉精粹》，何道宽译，南京大学出版社 2000 年版。

[2] [美] J. 希利斯·米勒：《全球化时代文学研究还会继续存在吗?》，《文学评论》2001 年第 1 期。

[3] 金惠敏：《图像增殖与文学的当前危机》，《中国社会科学》2004 年第 5 期。

［4］［美］保罗·利文森：《软边缘：信息革命的历史与未来》，熊澄宇等译，清华大学出版社 2002 年版，第 138 页。

［5］姚大钧：《文字具象》，2008 年 3 月 10 日，http：//www. sinologic. com/concrete，2017 年 7 月 14 日。

［6］须文蔚：《在子虚山前哭泣》，2008 年 2 月 17 日，http：//dcc. ndhu. edu. tw/trans/poem/menu. html，2017 年 7 月 14 日。

［7］金惠敏：《趋零距离与文学的当前危机》，2008 年 2 月 17 日，http：//www. wenyixue. com/view. asp？id＝1080，2017 年 7 月 14 日。

［8］三月：《艺术的碎片　数字化美学》，《中国计算机用户》1997 年第 10 期。

［9］［美］约翰·布洛克曼：《未来英雄》，汪仲等译，海南出版社 1998 年版。

［10］金振邦：《新媒介视野中的网络文学》，东北师范大学出版社 2008 年版。

［11］［西］曼纽尔·卡斯特：《网络社会的崛起》，夏铸九、王志弘等译，社会科学文献出版社 2001 年版。

［12］［加］埃里克·麦克卢汉：《理解媒介》，商务印书馆 2000 年版。

［13］［加］埃里克·麦克卢汉：《人的延伸媒介通论》，四川人民出版社 1992 年版。

［14］［美］萨瓦姆等：《跨文化传播》，三联书店 1987 年版。

［15］［美］斯蒂文·小约翰：《传播理论》，中国社会科学出版社 1999 年版。

［16］［美］约翰·布洛克曼：《未来英雄》，汪仲、邱家成、韩世芳译，海南出版社 1998 年版。

　［作者简介］金振邦，1948 年生，男，上海人，东北师范大学人文学院教授，博士生导师，文学院院长。

论网络文学的超文本叙事

金振邦

[**摘要**] 超文本叙事是网络文学的主要功能和形态。它给了读者文学创作的巨大空间，属于后现代网络立体文学。超文本文学兴起于西方，其链接手段很早就在传统文本中开始孕育和萌芽。它打破现实时空的线性顺序，使小说呈现出一种断层跳跃的立体状态。它将改变传统文学使用单一语言媒介局面，呈现出以文字为主、多种媒介融合的新态势。数据库超文本叙事，是超文本文学的高级形态，它将释放文学前所未有的巨大能量，把读者的艺术探索推向文学舞台的前沿。世界上网络文学的发展仍可说方兴未艾，其宏阔的前景将极为诱人和难以预测。

[**关键词**] 网络文学；超文本；叙事

超文本叙事，是网络文学区别于传统文学的核心特征。研究超文本叙事，对于揭示网络文学的本质特征、艺术价值、体裁形态、审美取向、发展趋势等，具有极为重要的意义。可以说这是网络文学研究的聚焦点。现在一些泛网络文学的理论，正在误导读者对网络文学的认知，甚至严重影响网络文学的创作实践。我们要拓展视野、溯源正本，给网络文学应有的理论界定和艺术地位。

一 网络文学的超文本形态

什么是网络文学？其含义可呈现为一个多层面球体。广义的可理解为运用网络新媒介来创作、传播、存储和欣赏，以文字为主要媒介的新文学形式。它不仅指运用网络技术创作的作品，也包括传统文学的网络化形态。它与传统文学的重要区别，就在于文学存在和传播的媒介不同。传统文学使用原子媒介，网络文学则采用比特媒介。原子有重量和体积，它与时空紧密相连；比特没有重量和体积，它消解了时空屏障，信息传播消除了任何障碍。这两种媒介决定了现实世界和网络世界各自的所有特征。"电力技术传递的信息是瞬息完成的，它创造没有边缘的多中心。……电力技术创造的却不是国家，而是部落——不是平等人肤浅认识的模式，而是全身心介入的亲属群体的、凝聚力强大的深度模式。"[1]144两者可通过不同传播媒介相互渗透和转化。传统文学一旦上网，就会改变其自身性质，成为网络文学的一个组成部分。而网络文学一旦印成纸质文学，它就成为传统文学的形态。

狭义的网络文学，就是超文本文学。它必须具有新媒介的主要特征，即有热单词的开放性链接。具体来说，就是超级文本链接，读者与作者交互，多媒体内容展示，网络式语言风格，文本呈现立体化形态。其作者群具有跨学科素养和背景，是熟悉网络媒介的年轻精英。超文本文学，属于后现代文学，是打破传统文学平面状态的网络立体文学，是高技术含量的精英文学，是离散文学、读者文学、边缘文学、间性文学。可以说离开超文本手段，就是在妄谈网络文学。

什么是超文本？它是网络文学的灵魂和存在方式。采用超文本手段的网络立体文学，常处于离散状态，其文学价值需要读者选择网络链接才能真正释放出来。没有读者参与，超文本作品将无法存在，也就谈不上任何文学价值。而且这种读者参与极为个性化，因为作品链接组合可以无限，因此作品价值就处于一个无限延伸的空间。网络媒介就是凝聚文本群的黏合剂。"超文本这个词指的是互联程度很高的文字叙述，或具有内在联系的信息。传统书籍永远受限于物理的三维空间。信息空间完全不受三维空间的限制，要表达一个构想或一连串想法，可以通过一组多维指针，来进一步引申或辩明。阅读者可以选择激活某一构想的引申部分，也可以完全不予理睬。整个文字结构仿佛一个复杂的分子模型，大块信息可以被重新组合，句子可以扩张，字词则可以当场给出定义。"

"超文本的热链就像 DNA 的链接一样，一个核酸既表示自身成分，也组成特定环境下蛋白质结构的分子式。换句话说，超文本不仅描述或提及其他文本，而且重构了读者的阅读空间，将其带入更广阔的领域。"[2]89 网络超文本文学将不再有单一、明确的意义，它是多元的，没有什么特定领域的思想和理念强制人们接受。超文本文学，说到底就是一种可供读者选择的叙事方式。

超文本对作者和读者都有重要意义。超文本作品没有单一明确的中心主旨，其内在的意义取向是无限的。其意义常取决于读者选择哪一种路径阅读，有多少读者就会有多少意义取向。不像传统纸质文本，其主题意义常具有一定范畴和强制性，而电子超文本则给了读者更大权力，那种先入为主的引导性已经解除，读者有着充分的解读自由。超文本不仅可随机跳转到其他文本，而且还重构了读者的阅读空间，将其带入更广阔的视域。

网络文学的新品种层出不穷，其疆域日新月异，甚至难以预料其发展前景。目前网站上的所谓网络文学，只不过是传统平面文学的网络化形态。超文本文学的发展方兴未艾。中国内地这类作品不多且水平一般，而台湾和国外就有不少这类优秀作品。它们具有超文本链接，很强的交互性，小说情节具有多元发展路径和故事结局。超文本不仅是网络文学的核心特征，也是网络世界信息传播的关键技术。离开了超级链接，电脑及网络世界将不复存在。

二 超文本的缘起与发展

我们已经进入了以比特媒介为基础的网络时代。这个时代的发展和进步，是由占据优势地位的网络媒介引导的。超文本文学兴起于西方。克尔·乔伊斯 1987 年创作的超文本小说《午后，一个故事》，是当代超文本文学的鼻祖。西方超文本文学的创作日趋繁荣，电子文学组织出版了《电子文学文集》（2006、2011、2016），共收录了约 200 部超文本作品。我国台湾地区的超文本文学的发展，也不亚于西方的势头。如曹志涟《涩柿子的世界》、姚大钧《妙缪庙》和《文字具象》、李顺兴《歧路花园》、代橘《Elea》、向阳《台湾网络诗实验室》、苏绍连（米罗·卡索）《现代诗的岛屿》、须文蔚《触电新诗网》，以及《新诗电电看》《21世纪网络诗曙光》《诗路——台湾现代诗网络联盟》等，刊载了大量的超文本文学作品。

超文本手段很早就在传统文本中开始孕育和萌芽。中国的许多古籍，后人为了解读文本的某些重要节点，加上了或简或繁的评注。由于传统纸质文本空间固化的局限，出于对一些词语或事件进行深入解读的需要，人们在页面下方或文末附上特定文字。读者可以关注或忽略评注文字。这已经让我们看到了网络超文本的影子。古代评注类型可包括集解、索隐、义疏、笺、传、训诂等。这是文本解读的不同方式和结果，也是读者解读文本的中介、工具和桥梁。评注可对文本中人物、史实、词语、典故等进行科学定位和具体化，为后来读者提供意义开掘的基础和条件。甚至对作品的作者情况、时代背景、评论文章介绍等，都可归属到评注类范畴。

新媒介思维理念的广泛渗透和巨大影响，可以说任何领域无一例外，其中就包括传统纸质文学的创作。莫言的《丰乳肥臀》，首次在平面纸质文本小说里，开始了超文本非线性叙事的实验。小说的前 6 卷 54 章，完全是一种传统的线性叙事。情节开头、发展、结尾十分完整。而从第 7卷 55—63 章，小说叙事突然回到了大清朝光绪二十六年，追述上官鲁氏爷爷如何抗击德国鬼子而牺牲的情景，并开始叙述上官鲁氏的经历以及 9个孩子的具体来历。然后是卷外卷：拾遗补阙，一共是 7 个部分：补一，写八姐的人生结局，她投河自尽的场面描写得如此美丽而悲壮。补二，写六姐上官念弟与巴比特的人物结局，在山洞里被一个黑脸女人的三颗手榴弹炸死。补三，交代母亲打死上官吕氏的情景及其原因。补四，写大姐上官来弟与从日本回来的鸟儿韩的特殊关系。补五，写四姐上官想弟回乡的悲惨遭遇。补六，写鲁胜利的腐败与香江败露的结局。补七，写金童埋葬母亲上官鲁氏的经历，以及描绘乳房飞舞的幻境。末尾的 9章及 7 个拾遗补阙，实际上是在对整个小说中的关键情节进行画龙点睛式的点拨和潜在情节、意义的揭示。它完全打乱了纸质小说的线性时间进程。如果我们使用超文本技术加以重构，小说中至少可以设置近 20 个超文本节点。读者完全可以在小说情节展开的节点上，直接阅读后面的相关部分内容，从而取得不同于纸质文本阅读的艺术效果。

但是，传统文学中超文本手法的尝试和实验，与网络超文本文学相比，具有极大的局限性。我们还以《丰乳肥臀》为例。第一，它改变不了传统文学线性叙事格局。虽然作品中的"拾遗补阙"，具有补叙或追叙性质，切割了时空顺序，但读者仍然被强迫按照作者叙事顺序进行阅读，没有个性化的选择自由。这种固化的叙事格局，在一定程度上影响读者多元化主题意义的生发和开掘。第二，其艺术效果远逊于超文本文学。它无法显示超链接的热单词，关闭了激发读者兴趣的多元化开放式路径，严重影响了读者即兴式的艺术想象和意义充填，容易形成同质化的欣赏格局。可见，超文本技术会极大制约小说的艺术构思和读者的欣赏效果。

三 超文本的非线性叙事

传统文学作品在叙事上一般都采用线性的叙事方式，即情节的发展走向有明确的先后时空顺序，即便是倒叙、插叙、补叙等手法在其中，我们也能找出其固化顺序，一页一页地读下去。这种线性的叙事方式，完全是由传统的纸质媒介制约的。这种固化的原子媒介，把作者的艺术思维固化在平面纸张上，并把作者思维引导到线性思维的轨道。纸质作品就是引入了注释、补遗等方式，也很难挣脱传统文学线性叙事的大格局。

而网络文学作品却打破这一壁垒。电脑具有超时空的非线性特征，可超越时空自由跳转。超文本小说可由眼前文本跳转到另外一个叠合文本，而且可根据热单词的引导进入另外新的叠合文本。有时这种跳转是无限的。这都是它的全新表现手段。因此，以比特媒介创作的作品，可打破现实时空的线性顺序，使小说呈现出一种断层跳跃的立体状态。不同的读者所选择的路径都不会相同，他们会在一个开放的立体文本网络中，创造出一个全新的作品来。"一部作品的含义不仅仅源于作者的意图，还包括读者的理解……读者一旦进入超出原文本的链接，原来作者的意图就立即变得无关紧要了……因为超文本读者阅读的内容是原来文本的作者根本不可能参与的。"[3]

台湾诗人米罗·卡索作品《心在变》："亲爱的读者，目前你看到的是一首诗的整体形式，但是它隐含了六段诗，你若要循序渐进的读到这六段诗，请在诗中找到一个旋转的'心'字，按下鼠标左键，即可读到本首诗的第一段，若要读第二段至第六段，亦依此方式，类推下去。"[4]然后，读者点击用 FLASH 制作的活动的"心"字，产生完全不同的六首诗歌。这分解出来的六首诗，都具有各自的叙述角度、基调风格、情感色彩、中心主旨等，都有着较大的差异。在这首整体形式的诗作中，居然分解出如此不同的六个个别形式诗作，可见这首诗歌有着极为活跃的生命因子。这是网络新媒介多元生发的强大生命活力所致，传统纸质媒介是无论如何都做不到的。而且，这六首诗歌没有线性的内在联系，它们都处于一种断层跳跃的立体网络状态。

在国外，超文本非线性叙事小说已十分成熟。美国斯图尔特·莫斯罗普的超文本小说《胜利花园》，运用"辞片"和"超链接"两个重要方式，来解构纸质文本的线性时空和叙事模式，构建了一座超文本迷宫。文本意义的恣意拓展，给读者带来全新挑战和阅读乐趣。作品中一个参加波斯湾战争的士兵给家中写信："Tell Thea she's a jekr for not writing. ……She will pobrabl ask you to help her out, but this time please just say no。"这个士兵的情绪，让读者做出链接的选择："Thea""not writing"和"just asy no"都是链接点。点击"Thea"，读者可以看到主人公对战争来临的震惊。点击"notwriting"，表明这个士兵给 Thea 写了一封十分生气的信。点击"just say no"，读者可以看到士兵所在军校大厅的描绘。《胜利花园》有993 个独立的超文本链接页面，每一个内部还有数个词或短语作为超链接，共有 2804 个链接点，引领读者走向下一个路径。它形成多重叙事结构，就像是一种永无止境的阅读。

四　超文本的跨媒介叙事

网络文学将改变传统文学使用单一语言媒介的局面，呈现出以文字为主、多种媒介融合的新态势。网络文学多媒体化，是文学借助新媒介在向其他领域拓展和浸润，在消解文学和其他学科间的界限。虽然传统文学也会加入图片和声音（贺卡），但是网络文学的多媒体化却是一种质的飞跃。它不仅包含文字、图画和声音媒介，甚至还可以插入动画和视频。这种技术随着计算机软件的发达而变得轻而易举。这种多媒体叙事形态，比起传统文学的内涵，显得更加丰厚和深远。网络文学的跨媒介叙事，是"通感"的现代化形态，是一种全方位、全息式立意表达。

"媒介的杂交或交汇是显示真理、给人启示的时刻，也是新媒介形式诞生的时刻。"[1]417 "'超媒体'是'超文本'（hypertext）的延伸，……超媒体可以想象成一系列可随读者的行动而延伸或缩减的收放自如的讯息。各种观念都可以被打开，从多种不同的层面予以详尽分析。"[2]89

"多媒体隐含了互动的功能。多媒体领域真正的前进方向，是能随心所欲地从一种媒体转换到另一种媒体。……多媒体必须能从一种媒介流动到另一种媒介；它必须能以不同的方式述说同一件事；它必须能触动各种不同的人类感官经验。……超媒体的显示仍然是个文本，它象征性地把各个元素看成符号，然后把这些符号编织在一起。超媒体仅仅是把电子写作的法则延伸到了声音和图像的领域。计算机对于结构的控制使我们可以建立联合感觉系统，在这个联合感觉系统中，任何可以看见、可以听见的都可以构成文本的纹理。"[2]89、148

比如，米罗·卡索的 FLASH 诗歌《扭曲的脸庞》[5]，就是一首十分有创意的多媒体超文本叙事诗歌。其操作方式是按数字键 1~9，画面上的人物脸型就会发生不同程度的扭曲和变形。这是一种人生的写真。脸型周围是几句诗歌围绕着："羞愧的眼睛涂成无底的黑洞/把卑微的鼻子挺高在尖端/把镜里反复出现扭曲的脸庞之变化/懦弱的嘴张开露出牙齿咬住垂下。"在脸型的周围还有四首诗句："你打扮你自己/把羞愧的眼睛/涂成/一圈圈扩大的/无底的黑洞""你就这样打扮你自己/把你的眼泪/洒在那面镜里/反复出现的扭曲的/脸庞上""你打扮你自己/把卑微的鼻子/挺高/并在尖端下垂/如鹰嘴一样""你打扮你自己/把懦弱的嘴唇/张开/露出牙齿咬住/你说的笑话"。

美国摩斯洛坡的《里根图书馆》，尝试了随机跳转技术在文学中的运用。电脑随机从多个被链接的页面中选定一个跳转，这样便形成一个多向路的叙事。读者每一次随机跳转阅读都会形成不同文本对象，从而获取不同的文本意义。读者如果有兴趣反复跳转阅读，就会不断有新的发现和理解。据李顺兴《超文本文学形式美学初探》[6]介绍，《里根图书馆》是地道的后现代拼贴，情节阙如，甚至连主题思想的综合整理也难以为续。其后现代叙述不易消化，超现实 3D 景观却值得驻足品味，它允许读者进行 360 度环视。风景内某些物体嵌有超级链接。初看似无多少创新之处，待来回换页或重新阅读，才发现每次来到同一页，但文字内容不尽相同。奥妙之处源于超级链接引发随机组合的程序。作品随机组合原理大致如此：点选景物超级链接，进入下一幕景观，并引发程序随机组合部分叙事段落或段落中部分文字；若点选纯文字超级链接，则会链接到任一经程序随机挑选的文页，同时又引发程序随机组合部分叙事文字。它能够自动创造上百个以上随机组合和挑选可能，数量虽非无限，但以一般阅读能力来说，已不太可能在重读同一页时得到相同内容。

这种千变万化形式到底有何欣赏之处？《里根图书馆》的超级链接对象并非固定，而是一个对多个文页链接或随机链接。文本内一对一文页链接相互不断串连下去，便形成单一路径，多组单一路径交叉结合便构成多向叙事。阅读过程中，随机选择或组合的文页也可串连成一个路径，或可定名为"随机路径"，为多向文本开辟了新的表现领域，将传统一对一链接形成的多路径扩大为任意路径。相对于一般链接路径的可追踪性而言，《里根图书馆》的随机链接会造成阅读路径无法或不易重复追踪。它让文本从僵硬的排版变成一部自动排版机，挣脱早期多向文本状似多重选择、但又一成不变的链接设计窘境。透过随机程序的运作，所造就的路径形式远比一般人工预设路径丰富，而且数量也较容易扩增，使多向文本的"无限路径"幻觉更逼真，而成为阅读挑战的新诱因。

五　超文本的数据库叙事

数据库是继报刊、广播、电视、网络、流媒体之后的第六媒介。我们正在进入一个数据库时代。数据库叙事，是超文本文学的高级形态，它将释放文学前所未有的巨大能量。数据库叙事资源的无边界和浩瀚性，完全超越了之前超文本文学的一定局限，其超级链接几乎是无限的。数据库叙事的引子，是特定作者设定的，但情节的展开和发展，完全取决于读者的艺术想象和审美取向。可以说，数据库叙事作品99%以上的情节，是特定读者的艺术创造。它把读者的艺术探索推向了文学舞台的前沿。文学的数据库叙事作品，在中国目前还未见报道，国外的探索则已经开始。

美国新媒体专家的"新媒体叙述"就是一个典型例子。南加州大学玛莎·金德认为，新媒体的出现提供了深化认识叙述性的机缘。叙述性与影像数据库并非互相排斥，二者的结合就是"影像库叙述"。"影像库叙述"的特点是没有清晰明了的开端与结尾，没有经典性的三幕（开端、高潮、结尾）结构，甚至没有以因果关系构成的首尾呼应，取而代之的乃是一个充满故事因素的"叙述场"，而叙述的最终"完成"必须仰赖于读者与故事因素间产生的互动。由于读者每次切入角度的差异，更由于文化、个性以及意识形态观念的差异，因而"影像库"的叙述也会不同，从而彰显出叙述的建构性。

近年来她指导"迷宫"研发小组，以"影像库叙述"理论为基础，制作、发行了一系列新媒体作品，其中较著名的有：《神秘与欲望：寻找约翰·里奇的世界》《小说衰微探踪：遭遇帕特·奥尼尔的电影》《多瑙河出走》《背后的黎明：德州黑人区成长回忆录》《渗血的穿行：多面之城洛杉矶，1920至1986年》等。它们不仅引起媒体理论家、批评家高度关注，而且被北美、欧洲一些大学的媒体、视觉文化、文化研究和电影研究课程采纳为教材，其中一些作品还获得了电影节大奖。

其中《渗血的穿行》，由诺曼·克兰撰写的实验性中篇小说和以此小说为启发制作的同名 DVD - Rom 组成。小说开端试图讲述一个经典犯罪故事：老妇人莫莱可能是谋杀其神秘失踪的第二任丈夫瓦特的凶手。莫莱 20 世纪初移居洛杉矶，其克勤克俭的生活习惯很快使她小有成就，成了雇有日裔、墨裔和菲裔等劳工的小成衣店老板。然而，就在她生意红火时，瓦特却悄然失踪，人们怀疑莫莱是谋杀元凶。随着叙述推进，人们很快发现，关于莫莱弑夫的猜疑实际上只是为引介其他叙述因素作出铺垫，整本小说并不意在回答莫莱究竟是否是凶犯、也不旨在导向谜团的消解，而是通过莫莱这个人物的引入来勾画一幅错综复杂、层面交织的市井图。尽管小说没有回答莫莱是否弑夫，但却在很大程度上帮助读者深化了对洛杉矶这座城市的认识。

《渗血的穿行》主要由五个部分组成：文字库，简单文字说明和章节简述等；地图库，叙述中心安岗与大洛杉矶地区历史地图等；图片库，近千张反映洛杉矶城市变迁和日常居民生活的照片，其中最具回味价值的是历史图片与现时图片的交汇重叠，两组图片摄于同一地点、同一角度；访谈库，主要是作者诺曼·克兰关于莫莱和洛杉矶城市的访谈；电影库，纪录片镜头与好莱坞影片片断等。在界面设计上，为"巡游者"提供一系列可能切入点：在界面右上方，是一个可打开或关闭的小窗口，可通过诺曼·克兰访谈了解他对莫莱故事的虚构与解读。界面中间则由系列图像组成，而每一幅图片均提供一个切入点。界面左下方则是控制键，可决定是否进入某一特定数据库，或线性"阅读"作品的目录和章回等。

城市的复杂性和多面性常常"拒绝叙述"，因为传统叙述的线性特质和建筑在三幕结构基础上的单一话语不足以指称城市这一叙述对象。特别是面对洛杉矶这样一个"无中心""无主体""无本质"的非经典城市，传统叙述的局限性就显得尤为突出。《渗血的穿行》不仅体现原小说的开放结构和关注空间胜于故事的特征，而且彰显出新媒体在多重叙述以及互动叙述方面的优势。它在一定意义上弥补了传统叙述在面对城市时的美学缺憾，深化了我们对叙述性的认识。

《渗血的穿行》显示出一种新的审美特征。诺曼·克兰用古希腊字"Aporia"来形容其美学愉悦。这是一种因注意力缺失和迷失路径所产生的奇诡愉悦，它不来自解开叙述谜团的欣喜，而出自游走于叙述迷宫之中、乐不思蜀的沉溺。如果巡游者仅仅是带着传统叙述的审美期盼，试图在阅读中搞清谁是凶嫌谜团的话，那他很快会感到失望与沮丧，因为任一互动形成的叙述均不指向谜团消解，而是将巡游者导向更广阔的人群与环境。阅读者很快发现，对莫莱是否弑夫的关切很快被另一种愉悦所取代，这种愉悦将其转化为城市的"考古学家"：剪报、图片、影像甚至文字的鼠标互动将其带到从未涉足的城市角落，城市历史记忆与集体无意识扑面而来。这也是新媒体作品与传统媒体作品的分界点之一。如果说传统媒体作品造就的是一种"解谜"的愉悦，那么影像库叙述的新媒体作品成就的乃是一种"分心"愉悦，它并非指巡游兴趣短缺，而是颠覆我们对传统叙述的期待，代之以对繁复交叉的枝蔓、层层相叠的枝叶的关注。

新媒体作品让我们意识到，电影镜头外的人和事或许比镜头内的更有意义。影像数据库的叙事将分解我们对"重大"历史事件和人物的过度关注，从而为寻常生活和被岁月遗忘的人物重新浮出历史提供契机。新媒介作品的阅读经验或许更像城市日常生活中的逛街休闲，其愉悦也许并不在于是否采购到或发现久已期望的某一商品或物件，而在于陶醉都市景观的一个个兴奋点之中。新媒介作品既非电影，亦非小说，而是在故事片、纪录片、文学、视觉材料、信息设计和数据管理等结合基础上所产生的全新体裁，是一种与意识流形态相类似的互动性混杂，它使我们得以窥见传统叙述所不能提供或有意回避的东西。[7]

世界上网络文学的发展仍可说方兴未艾，其宏阔的前景将极为诱人和难以预测。但是，从平面结构走向立体网络、从单媒介到多媒体、从有限叙事到数据库叙事，可能是超文本文学发展的一个总体走向。

[参考文献]

[1] ［加］埃里克·麦克卢汉、弗兰克·秦格龙：《麦克卢汉精粹》，何道宽译，南京大学出版社 2000 年版。

[2] ［美］尼葛洛庞帝：《数字化生存》，胡泳、范海燕译，海南出版社 1997 年版。

[3] ［美］保罗·利文森：《软边缘：信息革命的历史与未来》，熊澄宇等译，清华大学出版社 2002 年版，第 138 页。

[4] 米罗·卡索：《心在变》，台湾《歧路花园》，1999 年 1 月 7 日，http：//benz. nchu. edu. tw/ ~ garden/milo/heart/heart1. htm，2017 年 7 月 14 日。

[5] 米罗·卡索：《扭曲的脸庞》，网易，2002 年 9 月 25 日 13：43：46，http：//culture. 163. com/editor/020925/020925_ 65903. html，2017 年 7 月 14 日。

[6] 李顺兴：《超文本文学形式美学初探》，艺术中国网，2007 年 2 月 6 日，http：//www. artx. cn/artx/huihua/23120. html，2017 年 7 月 14 日。

［7］孙绍宜：《新媒体的叙述：浮沉在影像库中的千面城市》，北京电影学院官网，2011 年 4 月 22 日 03：20：56，http：//www. cnbfa. com/thread － 2725 － 1 － 1. html，2017 年 7 月 14 日。

［8］金振邦：《新媒介视野中的网络文学》，东北师范大学出版社 2008 年版。

［9］［西］曼纽尔·卡斯特：《网络社会的崛起》，夏铸九、王志弘等译，社会科学文献出版社 2001 年版。

［10］［加］埃里克·麦克卢汉：《理解媒介》，商务印书馆 2000 年版。

［11］［加］埃里克·麦克卢汉：《人的延伸媒介通论》，四川人民出版社 1992 年版。

［12］［美］萨瓦姆等：《跨文化传播》，三联书店 1987 年版。

［13］［美］斯蒂文·小约翰：《传播理论》，中国社会科学出版社 1999 年版。

［14］［美］约翰·布洛克曼：《未来英雄》，汪仲、邱家成、韩世芳译，海南出版社 1998 年版。

［作者简介］金振邦，1948 年生，男，上海人，东北师范大学人文学院教授，博士生导师，文学院院长。

论口述体纪录片的文献特征

杨吉琳

[摘要] 口述作为一种文明传承的主要形式先天具有文献性，而从纪录片的起源则可以看出文献性是其本源特征，因此，口述体纪录片是最能体现本源特征的纪录片形式。借由口述方法的使用，口述体纪录片的文献性主要体现在私人化和当代性两个方面。私人化为我们呈现新的历史视角和历史细节，当代性为我们建立对当代生活的信心。

[关键词] 口述体纪录片；文献性；私人化；当代性

口述，是当今国内纪录片创作的重要叙事策略。口述体，也日渐成为一种成熟的纪录片类型而获得更多的关注。从经典的艺术纪录片，到活跃于电视媒体的商业性栏目纪录片，口述都在当中起到重要的叙事支撑作用。在口述体纪录片中，属于经典纪录片范畴的有贾樟柯的《海上传奇》，电视纪录片《大鲁艺》，崔永元团队的《电影传奇》《我的抗战》等；属于口述体电视纪录片栏目的则有央视的《讲述》，北京电视台的《口述》以及凤凰卫视的《口述历史》等栏目。要理解口述体纪录片的审美特征，毫无疑问得从口述这种方法讲起。

口述，作为一种以口头叙述来传播的方法，在人类文明史上早就存在，它甚至就像人类历史一样古老，是传播学所讲的人类最早的传播媒介。在文字出现之前，人类的文明、历史等知识都是通过"口传心授"这种传播途径来实现的。文字出现之后，文字的记载取代口述成为知识传承的主要方式。然而依然有很多的故事，乃至个人的记忆不为纸质媒体所记载，仍保持以口述的形式传播。在西方有游吟诗人，在中国有说书人，他们就是典型的口述者。直到今天，各种各样的传奇故事、稗官野史、家庭记忆、个人际遇无一不是以口述的形式进行传播的。

一　口述体纪录片的文献性契合了纪录片的本源

纪录片使用口述的方法作为叙事技巧由来已久。进入 20 世纪 60 年代，随着"直接电影"和"真理电影"的纪录方法与实践的兴起，以往纪录片"画面加解说"的经典"格里尔逊模式"被新的纪录方法与理念取代。纪录片电影人开始走上街头进行实景采访与拍摄，普通人的生活与讲述开始走进纪录电影。时至今日，当时所开创的采访方法已经构成纪录片以及电视节目的重要素材来源。但在一般的电视节目中，采访与口述只是一种方法，所产生的作用自然不能与其在口述纪录片中产生的作用相提并论。在口述体纪录片中，口述不仅是一种素材来源，也是作为作品的结构性支柱的一种叙事策略，更为重要的是，这些作品能够深刻地体现创作者对口述的态度，以及对口述方法的信念与执着。《大鲁艺》的总编导闫东就表示自己对口述体纪录片情有独钟，"用电视这种方法来反映口述历史，会比文字有更大的优势"[1]。纪录片创作中的这种策略、类型倾向与信念，深刻影响了当今纪录片创作的格局，也创造了口述体纪录片独特的审美特征。其中最为突出的便是口述体纪录片的文献性特征。

在纪录片的所有特征中，最能说明纪录片本源的便是纪录片的文献性。纪录片的英文单词 documentary 的本意就是"文献资料"，最早将这个词语与纪录片联系在一起的是英国人格里尔逊的一篇评价弗拉哈迪影片《摩阿拿》的文章。在文章中，格里尔逊指出《摩阿拿》对波得尼亚青年的日常生活事件所做的视觉描述，具有文献资料价值（documentary value）。毫无疑问，纪录片的第一属性便是文献资料性，只不过 documentary 这个词在翻译成中文时被译作"纪录片"，文献资料的第一属性便让位于纪录这个名称所指涉的记载与载录功能。documentary 更偏重于内容的"资料文献性"，纪录片则更强调功能的"记载、载录"作用，其区别之下依然无法否认文献性是纪录片的本源性特征。

文献作为被历史流传下来的，有一定价值的知识体系，是人类在社会活动中积累知识的主要载体，也是传播交流的方式。纪录片能够具有文献性，毫无疑问是基于影像的机械复制机制，这种机械复制机制与以往以文字为代表的记载工具相比，更具客观性。电影史上最早的一批影片都可以称为纪录片，甚至从更广义上来说，即使是故事片，由于其在一定程度上是当时人们生活与思考的体现，在今天乃至更遥远的未来，都可以将其视为某一个时代的反映，从而具有一定的资料文献价值。比如在今天的电影研究中，我们经常会去审视某个独特时代的电影，以期用之解读那个时代。

在人类历史的很长一段时间里，口述都是人类文献资料传播的主要手段。只不过口述的方法重新获得重视，有其时代背景。一方面，口述作为一种历史写作的方法越来越成熟，口述史已经成为史学写作的一种重要模式。另一方面，受20世纪中叶新历史主义的影响，是"新历史主义把言说历史的话语权交给了普通的生命个体"[2]。口述的方法也在新历史主义的潮流中获得了重要地位。也就是在同样的背景下，口述体纪录片作为一种纪录片类型开始逐渐成熟，并以其文献性契合了纪录片的本质属性。进一步审视口述体纪录片的文献性，我们便会发现，口述体纪录片与传统文献纪录片的文献性有所差异。如果说传统文献纪录片的文献性主要体现在文献的宏大性与历史性的话，那么口述体纪录片的文献性则更多体现在私人化与当代性上。

二 口述体纪录片文献的私人化

在口述体纪录片中，文献的私人化不再以正史、官史等宏大的面貌呈现，而是以私人化，尤其是个人记忆的形式呈现。正如史学家保尔·汤普逊所说的那样，与正史、官史不同，文献愈是私人、地方和非官方的，就愈难以幸存[3]。与官史、正史有专人负责，有专门的经费作保障不同，私人化文献与记忆极有可能随着当事人的离世而彻底消失。因此，几乎所有从事口述史与口述体纪录片工作的人都是在以抢救文献的态度来进行工作。无论是《大鲁艺》的总编导闫东，还是在中国传媒大学进行口述史研究的崔永元都有过这样的表述。口述体纪录片中这些私人化的文献视野也为其作品呈现了独特的审美格局。

1985 年上映的《浩劫》是导演克劳德·朗兹曼历时 11 年完成的长达 9 个小时的纪录片。这部反映犹太大屠杀的作品可以说是口述体纪录片的最早尝试。此片并没有像同题材的其他纪录片一样引用大量的关于大屠杀的影像资料作为文献，而是采访相关当事人，以当事人的口述作为主要文献。在朗兹曼的采访对象中，既有当时的受害者、施害者，也有一些旁观者。与正史、官史的描写不同，他们是当时事件的亲历者，他们的记忆与口述中带有很多的私人角度与历史细节。在朗兹曼的拍摄实践中，最能体现与正史不同的私人化便是对诸多旁观者采访。这些人中有当时负责在妇女被送入毒气室之前，把她们头发剪下的理发师，也有负责运送犹太人到集中营的火车司机，以及集中营附近的农民。在正史中，这些旁观者只是作为历史中一个很小的细节，甚至只是作为历史的大背景而存在。但是在朗兹曼的镜头里，他们作为证人，向观众分享他们的个人记忆。这些口述因建立起与正史、官史不一样的视角而鲜活起来，历史因为有了见证人而显得更真实可信。

口述体文献纪录片《大鲁艺》是为了纪念毛泽东《在延安文艺座谈会上的谈话》发表 70 周年而制作的，其选材、立意都非常官方。但是总导演闫东所带领的团队，完全放弃了盛行一时的话说体纪录片制作模式，采用口述的方式进行创作，开创了中国历史文献纪录片创作的新风气。在这部口述体的文献纪录片中，摄制者采访拍摄了 80 多位与延安鲁迅艺术文学院有关的老人，如贺敬之、于敏、于蓝、黎昕等。历史中的著名人物从历史中走出来，坐在镜头面前，向观众娓娓道来过往的故事，以其细节与情感吸引观众。影片的结构虽然基本是按照时间顺序，围绕鲁艺的发展历程展开，但在整体架构之下，每个人都通过口述补充历史细节，在相互佐证的言语中完成了作品的影像架构。这种视角在当时的纪录片创作领域应该说是很有特色的。闫东团队的其他作品也有很多采取这样的口述方式，像关注伟人题材的纪录片《百年小平》《杨尚昆》等。

此外，栏目纪录片《口述》中有一集《红墙记忆——身边人眼中的开国领袖》也是这样，不再采用以往影像资料汇编的汇编体作为常用模式，而是采访与伟人有关的当事人，在这些当事人的回忆中建构起伟人的形象。私人化的回忆使历史在这些作品中是私人化的，使历史伟人也具有了亲切的一面。

三 口述体纪录片文献的当代性

除了关注历史，口述体纪录片还关注当下题材，呈现出口述文献独特的"当代性"。这种文献的当代性体现在口述体栏目纪录片上，与经典的艺术纪录片不同，栏目纪录片主要在电视媒体播放，其在创作周期、选材方法上都有自己独特的要求，尤其是在选材上要与观众亲近，内容要具有延续性，以便栏目化操作。当代人、当下社会成为栏目纪录片的重要关注对象，其口述文献的使用也就具有了当代性。口述体也因其可以栏目化运作的特征，成为电视纪录片栏目比较常用的叙事策略。

由央视社会专题部推出的口述体纪录片栏目《讲述》定位于展示当下百姓生活、时代变迁，每一期走进镜头进行讲述的都是一些普通人，他们的故事也就更具有当代性。比如，《讲述》在 2016 年五一劳动节期间播出的"建设者"系列，其中几期作品关注的便是普通的工程建设者。他们中有中国一建成都高科技电子厂房的建设工程师、上海洋山港的工程师、海南琼中抽水蓄能电站的建设者、平潭海峡公路铁路两用大桥的建设者，以及沪昆高铁云南、贵州段的建设者等。中国当代的工程奇迹，由他们来讲述再合适不过了，节目也因此树立了中国当代工程建设者的人物群像。

北京雷禾文化传媒有限公司制作并在国内多个电视媒体播放的纪录片栏目《口述》，也有很多题材是关注当下生活的。在最近两年的节目中，中国沙画艺术的开创者苏大宝，著名科幻作家刘念慈，配音演员季冠霖（《芈月传》中芈月的配音），《仙剑奇侠传》的开发制作者姚壮宪等人纷纷走进电视屏幕，向观众讲述他们自己的故事。应该说这些被采访者都在自己的领域做出了独特成就，但从著书立说的角度来说，现在还不到为他们立传的时候。口述体纪录片对他们的关注则将他们的影像和故事用自我言说的形式记载下来，发挥了文献独特的当代性特征。

同时我们也应该看到，在口述体纪录片中，口述者所讲述的历史事件，在经历一段时间之后，因讲述者所具有的新的背景，被赋予了某种独特的当代性。2010 年上映的电影《海上传奇》用口述的形式向我们讲述了关于上海这个城市与生活在其中的人的点点滴滴。作为国内不太多见的在院线上映的电影纪录片，导演贾樟柯主要采用口述的形式建构这部电影的视觉形象。全片共采访了 18 位与上海有关的人物，其中有杜月笙的女儿杜美如，曾国藩的曾外孙女张心漪，以及黄埔名将王仲廉之子、电影导演王童。在电影中他们都回忆了自己祖辈的往事，这些口述资料以独特的见证者身份进行了历史揭秘，具有非常重要的历史价值。但同时，他们所谈论的话题长久以来在大陆属于敏感话题，《海上传奇》能够收录他们的口述并公映，不得不说是受当代的政策与两岸关系的影响。站在当下口述过去，历史鲜活地呈现在我们面前，其意义不言而喻。口述文献也在跨越时间中获得了历史性与当代性相生的特征。

凤凰卫视播出的《口述历史》栏目，关注的对象往往是中国近现代史上的重要人物与重大事件。栏目制作的模式往往是由某一个独特的讲述者引起，建构起过去与现在之间的联系。《口述历史》栏目在 2006 年 1 月 24 日播出了一集《荣毅仁与荣氏家族百年传奇》。该集的口述者是前国家副主席荣毅仁的儿子荣智健先生，节目内容是荣智健先生对荣毅仁以及荣氏家族的回忆。但需要我们注意的是，荣毅仁先生是于 2005 年 10 月 26 日去世的，出镜的荣智健胸前还戴着白花。由此可以看出这集节目的制作契机，其中人物的评论意义不言而喻。在对过去的讲述中建构起人物的当代意义，这种口述文献的当代性极具特色。

口述这种形式在当代纪录片创作中不再仅仅是一种素材来源，它可以成为一种叙事策略，乃至一种纪录片的理念。口述体纪录片的文献性，与口述这种形式、纪录片这种艺术的文献性特征有着密不可分的关系。这种类型与形式的高度契合，使口述体纪录片成为最能体现纪录片文献性的一类。口述文献的私人化和当代性特征也给我们呈现了独特的口述体视觉影像，私人化使纪录片呈现的历史是充满细节的；当代性一方面使纪录片更多地关注当代人的生活，为未来留下影像资料，另一方面，也在历史与现在的二元维度中，因其讲述者是在当代，而被历史文献赋予当代意义。

[参考文献]

[1] 闫东：《口述体文献纪录片的再探索与思考》，《现代传播》2012 年第 7 期。

[2] 张宗伟：《新历史主义思潮与当代中国文献纪录片的叙事策略》，《艺术评论》2007 年第 12 期。

[3] 保尔·汤普逊：《过去的声音——口述史》，辽宁教育出版社 2000 年版。

[作者简介] 杨吉琳，1971 年生，女，吉林省抚松县人，东北师范大学人文学院副教授。

看与被看

——试论纳博科夫小说《洛丽塔》的两版电影改编

赵　茜

[摘要]　纳博科夫小说《洛丽塔》的两版电影改编，从多个方面显示出导演在二度创作时对原著小说的不同理解，本文试从片种类型、人物设置、影音风格和整体格调等角度评析两部电影改编版的不同，从而总结出艺术化解读与通俗化解读的不同策略。

[关键词]　元小说；艺术化解读；通俗化解读

美籍俄裔小说家纳博科夫的代表作《洛丽塔》于1955年首次出版以来一直争议颇多，小说叙述了一个带有乱伦和恋童癖色彩的禁忌故事，用复杂的叙事揭开了主人公隐秘的精神世界。《洛丽塔》也两度被搬上银幕，分别是1962年的库布里克版，以及1997年的阿德里安版，在这两个版本中，后者的接受程度显然要高于前者。但从改编对于原著的忠实程度来看，却是库布里克版要略胜一筹。

《洛丽塔》可以说是一部"元小说"，元小说的诸多技巧在小说中都有体现，如戏仿和致敬，虚构与游戏，不确定叙事等。这些小说技法如何通过电影手段得以传达，库布里克电影版做了有益的尝试。而阿德里安版则将这个复杂的乱伦故事进行了通俗化的处理，演变成了一个"痴情男子负心女"的模式。虽然后者的故事更为流畅好看，但在改编中，也失落了原著的很多意涵。本文将从几个角度分析一下两个版本的改编得失。

一 片种类型：悬疑片与爱情片

1962 年的库布里克版将影片设置为悬疑片范式，影片开头即是主人公亨伯特找奎尔蒂报仇，详尽展示了两个人之间的剧烈冲突。剧情的紧张也引发了悬念，使得影片具有了悬疑片的特质。1997 年版的电影开头，则是伴随着忧伤的音乐，失魂落魄的亨伯特开车游荡在公路上，紧接着转入自白，以怀旧和唯美的格调展示了亨伯特少年失恋的故事，带领观众进入了亨伯特的情感世界，观众被包裹在一种悲剧爱情故事特有的忧郁感伤的气氛之中。

影片的结尾部分，1962 年版本电影奎尔蒂的被杀，衔接了影片开头的情节，也在整个故事进程中解释了杀人案件发生的原因后给出了结果。一张画像上的弹孔，宣告了奎尔蒂的命运，也给整个故事画上了句号。1997 年的电影改编版则结束于亨伯特被捕，他在山顶遥望着山下的城镇，画外音表露出对洛丽塔的负疚和深情，慢镜头在不断强化其伤感失落的情绪，使故事的着眼点落于情感悲剧之上。纳博科夫的原著小说刻意模仿了爱伦·坡的笔触，将这个禁忌故事处理得充满悬念，从这一点上看，1962 年版的电影改编可以说是很好地把握住了原著小说的这种悬疑感，让故事从头至尾充满张力，可以说是文学技法的电影化的成功尝试。

二 人物设置：被看的洛丽塔

1962 年的改编版在表现亨伯特和洛丽塔时，没有明显偏向，显然导演是将两个人物共同置放在观众的目光之下，没有突出亨伯特的主体地位。而 1997 年的改编版，则采用了第一人称叙事，这一视角表面上和原小说的叙事视角是统一的，但由于电影并未对小说的不确定叙事加以表现，第一人称所固有的确定感，使得观众在无形中被代入了亨伯特的视角。影片中还采用了大量的主观镜头，详尽表现"亨伯特眼中的洛丽塔"形象，影片中使用了一系列镜语，如亨伯特初见洛丽塔，洛丽塔湿身俯卧在草地上，青春少女的身体曲线玲珑；如洛丽塔为亨伯特送早餐，镜头特写了洛丽塔的赤足和小腿；如洛丽塔坐在亨伯特对面的椅子上，伸展自己修长的双腿等。这样展示少女身体美的镜头在影片中比比皆是，无形中使得观众认同了亨伯特对洛丽塔的迷恋，亨伯特对洛丽塔的所谓的"爱"因此有了合理性，由此，原著小说隐蔽存在的对于亨伯特的道德批判完全被弱化了。影片对洛丽塔形象的"情色化"处理，固然使得影片本身具有了观赏性，但与此同时，也完全"客体化"和"物化"了洛丽塔，使其成为了一个欲望对象，这等于是认同了原著小说中亨伯特的畸形情感。

亨伯特的形象在两个版本中更是大异其趣，1962 年版的亨伯特的饰演者不无猥琐阴暗的形象传达出了导演对于亨伯特的讽刺。电影中也刻画了亨伯特凶狠、伪善的特性，使原著小说通过曲笔揭示的亨伯特的真实性格得以彰显。而 1997 年的电影版中则将亨伯特塑造成专一、悲情的悲剧主人公角色，扮演亨伯特的演员杰瑞米·艾恩斯，形象儒雅英俊，眼神深情忧郁，再加上一系列抒情化的镜语，很容易使观众认同亨伯特的视角，同情他的感受，从而不再去质疑亨伯特对洛丽塔的"爱情"，削弱了原著小说中对亨伯特行为的批判力量。

小说中另外一个重要人物奎尔蒂是作为亨伯特的镜像而存在的，其直接伤害洛丽塔的行为让亨伯特披着保护者外衣的隐形伤害得以显现。亨伯特杀死奎尔蒂，是杀死了另一个邪恶的自我，是亨伯特本人对洛丽塔的负罪感的必然结果。1962 年版本中的奎尔蒂在电影中戏剧化地分身为三个角色：既是写作《受惑的猎人》的剧作家，也是跟踪亨伯特的秘密警察，又是带着外国口音的学校心理医生。奎尔蒂假扮他人为的是监视亨伯特，控制洛丽塔。这些变身的角色增强了影片的悬疑性，同时也暗示了亨伯特的性格分裂——他的多重自我（道德自我和欲望自我）。奎尔蒂使用的多种语言，也暗合了原著小说中对不同作家写作风格的戏仿和致敬。而 1997 年版本中的奎尔蒂一直很神秘，使影片笼罩着一种不安和恐慌的气氛，加强了结尾的悲剧效应。最后的裸体出场，强化了奎尔蒂作为"邪恶欲望"代表的堕落。在 1997 年的版本中，奎尔蒂更多的是作为"加害者"存在，其"镜像化"的影射并不明显。

洛丽塔的母亲黑兹太太在两个改编版中的面貌也截然不同，1962 年版用诸多镜语展现了黑兹太太市侩、空虚、自恋、愚蠢的特点，带有极强的讽刺性，极具喜剧效果。其死亡也被戏谑化，有了黑色幽默的色彩。人物的荒诞性恰恰暗合了原著小说中对情节的非真实的戏谑化处理。而1997年版的电影中，则将黑兹太太合情合理化了，展示其死亡情节时，也更突出了命运无常和无情，使其成为故事中的又一悲情人物。

在人物形象的处理上，1962年的库布里克版更为接近原著的格调设定，而1997年的阿德里安版为了流畅叙事以及情感渲染的需要将其平面化与简单化地处理了。虽然后者的人物清晰明了，容易代入，却无形中失去了原著小说中人物特有的丰富暧昧的意味。

三 影音风格：冷峻与煽情

从两部影片的影像来看，1962年版的电影是黑白片，黑白影像本来就具有一种冷峻现实的特点，加上库布里克在故事的叙事中大多采用中景镜头，好似在冷眼旁观着整个故事的进程，这种表现手法也产生了一种"间离效果"，没有强烈的代入感，使得电影观众能跳出故事本身，客观地评价故事中的人物，这其实也是原著小说所追求的效果，《洛丽塔》原著在小说正文前面加了一个序言，序言是一个医学博士所写，他断定小说正文中讲故事的亨伯特是个精神病人，这就给小说增添了很多的不确定性，也使得读者在阅读亨伯特的自述之前已经和故事有了距离感。而1962年版的电影，正是通过平静客观冷峻的镜头语言，强调了这种效果。1962年版的电影音乐也毫无感情色彩，甚至带有谐谑的格调。而1997年的电影版则在影像上追求唯美华丽的视觉效果，情调上感伤忧郁，影片多处使用了特写镜头，强调讲述者的主观感受，配乐伤感动人，传达出悲剧爱情的凄婉格调。这种种表现手段，都将观众代入一个悲剧的爱情故事中感同身受，在情感共鸣中理性的判断无形中已然缺席。

四 整体格调：黑色幽默与悲情凄婉

1962年的电影改编版处处呈现出对人物的嘲讽，无论是亨伯特的恋童，还是黑兹太太的自恋，抑或洛丽塔的任性，都在镜头中表露无遗，就连亨伯特的复仇都显得又可悲又可笑，这种影片格调，和原著小说中的游戏笔调不谋而合，很精致地传达出了纳博科夫对这个荒诞故事的谐谑态度。而1997年的电影版则从始至终笼罩在一片悲情的气氛中，亨伯特似乎情非得已，而洛丽塔是少不更事，不懂亨伯特的深情，最终错失。悲剧的发生不是亨伯特的邪恶欲望和阴暗内心所致，而是世事无常，命运多舛，由不得观众洒下一把同情之泪，故事也终归于"痴情男子负心女"的套路之中。

库布里克是美国著名的知识分子导演，他的电影，往往将深刻的哲学思索灌注到叙事的每一个细节，这才有了1962年版的《洛丽塔》丰富的主题层次，多样的表现手段，深刻的意涵传达，成功地将小说中的某些文学手法转化为电影表意手段，精准地传递了原著小说的主旨，可以说是一次成功的改编实践。而1997年版的导演阿德里安则是好莱坞著名的"情色片"导演，尤其擅长在影片中展现男性眼中的"女性身体魅力"，因此，他在改编中侧重情感线索，忽视了原著小说的诸多文学手法的传达，小说故事因此变得单一化和平面化，原著小说中的叙事的多义性被无形消解。影片通过影音手段将故事进行了通俗化的处理和解读，在某种意义上歪曲了原小说的主旨。但是1997年的改编版影像唯美，故事流畅，赢得了较好的票房和口碑，也为小说《洛丽塔》的传播推广起到了积极的作用。两版电影改编，传递的是两位导演对于作品的个人理解，也是对小说《洛丽塔》解读的艺术化与通俗化两种路径的表达。

[参考文献]

[1] 唐莹：《文学改编电影审美维度的转向——以〈洛丽塔〉为例》，《电影评介》2016年第21期。

[2] 吴红英、杨春睿：《解读〈洛丽塔〉的悲剧意蕴》，《电影文学》2013年第23期。

[3] 苏玉霞：《〈洛丽塔〉的后现代主义特征》，《芒种》2014年第10期。

[4] 陈沿西：《电影〈洛丽塔〉人物悲剧的消费主义解读》，《电影文学》2014年第

5 期。

[5] 高捷：《〈洛丽塔〉文学作品改编电影的审美内涵》，《电影评介》2016 年第
14 期。

［作者简介］赵茜，1977 年生，女，吉林省白山市人，东北师范大学人文学院副
教授，文学硕士。

谁是莎拉

——论《法国中尉的女人》的电影改编

赵　茜

[摘要]　英国小说家约翰·福尔斯创作的小说《法国中尉的女人》，由诺贝尔文学奖获得者，英国剧作家哈罗德·品特改编成了电影剧本。小说文本和电影剧本之间既有契合，亦有疏离。本文试从以下几方面入手，对电影改编的得失加以评析：电影的双线结构创造性地展现了小说的当代视角；电影对小说中心人物莎拉的处理使人物简单化和平面化；电影故事结局的安排冲淡了小说的存在主义意蕴；以及电影改编的其他可能性探讨。

[关键词]　元小说；双线结构；荒谬感

出版于 1969 年的《法国中尉的女人》是英国作家约翰·福尔斯的代表作，这部作品一经问世便引起了广泛的关注。小说以"元小说"叙事技巧，对 19 世纪维多利亚时代虚伪的社会风尚进行了审视与反思。小说的成功吸引了众多的电影工作者对之进行改编创作，但是由于其元小说的性质，使得改编极为棘手，直到小说问世十年之后，英国著名剧作家哈罗德·品特的改编才使得小说被搬上荧屏。

《法国中尉的女人》仿写"维多利亚小说"，但实际上却是用一个维多利亚时代的爱情故事反过来破坏了维多利亚时代的叙事。这种破坏，体现在几个方面：首先是小说的视角，作者用当代视角对维多利亚时代进行了反思，具体表现为作者在作品中不停引用当时的文学作品、社会文献、乡野民谣等，并不时打断叙事，加入作者的议论，全面地展现和评判维多利亚时代。同时，在使用维多利亚小说写作样式的同时，作者还表达了自己对小说写作理论的思考；其次是小说人物的处理，莎拉的人物设定既在某些方面模仿着维多利亚小说，又具有相当的颠覆性和神秘性，并以其捉摸不定的性格成为一个完全新型的人物形象；最后是作品的结局，作者颠覆了维多利亚小说的固定范式，让小说有了开放式的三种结局。以上的三个特征，使得《法国中尉的女人》成了一部典型的现代主义小说，如何在电影改编上将原来小说作者的意图更好地呈现出来，哈罗德·品特做了自己的努力。

一 结构:单线与双线

为了将作者约翰·福尔斯对维多利亚时代的当代审视体现出来，品特为影片安排了另外一条原小说没有的故事线：拍摄《法国中尉的女人》的电影的男女主演在现实中的婚外情故事。并通过他们的交谈与思考，将原小说中作者的议论带出来。这一安排，一方面使得原来小说中的当代元素和议论部分得以呈现；另一方面，当代演员成了小说里作者的化身。实际上，男女演员也的确承当着一个"作者"的身份，用他们的表演，呈现原小说里面的旧时代的故事。电影中也安排了很多呈现电影工作者"再创造"的场景，一个动作，一个眼神，甚至演员的心情，都会影响到故事的表达，让观众得以去思考"创造"与"再创造"的关系。这一安排，使得"作者"的身份被赋予了电影创作的特殊色彩——小说的作者只有一个，但电影的作者是多元的。电影这一媒介的特殊性在此得到了强调。

而男女演员当代的爱情故事又成了维多利亚时代爱情故事的复调，莎拉和查尔斯突破种种虚伪的道德约束，突破自身的阶级局限，终于心灵相通，真心相爱。现实中的安娜和麦克虽没有那种严苛的社会环境，却仍然摆脱不了各种羁绊和束缚，仍然以分手收场。这不能不说是对福尔斯爱情主题的进一步延展和思考：除去了那种森严的等级的规约，人和人之间是否就能够享受情感的完全自由？

双线结构的安排较为有效地表达出了福尔斯小说的当代视角，不能不说是个有新意的创造。

二 人物：谜一样的莎拉

福尔斯小说中的女主人公莎拉非常神秘，不仅查尔斯无法理解，就连作者本人也没有试图给她一个行为动机的解释。莎拉的神秘首先体现于内心异乎寻常的强大，她为了能被放逐到社会边缘，而故意编造自己伤风败俗的故事，她似乎是个勇敢的战士，看透了社会道德的虚伪与矫饰，要用自己孤傲的姿态与之抗衡。他人越是嘲笑，她就是越能获得一种优越感。关于这一点，查尔斯与心理学家朋友分析她是有"自虐"倾向的一类人，但这终究只是查尔斯一厢情愿的猜想。结合作者在小说中对维多利亚时代社会风尚的讽刺，我们不妨把莎拉看作作者自己的批判声音的形象式的外化，以一个挑战者的姿态出现在生活中。而考虑到维多利亚时代的社会状况，这类人物出现的现实可能性其实并不大，这使得莎拉这一形象又具有超现实的虚构性质。而"元小说"的特征之一，就是通过颠覆"仿真"来揭示"虚构"的本质。可以说，莎拉的神秘性是小说文本"元小说"性的一种体现。

莎拉的神秘其次体现为她对事态的绝对掌控上，她能预知自己能以什么样的方式吸引到男主人公，她似乎也对男主人公的一切都了如指掌。相比之下，查尔斯就像一个奇迹见证者，除了被诱惑、被设计，似乎无所作为。小说中的查尔斯是一个常规、常理的存在，他以他的"被动"和"可理解"成为莎拉的反衬，让莎拉的形象越发高高在上，神秘莫测。

最后，神秘体现为莎拉身上的"荒诞感"。莎拉神秘地失踪了，在将查尔斯的生活彻底打乱和搅碎之后消失得无影无踪。这种失踪，也是查尔斯和读者的理性都不能理解的，这使得莎拉的行为具有了荒谬感，就像无逻辑的生活本身，有了存在主义的"偶然"色彩。小说的结局之一是莎拉的神秘终于把查尔斯弄到精神崩溃的地步，这也是理性的崩溃，是 19 世纪小说那个井井有条的世界的崩溃。

福尔斯对莎拉这一形象的设计至少有三个企图，其一，莎拉就是维多利亚时代的作者的象征，那个在自己的文字世界里任意进行创造的"上帝"，无所不知，无所不能，对自己的小说人物（在本书中即男主人公查尔斯）进行绝对的掌控。福尔斯旨在通过莎拉这一形象，来揭示和反思传统小说作者的"上帝"身份。福尔斯对"莎拉即是作者"的另一暗示，是莎拉在与查尔斯交往的初期，通过编造故事来吸引对方，这是一次叙事行为的胜利。结尾处，查尔斯陷入一种孤独处境中，与小说开头处莎拉的孤独恰成对照，而莎拉则因为她的"叙事"的成功而获得了无所不能的自由；其二，莎拉的不可理喻的行为，又具有一种非理性所能解释的"荒谬感"。对生活荒诞本质的揭示，恰恰是 20 世纪现代派文学的特征之一，莎拉的形象也可看作福尔斯对当代世界的一种存在主义式的理解：现实是无理而又无解的；其三，莎拉这一形象无疑是对 19 世纪维多利亚时代小说女性人物形象的一种颠覆。莎拉和很多 19 世纪小说中出身低微的女主人公一样具有反抗的天性，但是传统小说女性的反抗都是在一个社会框架内进行的，换言之，她们并没有超越时代的反思能力。而莎拉却遗世独立，站在制高点上，蔑视着自己所身处的现实环境，而当梦寐以求的爱情到来之际，莎拉却选择了更高层次的自由。所以，她的原型来自于 19 世纪，但人物精神无疑是 20 世纪的。

带有多重身份印记的莎拉是小说的灵魂人物，电影中为了表现这种复杂，让当代的电影演员安娜成为莎拉精神内涵诠释的又一载体。电影表现旧时代的故事，采用了小说中的喜剧结局，给了莎拉一个解释，一切行为动机似乎都有了逻辑，使得莎拉的神秘性得以一部分的消解，因而查尔斯怡然欣喜地与莎拉破镜重圆。而对于莎拉的自由选择，电影则安排给了当代的安娜，她在最后不告而别，留给男演员一声叹息，他的呼唤"莎拉！"似乎也隐隐传达出了小说中男主人公查尔斯对莎拉神秘费解的困惑，但观众终究可以在现实中找到安娜不告而别的原因，前文用相当的叙事段落，交代了两人的家庭羁绊，所以，最终的分手似乎是理所当然的。

基于此，小说作者赋予莎拉的种种象征意义，并没有能在电影中得以全面的展现。电影的处理弱化了莎拉作为"作者"身份的暗示，又给予其荒诞行为以合理的解释，莎拉所有的选择都可以概括在"自由"这个大框架之内。而演员安娜的不告而别，又因为前文的交代，给出了现实的理由。电影在过度现实化莎拉形象的同时，失去了小说中莎拉形象本来具有的种种深意。

三 结局：悲与喜的意涵

福尔斯给自己的小说设计了三个结尾：其一出现在小说的三分之二处，查尔斯拒绝了莎拉再见面的请求，和自己的未婚妻结婚，过完了富足却平淡乏味的人生，莎拉就此出局。借此，这个故事成了一个出轨男人回归正统，浪子回头的人生经历的重述；其二是查尔斯经过三年的寻找，在几近绝望之际找到莎拉，并与之破镜重圆；其三是找到莎拉的查尔斯询问当年莎拉消失的原因，却得不到合理的解释，愤而离去。

结局之一，莎拉的故事没有写完，因其不完整性而使得故事的重心偏移了，本来是主角的莎拉，变成了查尔斯的人生插曲，因此，这一结局可以看作一个虚假的结局。同时也可以当作作者对 19 世纪人物的理解：受社会规约限制，风流韵事最大的可能就是消泯于无形。结局之二是维多利亚小说式样的结局，给部分事实以解释，莎拉的行为有了理由，动机变得合理，世界是清晰明了的，这恰是传统维多利亚小说的处理方式。结局之三是莎拉之谜延续到了最后，查尔斯面对的始终是个谜一样的女人。他在过去误解她，现在和将来都不会理解她。所以，查尔斯绝望了，他离开了莎拉，一个人去面对叵测的生活："生活的洪流滚滚向前，奔向那不可测的、苦涩的、奥妙无穷的大海。"这是一个存在主义式的结局，对一切不可解的东西保持缄默，同时也表达出了十足的无奈。另外，这第三个结局，也完成了一个叙事圆圈。结尾无助的查尔斯正如小说开头眺望大海的莎拉，不仅外在的场景（泰晤士河畔和大海边）是对应的，就连人物的内心状态也是一致的。

电影改编把小说中的悲喜结局分别给了两个时代的两对情人，使得原小说中莎拉与查尔斯的故事成了典型的维多利亚时代的故事范式；而当代故事的悲剧结局，也没能传递出原小说中由莎拉的不可理解所带来的荒诞感，冲淡了悲剧结局的存在主义意蕴。同时，电影改编中，没有相同人物不同情境的对比，也很难看出19世纪到20世纪时代精神的嬗变，削弱了当代视角对19世纪的审视，而这一点，是被小说作者福尔斯潜藏在文本之中的。

四　路径：改编的其他可能

福尔斯的小说有着文体的自觉，这部小说是以仿维多利亚小说的形式出现的，作者在每一章的开头都要引用维多利亚时代的人物言论和著作，他不时地提醒读者，他的小说仅仅是作者的想象和叙述，在本质上是"虚构"而非"再现"。这种对真实的颠覆，提醒着我们这是一部现代主义的"元小说"。

而品特的电影剧本并没有像原小说作者那样在文本中思考媒介的性质，并将自己的思考以某种形式表达出来（小说中的非小说成分等）。那么，对应"元小说"对小说本体的思考，电影是否也可以在改编中体现出对电影这种媒介的思考呢？比如，让观众认识到摄影机"眼睛"的存在，认识到自己所看到的并不是"现实"，而是创作者截取出来的"仿真"现实。影片或许可以在某些地方强调出电影的"看"的特质，让观众感觉到叙事者的存在，从而反思电影这一媒介的性质。而品特电影改编中的叙事者则完全是全知全能的"上帝"，不仅看不到摄影机彰显其视野限制，反而它在时时提示着观众，该往哪里看，该看到什么。摄影机甚至被隐藏起来，只在现实和拍摄的电影之间起到一个连接作用。这使得影片在整体上维持了一种流畅、"真实"的叙事幻觉，而这种"上帝视角"恰恰是福尔斯在自己的小说中一直试图质疑和颠覆的。

想要凸显摄影机的在场，就必然涉及镜头的组合即蒙太奇手法。正如布列松所指出的那样：电影为避免简单地跌入再现，必须进行"断片化"，通过剪接，将人与人，人与物用目光连接起来。在这一点上，戈达尔的电影观念似乎可以借用来传达这种"元电影"的思考。

总之，品特的再创造既形象化地将当代评判带进19世纪的故事，同时又在双线结构中损失了某些小说特殊的意蕴内涵，使得小说故意设置

的谜题被简单破解。这一改编，为读者和观众对两种媒介的相互转换的
认识提供了又一个有意味的范本。

［参考文献］

［1］［英］约翰·福尔斯：《法国中尉的女人》，百花文艺出版社 1986 年版。

［2］戴锦华：《镜与世俗神话》，中国人民大学出版社 2004 年版。

［3］李丹：《从"历史编撰元小说"〈看法国中尉的女人〉》，《外国文学研究》2010
年第 2 期。

［4］赵红妹：《〈法国中尉的女人〉：从小说到电影》，《电影文学》2007 年第 12 期。

［5］陈静：《〈法国中尉的女人〉的存在主义解读》，《外国文学研究》2007 年第
5 期。

［作者简介］赵茜，1977 年生，女，吉林省白山市人，东北师范大学人文学院副
教授，文学硕士。

大数据:新理念与新技术在应用层面的无缝对接

宋学清

[摘要] 21 世纪"大数据时代"的到来带给我们新的契机,把握住这一历史的机遇与挑战,将大数据研究深入发展,将是我们今后参与世界竞争的一个重要方面。作为一个新近出现的学术术语,关于"大数据"的思考更多倾向于工具论而非本体论,即更为关心"大数据"的应用性与时效性,而非纠结于概念式的知识学理性分析。本论文正是基于应用层面去思考"大数据"在理念革新、技术创新等方面的新动向,发现大数据在思维理念上对社会生产、生活的深刻影响,而这种全新理念的衍生与推广则需要强大分析处理技术的支持,可以说在"大数据"的发展领域里,理念提供了方向,技术提供了动力,二者相辅相成共同推进了"大数据"在 21 世纪的深入发展。

[关键词] 大数据;大数据时代;全数据模式;全新理念;分析处理技术

21 世纪信息数据呈现出在量上的爆炸式增长、在分析技术上的高度复杂化的特征,而我们在对这些大型数据进行全新的挖掘、处理、分析、共享等过程中,终于迎来了一个崭新的"大数据时代"。在今天,"大数据"(Big Data)已经成为整个社会一个重要的关键词,无论对于产业界还是科技界、政府还是民间都产生了重要影响。2012 年 3 月，美国奥巴马政府投资 2 亿美元启动了"大数据研究和发展计划"，从而拉开了各国关于大数据这一新型经济形式的争夺战。而就影响的深广度而言，我们甚至可以说信息数据已经成为科技与经济、社会与文化的重要影响因子。因此在今天当我们认真思考中国如何与世界接轨这一重大时代命题之际，"大数据"无疑可以作为其中的一个重要维度进入观察视野，这也是 21 世纪中国参与世界竞争所面对的一次机遇与挑战，因为对于大数据的研究，世界各国几乎处于同一起跑线，在这一开放、平等的竞争平台上，无论是在理念层面、技术层面还是应用层面我们都有机会走在世界的前列。

一　对于"大数据"全新理念的本体论探微

关于"大数据"（Big Data）这一学术概念早在 20 世纪 80 年代就已经在美国出现，借以描述人类大量增长的数据信息，这一提法在当时主要指向数据在"量"方面的特征，在概念上相当于"数据大"，与今天意义上的"大数据"存在一定差异，因此并未引起广泛关注。2008 年 9 月《自然》杂志刊发 "Big Data: Science in the Petabyte Era"[1]一文，将大数据作为一种全新的理念正式推出，使其超越于数据在"量"上的单方面描述，而是指向了在海量数据的基础上所衍生出来的对待数据的全新的态度、理念与处理方法。例如，大数据所采用的"全数据模式"在政治、经济以及公共卫生等领域的有效应用，并由此取得了巨大的社会实效与经济效益。因此我们可以说大数据无论在理念上还是实际应用中都是一次巨大的变革，同时它的理论意义与现实价值也迅速引起人们的关注，其后大数据概念开始在各行业被广泛应用和传播。

当大数据在生活、工作与思维等方面的革命性影响日益深入之际，2011 年全球知名咨询公司麦肯锡正式提出了"大数据时代"的到来，借以陈述大数据对当今世界的巨大影响。它们在著名的调研报告《大数据：下一个前沿，竞争力、创新力和生产力》一文中，指出"数据已经渗透到社会生活中的各个行业和业务职能领域，逐渐成为重要的生产因素；

而人们对于海量数据的运用将预示着新一波生产率增长和消费者盈余浪潮的到来。"[2]以此我们可以看到麦肯锡公司对"大数据时代"的定义主要基于数据应用的广泛性、深入性，及其作为"生产因素"的经济价值与实效价值，甚而言之大数据正因其在经济生产领域的工具性与实用性，而使其取代了之前的"信息时代"开创出一个新的时代。大数据作为一种"生产因素"究竟具备多大的商业价值呢？被誉为"大数据商业应用第一人"的维克托·迈尔·舍恩伯格在《大数据时代》一书中做了极为详细完备的介绍，大数据所拥有的每一种特质几乎都会在很多领域产生革命性的影响，甚至于航海、天文、医疗与公共设施维修等领域，而每一次的应用都会带来巨大的经济效益，从而吸引人们更为执着、深入地开发大数据潜藏的更为丰富的商业价值。而随着人们对于大数据研究与开发的日益加深，大数据所特有的资源的无限性、再生性、共享性特征越来越引起人们的关注，甚至有人将大数据看作一种新的自然资源，[3]而达沃斯在《大数据，大影响》的报告中将大数据定义为与货币、黄金一样的经济资产类别，由此可见人们对于作为一种新经济实体的大数据在资产转化上的信心与认可。无论是将大数据定义为新的自然资源还是将其视为货币、黄金的等价物，都是从经济角度观察大数据对于当今社会的巨大影响，而这种影响也必将渗透其他领域，其意义之大正如李国杰院士所说："一个国家拥有数据的规模和运用数据的能力将成为综合国力的重要组成部分和企业间新的争夺焦点。"[4]大数据正是凭借着自身无可替代的价值预示着一个超越信息时代的新的时代的到来。

　　正如任何一个新名词的出现都会伴随着人们对其概念的本质主义追问一样，大数据从出现伊始便充斥着各类定义。目前对于大数据并未形成权威性的定义，互动百科与维基百科都是从数据的量与常规软件无法进行技术处理等方面进行界定，对于大数据的认识略显滞后，基本停留于大数据的初级阶段。而互联网数据中心将大数据定义为：为更经济地从高频率的、大容量的、不同结构和类型的数据中获取价值而设计的新一代架构和技术。这种定义看到了大数据的价值获取与技术革新，更为接近大数据的现实指向。而从目前的研究情况与应用效果来看，大数据向我们提供的最重要的资源是一种全新的理念，即在新技术的支持下以一种全新的视角观察数据，以一种全新的方法处理数据，并将所得结果应用于政治、经济、社会生活等领域，以此获取经济利益与社会价值。可以说概念的界定并非大数据关心的话题，从它对于问题的思考维度可见一斑。大数据不关心事物"为什么"这类带有本质主义色彩的因果关系，而是着重于"是什么"这类实用性的相关关系，因为在经济社会探讨本质没有意义，只有预测结果才能获取最大利益。这种反本质主义的思考逻辑本身就在排斥本质主义的意义界定。

作为一个新生事物，大数据在特点上的研究同样处于未完成状态，目前较为流行的定位来自于布赖恩·霍普金斯与鲍里斯·埃韦尔松，他们在《首席信息官，请用大数据扩展数字视野》报告中将大数据特征概括为：海量性（Volume）、多样性（Variety）、高速性（Velocity）与易变性（Variability）。海量性用以形容全球数据量之大，据不完全统计，2011年全球数据总量就已经达到 1.8 ZB，而据 IDC 在《数字宇宙膨胀：到2010 年全球信息增长预测》中的最近预测，全球数据量在 2020 年将再扩大 50 多倍，其惊人的数据量令人叹为观止。多样性主要用来形容新型多结构数据的大量涌现，比如，网络日志、社交媒体、互联网搜索、手机通话记录及传感器网络等。高速性描述的则是数据分析和处理的速度。易变性主要概况了大数据所呈现出来的多变的形式和类型，因为大数据具有多层结构，因此会表现出不规则和模糊不清的特性，这将造成对其分析所产生的不确定性结果。

二 大数据分析方法对于文学批评理念的影响

大数据的出现与数据在量上的增加以及在处理技术上的提高有一定的关联。系统对于数据的管理与处理在量方面的描述先后历经超大规模数据、海量数据以及今天的大数据，分别用以形容 GB 级别数据时期、TB级别数据时期、PB 以上级别数据时期。大数据所指向的 PB（1015）及以上级别的数据，对于计算机 CPU 及存储技术提出了更高的要求。换而言之，如果我们不能为大数据寻找到一个合适的"家"，从而为它提供有效的储存空间，那么所谓大数据的时代将无法实现。恰逢其时，云计算的出现解决了这一关键性技术要求，今天云计算正日益受到学术界与工业界的关注，它所提供的强大的存储和计算能力立刻成为了大数据的有效储存工具与应用途径，可以说云计算的出现与成熟在技术上造就了大数据的繁盛。而云计算中的"云"可以再细分为"存储云"和"计算云"，云存储是在云计算概念基础上延伸和发展出来的，是一个以数据存储和管理为核心的云计算系统，是大数据储存的主要载体。

大数据在技术层面的需求除去必需的设备——主要包括信息处理器与储存器——之外，还需要相应的数据分析工具，包括统计学与计算方法等。大数据在数据分析处理技术方面快速进步的主要推动力源于数据应用的实践，面对大数据所提出的新情况、新问题，人们不断去探索更为行之有效的数据分析技术，其中 2004 年 Google 公司最先提出了 MapReduce 技术[5]，作为面向大数据分析和处理的并行计算模型，这一模式迅速引起人们的广泛关注，并在不断地应用与改良过程中成为了非关系数据管理和分析技术的重要代表。同时非关系数据管理技术的出现并没有将传统的关系数据管理技术完全取代，相反二者在竞争中互为补充共同发展，成为了今天大数据分析的重要方法。[6]

人们对于数据价值的挖掘尤为关注计算效率与结果，因此在提高大数据处理效率与速度方面先后开发出多种方法，比如，在 VC 中利用 OO4O 包含的 Oracle C + + Class Library 提供的一些基本类库对大数据的高效处理法；[7] 在 ASP. NET 中大数据量分页技术的研究；[8] 在 SOAP 协议下对大数据量传输性能的改进。[9] 为了提高软件执行的高效率与大数据消息数据处理速度而开发的 WMB（Websphere Message Broker）算法。[10] 为适应大数据的新情况对支持向量机（support vectormachine，简称 SVM）参数寻优方法的改良，[11] 等等，在这一方面的技术研究极为全面且日益深入。

大数据并非是对于数据在量上的单纯描述，它的存在意义更多表现在通过对于海量数据信息的充分挖掘，去发现数据背后的价值。而在对数据进行信息处理过程中，以往人们将更多的注意力集中在信息技术的变革上，而今天"信息"本身以及信息分析方法则引起了人们更为广泛的关注。对于信息的关注最为重要的是数据化理念，即将一切事物转化成可以用数值来量化的数据模式，无论是文字、语言、方位还是各种动作行为等都可以被数据化。而这种将世界、事物数据化的理念，可以为我们提供一个全新的观察世界与现实的视角。

信息时代往往表现出对于信息本身直接价值的关注，而大数据时代则更进一步，它要从看似毫无价值、毫无关联的繁杂信息背后去发掘潜在价值，这就需要合理的数据分析法。大数据在分析方法上的革新主要有两种，一是全数据分析法，二是相关关系分析法。全数据分析法主要针对的是随机采样分析法，它最大限度地"利用所有的数据，而不再仅仅依靠一小部分数据"[12]。在早期数据量以及处理技术相对落后的"小数据时代"，对于数据的处理通常采取随机采样分析法，通过对样本数据的分析获取有价值的信息，这是一种依靠最少数据获得最多信息的方法。虽然这种分析法存在很多缺陷与问题，但在当时却是最为高效的方法，甚至可以说在大数据出现前它是最为成功且统治时间最为久远的分析法。直到大数据的出现才彻底改变了这一现状，它将所有数据置于观察视野，进行全面分析。这种全数据分析法不遗漏的全面性跨越了样本分析法对于样本精确性的要求，部分数据的错误在全数据的整体结构中可以被忽略、被纠正，对于数据分析的结果非但不会产生大的影响，这种全数据模式反而会获得更准确、更全面、更有价值的信息。

至于相关关系分析法主要"是指当一个数据值增加时，另一个数据值很有可能也会随之增加。相关关系的核心是量化两个数据值之间的数理关系"[13]。比如，特定地区网络搜索"流感"相关词条的数据值越高，则该地区流感患者的数据值越高。这种利用相关关系分析法捕捉现在和预测未来通常被认为是大数据的核心，这种方法主要探讨信息间的关系"是什么"，摆脱了传统因果关系分析法对于"为什么"的本质主义的关注，不纠结于原因专注于现象，反而使这一方法充满活力，能够更为灵活、有效地处理各类繁杂数据。这不仅仅是方法的革新，更是一种思维的革命。

可以说依托于信息技术的大数据理念，已经渗透社会生活的各个领域，并在潜移默化中影响着人们的价值判断与观察视角，并逐渐形成新的世界观。

三　大数据作为一种全新理念在应用层面的实践性探索

在今天，由于计算机处理技术与存储技术的飞速发展极大降低了数据处理的投入成本，从而使数据的现实应用与商业投资具有了可行性，而随着数据在社会应用性方面的不断扩张，它已经成为了现代社会一种独特的商业资本，一项可靠的经济投资业务，它甚至可以创造出新的经济利益，因此我们可以说大数据已经成为一种数字经济与知识经济的新型产业。关于大数据的科学价值与社会价值正如牛津大学的维克托·迈尔·舍恩伯格教授所言，主要表现为两大方面，"一方面，对大数据的掌握程度可以转化为经济价值的来源。另一方面，大数据已经撼动了世界的方方面面，从商业科技到医疗、政府、教育、经济、人文以及社会的其他各个领域"[14]。大数据潜在的经济价值是毋庸置疑的，但并不是说每个人每个企业都有能力挖掘出其背后隐藏的巨大价值，面对公开而又庞杂的信息数据，除了必要的处理技术、分析方法，全新的理念与独特的视角则显得更为重要，可以说理念与视角提供了大数据研究的方向，技术与方法提供了解构大数据的具体方法，因此对大数据全面的掌握程度与其经济价值的开发程度紧密相关。数据的秘密一旦被破解，滚滚的财富便随之而来，而财富的增长往往伴随着精神的提升，大数据必将以自身丰厚的利益与高能的效益由表及里地影响着社会生活的各个层面，使人们在不同层面获得新的认知、创造新的价值，并最终改变人们传统的惯性思维，带来一场全新的理念革命。

市场经济利益优先的原则，使大数据的影响范围迅速扩大，从商业科技到医疗、政府、教育、经济、人文以及社会的其他各个领域，大数据很快便渗透社会的各个领域。大数据的应用性影响力主要源于其预见性与高效性特征，预见性能保证我们对于未来的把握力，增强对于可能出现情况的控制力，从而能够占据情报的制高点，有针对性地提前解决问题，节约成本或谋求暴利。高效性则主要指决策付诸行动时的效率值，大数据的高效性与预见性紧密相关，只有全面了解与把握事物的所有情况，并对其发展方向具备相对正确的预判，才可能在快节奏的现代生活中做出快速反应，采取正确、高效的行动。

首先大数据在商业、经济领域的应用效果表现得最为突出，甚至很多企业正是以大数据的开发而闻名。正如著名的 O'Reilly 公司预言的那样，"数据是下一个'Intel Inside'，未来属于将数据转换成产品的公司和人们"。将数据转化成产品来创造财富这一简单的逻辑背后蕴含着深刻的思维革命，它将带来一个全新的经济模式，开启经济发展的新时代。比如，世界最早的大数据公司之一 Farecast 公司，他们创建了一个相对稳定的预测系统，在对某一行业的大数据进行合理分析的基础上，用以预测某类产业价格的升降趋势。比如，在机票价格、宾馆预订、二手车购买等方面，通过 Farecast 公司的预测系统可以发现它们价格的走势与升降幅度，且具有较高的命中率，从而帮助很多消费者节省大量开支。如果说 Farecast 公司代表的是大数据公司早期的一次牛刀小试，那么其后微软公司（Microsoft）、国际商业机器公司（IBM）、甲骨文公司（Oracle）、谷歌公司（Google）、亚马逊公司（Amazon）、Facebook 等各大跨国巨头也都先后进入大数据领域，一方面推动着大数据处理技术快速发展，另一方面从大数据中获取巨额利润。比如，以图书销售为主要业务的亚马逊公司，他们采用了机器生成的个性化图书推荐系统，以此代替之前的书评家的个人评论与推荐，从而极大地降低了投入成本、提高销售量，并最终彻底改变了电子商务，使电子商务在今天得以全面普及。同时亚马逊公司与各大出版公司协商将图书数据化的工程也取得了巨大成功，将大数据的应用推向新的方向、走向新的高峰。今天大数据在经济领域的应用可谓深入而广泛，已经成为不可逆转的一种趋势。

大数据在公共事务管理方面的应用同样取得了有效成果。无论是电子政务、医疗卫生、新闻通信、教育管理、公共交通等宏观事务，还是汽车导航、航海路线、设备维修、人员管理等微观事务都刻下大数据的烙印，由于大数据的参与极大地提高了公共事务的处理效率，并为公共事务的管理建立起新方法与新秩序。

今天政府工作在电子政务方面的发展已经相对普及，但始终停留于低层次的初级水平，这不仅涉及政府工作效率问题，更是对政府职能的一次叩问。而电子政务根本性转变的发生与 O'Reilly Media 公司联合创始人兼 CEO、被称为 Web2.0 之父的蒂姆·奥莱利有关,蒂姆·奥莱利在 Web 2.0 概念基础上提出了政府 2.0。所谓政府 2.0 是指政府利用互联网上的多元信息平台,打造形成一个国民互动、共同创新的整合开放平台。以此保证与民众直接互动和沟通,从条块分割、封闭的架构迈向一个开放、协同、合作、互动的架构,使政府真正成为服务型政府。其基本特征是公开透明、互动沟通、开放创新、平台服务。[15] 大数据对于政府 2.0 以及政府工作的推动无疑是革命性的,它最终推动了政府信息资源的公开化和有效利用,打破了政府与社会民众间的无形藩篱。

而大数据以其全数据模式、相关关系理念对于数据的全面处理,使其能够在医疗方面有效预测流感的发生,并及时采取合理的治疗手段,保证社会医疗卫生安全;[16] 在交通管理方面则能提前预判交通堵塞及交通事故等问题,提出合理化建议以及应急措施;[17] 甚至对于电力通信[18]、地理测绘[19] 等也能产生效能。大数据的影响已经深入社会生活的方方面面,并且已经开始干预生活,影响人们的生活模式。

但是作为一个新型应用理念,大数据的应用性研究与开发还处于初级阶段,主要表现在两个方面,一方面是应用领域尚未完全打开,比如,大数据在教育、科研领域的运用还相对薄弱,它在教育管理、教学实践与学术科研活动中并未得到相应重视。另一方面,在某些应用领域中并未得到更为深入的探索与发展,比如在商业领域的应用,往往将其作为一种投机预测的手段,并未将其真正发展成一种稳定的商业科学。而大数据若想在应用领域取得更为广泛、深入的影响,需要加大它的基础性研究,并努力将其发展成一门数据科学,拥有自己独立的研究对象、研究价值与研究方法等,从而为其进一步的应用性研究打下坚实稳定的基础。

大数据研究将信息时代沿着更为深远的方向做出了革命性的推动,让我们在 21 世纪的第二个十年迎来了一个全新的大数据时代,这一时代,信息数据的爆炸式增长、交叉性运用,以及新技术的层出不穷为我们带来了持续的惊奇,引领我们进入新的领域、新的理念,同时也为我们带来了新的契机,面对这一历史端点,我们有责任与义务投入全部的科研热情与力量,将我国大数据研究推至世界领先地位,以保证我们在

21 世纪激烈的竞争环境中占据有利地位。

[参考文献]

[1] Big data：Science in the petabyte era ［J］. Nature, 2008, p 455：1 – 136.

[2] Big data：The next frontier for innovation, competition, and productivity ［EB/OL］. http：//www. mckinsey. com/Insights/MGI/Research/Technology and Innovation/ Big data：The next frontier for innovation.

[3] Big data：The new natural resource ［EB/OL］. http：//www. ibmbigdatahub. com/ info-graphic/big – data – new – natural – resource.

[4] 李国杰：《大数据研究的科学价值》，《中国计算机学会通》2012 年第 9 期。

[5] Dean J, Ghemawat S. MapReduce：Simplified data processing on large clusters. In：Brewer E, Chen P, eds. Proc. of the OSDI. California：USENIX Association, 2004. 137 – 150. ［doi：10. 1145/1327452. 1327492］

[6] 覃雄派、王会举、杜小勇等：《大数据分析——RDBMS 与 MapReduce 的竞争与共生》，《软件学报》2012 年第 1 期。

[7] 吴会丛、王井阳、张晓明等：《用 VC 访问 Oracle 操作大数据类型的高效方法》，《河北科技大学学报》2004 年第 2 期。

[8] 陈南：《ASP. NET 中大数据量分页技术的研究与实现》，《计算机应用与软件》2011 年第 4 期。

[9] 刘钊、卢正鼎：《大数据量传输下 SOAP 的性能研究》，《华中科技大学学报》2004 年第 3 期。

[10] 向剑平、乔少杰、胡剑：《一种提高大数据上软件执行效率改进算法》，《内江师范学院学报》2012 年第 12 期。

[11] 龚永罡、汤世平：《面向大数据的 SVM 参数寻优方法》，《计算机仿真》2010 年第 9 期。

[12] ［英］维克托·迈尔 – 舍恩伯格、肯尼思·库克耶：《大数据时代——生活、工作与思维的大变革》，盛杨燕、周涛译，浙江人民出版社 2013 年版，第 29 页。

[13] 同上书，第 71 页。

[14] 同上书，第 15 页。

[15] 丁健：《浅析大数据对政府 2.0 的推进作用》，《中国信息界》2012 年第 9 期。

[16] 高汉松、肖凌、许德玮等：《基于云计算的医疗大数据挖掘平台》，《医学信息学杂志》2013 年第 5 期。

［17］杜玉辉、蒋姣丽:《大数据背景:高速公路收费系统数据的现状、分析与展望》,《电脑知识与技术》2012 年第 15 期。

［18］曹孝元、胡威、陈亮等:《建设大数据时代的透明电力通信网》,《电力信息化》2012 年第 10 期。

［19］乔朝飞:《大数据及其对测绘地理信息工作的启示》,《测绘通报》2013 年第 1 期。

［作者简介］宋学清,1979 年生,男,吉林省集安市人,东北师范大学人文学院副教授、在读博士。

［基金项目］本文系吉林省社会科学基金项目"大数据背景下网络文学审美范式的转型",项目号"2017B137"阶段性成果。

大数据支持下的高校课程地图建设研究

杨　帆

[摘要] 课程地图作为学生规划学业、教师检视课程、学校规划课程的重要依据，已被欧美及我国台湾地区广泛采用。[1] 随着大数据技术的发展，课程地图的内涵在不断丰富。在大数据的支持下，充分挖掘数据间的联系，通过精准课程选择推荐、深化课程冲突诊断、加强课程结果反馈，绘制出高校课程地图，提升了学生的学习兴趣，节省了教学师资力量，优化了教学工作，开拓了大数据在教育领域应用的又一方向。在大数据的支持下，课程地图将向着个性化、关联化、互动化、智能化的方向发展。

[关键词] 大数据；课程地图；个性化；互动化

近年来，随着互联网、移动互联在校园的全面覆盖，网络越来越融入学生的日常学习生活，随之而来的是大量的数据在不断地被记录和积累，速度之快，体量之大，前所未有。如何将这些体量庞大，内容多样的数据融入日常教学管理、课程选择、课程学习和考核评估等方面，让这些数据产生价值，得到应用，值得深思和探讨。欧美国家和我国台湾地区广泛采用课程地图，并利用课程地图改进学生的学习，指导教师的教学以及提升学校的管理。大量研究表明，已经参与到课程地图开发工作中的学校都认为此举措是成功的[2]，课程地图有助于他们进行学生的学业规划、教师的课程整合以及学校的课程建设等。随着大数据的发展，可借鉴国外和我国台湾地区课程地图建设的成功经验，为我国大数据支持下的课程地图建设提供相关启示和建议。

一 聚焦大数据解析课程地图建设的趋势

（一）课程地图的起源与发展

课程地图起源于 20 世纪 70 年代末至 80 年代初 Fenwick English 的工作，主要用来关注和记录教师们讲授内容与时间安排。最初由第三方人员利用调查和访谈，收集数据并反馈给学校与教师，促进教学活动与教学计划一致。[3]20 世纪 90 年代 Heidi Hays Jacobs 拓展了 Fenwick 的工作，将日历作为课程地图的一种组织形式，要求教师按时间段填写描述教授内容，生成一个描述课程、包含内容与技能、对学生评估的"地图"。[4]

Timothy G Willett[5]认为课程地图是一个类似路标的工具，通过展示课程要素及其联系，向学生、教师、教务人员等相关人员提供指导；"用信息技术的语言讲"典型的课程地图就是一个关系数据库（若干能与其他数据库连接的数据库），这些数据库存储着有关课程、人员和各种不同要素相联系的信息。Laura Delgaty[6]认为，如果将教育视为一个旅程，教师应利用一些资源为学生提供指南，课程地图便是这样的一种工具。Ronald Harden[7]认为课程地图是一种黏合剂，将组成课程体系的要素连接起来，形成一个完整的课程拼图，努力促进和保证学校与教师以系统的、有组织的方式按照那些已制定的标准进行教学，并且肯定课程地图对大学教育是一个很有用的工具。

从课程地图的发展历程上来看，从早期利用第三方人员记录课堂，到教师使用校历作为组织形式；从用地图来表示课程间关系，到利用关系数据库反映发展趋势。其本质是为了保证制定的标准能在教学实践中落到实处，只是随着应用的深入，它在功能上更全面、在范围上更广泛、在形式上更直观、在技术上更综合。[8]

（二）互联网的发展促进课程地图建设

由于课程地图涉及教学各个环节，信息量大，构建传统的纸质课程地图通常费时费力，而近年来互联网的迅猛发展很好地解决了这一难题。

288

Kerslake 和 KcKendree 指出目前的高校课程地图主要由高校自主开发的软件系统和商业课程地图软件系统来完成，采用互联网技术和数据库管理系统来构建。[9]例如，英国伯明翰医学院在 20 世纪 90 年代使用 Film-maker Pro 数据库开发了电子课程地图，并通过互联网发送给该校师生填写。

Curriculum Mapper 是世界上第一个课程地图商业软件，也是世界上最大的课程数据库。该软件能够让教师输入实际教学活动，并与各种教学标准和大纲进行参照对比，还可以参照著名高等学府的课程来分析自身的教学活动。CurrMIT 则是由美国医学院协会（The American Association of Medical College）主持开发的一个课程地图数据库，收集美国和加拿大大部分医学院的课程信息，包括 15000 多门专业课程和实习课程的描述，115000 多场讲座、实验、小组讨论等的信息，以及 40 多万个关键词和字符串。该数据库的具体用途包括可以获取某个具体课程的地域分布情况，比较不同医学院的课程设置以及及时发现课程设置的不足和遗漏。[10]

Willett 对英国和加拿大的 31 所医学院通过发放问卷调查发现，55% 的医学院正在开发课程地图；19% 的医学院已经完成课程地图的规划，但仍在继续完善中；16% 的医学院正在规划课程地图的开发，只有 10% 的医学院尚无开发课程地图的计划。这些医学院的一个显著特点是普遍实现课程地图构建的电子化。[11]

台湾大同大学的研究者提出运用知识工程方法论和语义网技术发展智慧型的课程地图，提供学生求学、职业生涯发展诊断咨询，提供学校课程设计的依据，及公司招聘人才的参考。[12]

在我国大陆地区，课程地图在高校中的应用不多，文献调研发现，北京化工大学[13]、首都师范大学[14]、宁波大学科学技术学院[15]等高校利用该理念正开发相关系统。

（三）大数据的发展进一步深化了课程地图建设

经过多年的发展，大数据的概念并不能统一，各方对大数据的概念有着自己的理解。其中，大数据应用的领导者麦肯锡全球研究所给出的定义是：一种规模大到在获取、存储、管理、分析方面大大超出了传统数据库软件工具能力范围的数据集合，具有海量的数据规模、快速的数据流转、多样的数据类型和价值密度低四大特征。对于海量数据的挖掘和应用，预示着新一波生产率增长和消费者盈余浪潮的到来。由此可以看出，大数据有巨大的价值，如何利用这种多样化的海量数据集，将是未来研究的重中之重。[16]

大数据技术的发展，让基于数据的课程地图更加精准，更加人性化，满足了学生对于课程选择的自主化，提升了学生的学习兴趣，节省了教学师资力量，优化了教学工作，开拓了大数据在教育领域应用的又一方向。虽然大数据在当前课程地图开发建设中还只是崭露头角。然而从长期发展来看，大数据所具有的超常规的撷取、存储、管理和分析能力无疑为优化课程地图注入了强大动力，从这个意义上讲聚焦大数据昭示了课程地图建设的新方向。

二 结盟大数据探究课程地图建设的价值

大数据是互联网、智能终端、社交网络发展到一定阶段的必然产物，它正以前所未有的方式洞察并预测事物的发展趋势，进而深刻影响人们的认知方式、价值判断和行为选择。从显性特征来看，大数据意味着海量信息的获取、计量、存储和分析；从潜在特征来看，大数据掀起的是一场从数字到数据的社会化运算革命，揭示数字面纱背后的社会意义和社会价值。当下，让淹没在众多信息系统中的海量数据能够"说话"已成为教育信息化领域中的一个重要课题。大数据改善学习过程的三大核心要素：个性化、概率预测和反馈，课程地图作为指引学习过程的工具，我们从这三个角度探究课程地图建设的价值。

（一）大数据精准课程选择推荐，实现个性化学习

随着高等教育深化改革和发展，为了更好地发挥高等院校的教学资源优势，结合学生的课程和专业的差异性，采用选课制进行课程搭配设计。这样既尊重了学生的个性化学习需求，也更科学地搭配高校的教学资源。选课制允许学生对学校所开设的课程有一定的选择自由，采用对

任课教师、上课时间以及进度有一定组合的选课制教学，更有利于扩充学生的知识面，更好地整合高等教育的教学资源。然而，学生在进行选课中具有一定的盲目性和自发性，需要有效地指导，大数据可精准地推荐符合学生特点和偏好的课程，在大数据时代，对更好地利用高校的教学资源具有积极重要的意义

（二）大数据深化课程冲突诊断，优化课程体系

课程地图的主要功能可以体现在改善课程体系质量，促进教师团队合作、满足不同用户需求以及促进学习资源有效整合等方面。例如，Hege 等人通过课程地图发现，德国慕尼黑大学医学院的职业医学和环境医学专业中各有 8 个目标条目未能体现在具体课程和教学中；部分课程之间的内容重复过多，职业医学和环境医学中分别有 31 个和 6 个目标条目反复出现；职业医学和环境医学中分别有 5 个和 2 个学习目标在相关的考试中出现，但却没有包含在任何讲授的课程中。这些问题在我国高校中也普遍存在，而课程地图是发现和消除这类问题，改善课程体系质量的有效工具。[17]

大数据可以更加快捷地发现这些课程中的冲突问题，有效解决课程地图中存在的这些问题。

（三）大数据加强课程结果反馈，提升学习效果

对于学生个体，根据学生学习情况的大数据考察，得出学生薄弱的知识点，并根据课程地图中各课程之间的联系，找出相关欠缺课程，反馈给学生本人，从而进行有针对性的补习和辅导。对于学生群体，若出现多数学生存在的同一知识点的学习问题，则反馈给教师，提示教师调整修订教学内容或完善和改进教学方法。

三 借力大数据发展课程地图建设的路向

随着大数据的发展，课程地图迎来新的发展机遇，大数据展现的不是小数据时代的因果关系，而是一系列数据间的相关关系，可以透过大

数据了解学生学习的状态、课程开设的状态、课程体系运行的状态等，未来的学生可以依托课程地图作为学习指导、学习评估的工具，教师可以依托课程地图了解课程中的问题及课程存在的地位，管理者可以依托课程地图分析判断课程计划和课程整合，评估者可依托课程地图对课程体系及教学进行评估。课程地图未来将向着个性化、关联化、互动化、智能化的方向发展。

（一）个性化

大数据在高校教育领域中的应用，其中一个很重要的部分就是为学生开展个性化的教育创造可能，因材施教，因地制宜地向高校学生推荐一些他们感兴趣的，并且对将来的学业和就业更有帮助的课程，以此提升和改善教学环境和质量。通过应用大数据技术的系统推荐，系统能够更直接和准确地了解学生的需要，搭建相应的推荐模型进行分析后，学生可以了解到其他学生正在选择什么课程，在选课的时候得到合理建议，使学生在选课的时候不再迷茫，使课程选择符合自身发展，更加人性化。

（二）关联化

"课程地图"之所以不是"课程表"，是因为"地图"中有许多"道路"相连，课程地图中的各个节点间是相互关联的。课程地图不是简单的课程堆砌，而是生动的课程路径，帮助同学们在知识的海洋里遨游。在课程总图的基础上，设置课程与能力对应关系图，展示课程学习与获得核心能力之间的关系；课程内容关系图，展示不同课程之间的相互联系、共用知识点等；课程与专业方向关系图，展示同一专业不同方向的课程需要和课程的前后关系；课程与发展去向关系图，展示了完成专业类的重要课程与日后从事工作之间的关系情况。几类关系图的建立，理清了课程之间的各类关系，使学生对于所学课程有了更为理性的认识，提高了课程学习的动力。

（三）互动化

课程地图建设是促进学生与教师互动，教师与学校管理者互动，学校管理者与评估专家互动的有效工具。课程体系的设计体现了教育者的思想、观念和宗旨，而课程地图的建设正是将理论变为实践的中介。学生通过课程地图能够由目前某课程的学习瓶颈发现之前所缺的基础课程，进而有针对性地向老师求教，也可直接向相关课程的老师请教。教师也可以根据课程地图研究学生的学习规律，从根源上解决学生所遇问题，达到良好互动，教学相长的目的。教师通过教学的精进，与学校管理者一起研究，改进课程及课程体系。评估专家可以通过课程地图网站，以网评的方式了解专业的目标与学习成果是否与学校实际相符，课程体系与课程内容是否满足学习成果要求，学业测评手段和方法，甚至试卷是否与学习成果相关联，课程安排与实验之间是否合理，以及在需要评估的细节和重点标准上的情况如何等。评估专家甚至可以在线评估具体课程教学，查询课程学习资源和学习机会等相关信息，评估对象回答专家提问。这样，课程地图就成为了学校教与学，以及教学评估工作的有机组成部分，成为了学校与社会交流的平台。

（四）智能化

课程地图是动态历程，清楚地描绘出课程架构、修课要求与顺序，作为学生选修课程的指引，帮助学生了解选课的课程内容，并可从众多课程中兼顾兴趣和专业选择最适合自己的选课路径，提供给大学生完整的学习和应用。然而目前的大学的课程地图只能提供线性式浏览和关键字搜索服务，在学习路径（课程）的查询上并无法容纳所有的可能性，以及满足个人需求。因此基于大数据分析来发展智慧型的课程地图，提供学生学习和个人发展诊断咨询，提供教师改进课程和教学的基础，提供学校课程设计的依据。

［参考文献］

［1］王静静、夏德宏：《高校课程地图建设探索——基于台湾地区高校经验的分析》，《高等理科教育》2015 年第 2 期。

［2］柯晓玲：《国外高校课程地图探析》，《高教探索》2012 年第 1 期。

［3］侯状、林青：《基于课程地图的高校图书馆数字资源整合新路径》，《现代情报》2016 年第 5 期。

［4］Curriculum Mapping Overview：http：//curriculumdecisions. com/curriculum – mapping/overview，2017 – 08 – 10.

［5］Willett TG："Current status of curriculum mapping in Canada and the UK"，*Medical education*，2008，42（8）.

［6］L. Delgaty： "Curriculum Mapping：Are You thinking What I'm thinking? A Visual Comparison of Standardized，Prescriptive Programmes"，*ARECLS*，2009，6.

［7］Harden R M. ， "AMEE Guide No. 21：Curriculum Mapping：A Tool for transparent and Authentic teaching and Learning"，*Medicalteacher*，2001，23（2）.

［8］巩建问、萧蓓蕾：《台湾高校课程地图对大陆课程地图的发展与启示》，《中国高教研究》2014 年第 5 期。

［9］J. Kerslake & J. ， "McKendree：Electronic curriculum mapping：What are they and why would we want one?"，https：//www. heacademy. ac. uk/system/files/85_ curr_ map_ report. pdf，2017 – 09 – 15.

［10］侯状、林青：《基于课程地图的高校图书馆数字资源整合新路径》，《现代情报》2016 年第 5 期。

［11］Willett TG：《Current status of curriculum mapping in Canada and the UK》，《Medical education》，2008，42（8）.

［12］叶庆隆、蔡慧贞：《发展课程地图知识系统：概念模型与知识工程》，《科技与工程教育学刊》2014 年第 47 卷第 1 期。

［13］李大字、朱群雄、李宏光：《自动化专业课程地图的建设分析》，《国家教育行政学院学报》2012 年第 8 期。

［14］刘丽珍、王函石、宋巍等：《结合课程地图与课程群建设，强化智能专业本科生核心能力培养》，《计算机教育》2013 年第 19 期。

［15］宁大科技学院引入 "课程地图"，http：//daily. cnnb. com. cn/nbwb/html/2014 – 07/25/content_ 777591. htm? div = – 1，2017 – 09 – 15.

［16］吴元敏：《大数据在高校选课中的应用》，《中国现代教育装备》2017 年第 4 期。

［17］Hege I, Nowak D, Kolb S, et al：《Developing and analysing a curriculum map in Oc-
cupational and Environmental Medicine》，《BMC medical education》，2010，10
（01）．

［作者简介］杨帆，1981 年生，女，吉林省长春市人，东北师范大学人文学院讲
师，教育学博士在读。

［注］此文为吉林省教育科学研究院课题《“互联网＋中小学语文教师继续教育
大数据库”建设研究》成果，项目编号为 GH16597。

新时期语文教育的变革及思考

刘莉萱

[摘要] 本文阐述党的十一届三中全会以来，语文教育改革取得的成就，进行的研究探索和对深化改革的思考。全文分为三部分：第一部分阐述20年来语文教改的历程，即所经历的拨乱反正、探索发展和深入思考几个阶段。第二部分阐述贯穿于整个改革过程，一直为人们所关注和热议的几个基本问题，如语文学科的性质和目标；教学内容的总体设计、训练常规和序列；如何对教学进行更为科学的测评等。第三部分是在综观改革历程和研讨热点的基础上，从提高对语文学科的特殊性、学生能力培养的综合性和教学内容应具有的开放性的认识等几个方面，阐明了对语文教育未来走向和深入改革的思考。

[关键词] 新时期；语文教育；变革；思考

一 改革的历程

1978年党的十一届三中全会以来，语文教育改革取得了令人瞩目的成果。广大语文教师和语文教育工作者进行了多方面的探索，研究程度之深，实验范围之广，在中国语文教育发展史上都是空前的。20年来的发展历程依大家关注的主要问题，大致可分为以下几个阶段。

1. 拨乱反正阶段

这一阶段从"文化大革命"结束开始，到20世纪80年代初期。粉碎"四人帮"后，百废待兴。倍受摧残的教育战线开始恢复生机。1978年，重新制定了语文教学大纲，1980年又进行了修订。这部大纲，虽然也意在恢复和加强语文训练，但它仍然明显地显示出，语文教育此时并未完全摆脱"左"的思潮的影响。尽管如此，就整个语文教学领域来说，无论从教材内容上，还是从教学方法上，人们都在力图扭转"文化大革命"造成的错误方向，小心翼翼地恢复"文化大革命"前的局面，恢复语文课的本来面目，还语文以"基础工具课"的地位。

2. 探索发展阶段

这一阶段，主要指20世纪80年代中后期。1983年10月，邓小平同志为北京景山学校题词："教育要面向现代化，面向世界，面向未来"。这是根据新的历史时期国内外形势发展的要求，针对当时教育存在的弊端，为教育的进一步发展和改革指出的明确方向。广大语文教育实践工作者和理论工作者积极行动起来，更新教育观念，转变教育思想，多方实验，深入研究，语文教改出现了研究探索、蓬勃发展的大好局面。

这一时期人们所做的工作主要集中在两个方面：一是对语文教学内容的优化；一是对语文教学方法的改革。

首先，是对教学内容的优化选择和科学排列。20世纪80年代中后期，人们感到传统语文教育缺乏科学分析，所以集中强调语文教学科学化问题，开始注意研究"知识点"及其排列分布的格局，力图摸清语文学科内部的逻辑联系，建立起一个系统的、科学的语文教学序列。这种思路体现在教材编写上的是1988年秋、1989年春印行的人民教育出版社统编教材修订本。它初步建立了单元综合训练体系。在"知识点"的分割，确定点、面、线、体的联系方面，向前迈出了一步。这套教材的广泛运用，引发了对建立单元教学模式的研究和实验。短短几年时间，见诸报刊的研讨文章多达数百篇，逾百万言。上海陆继椿老师的"一课一得，得得相连"和辽宁魏书生老师的"知识树"等即为突出的代表。

我们应该看到，从传统的"多读多写"形成能力的"暗中摸索"，踏上在知识指导下，以培养语文能力为依归的"明里探讨"之路，是一个进步，一个飞跃。

其次，是对教学方法的改革。传统的语文教学方法多以传授现成知识为主要目的，视学生为单纯接受知识和记忆储存的容器，因而主要是注入式教学法。它的特征被概括为"三中心"，即"以教师为中心，教材为中心，课堂教学为中心"。其致命弱点是：强调教师的教，忽视甚至无视学生在教学过程中的主体地位，束缚了学生主动性和积极性的发挥。新时期的语文教改，教师们即以此为突破口，创造出许许多多的教学模式、教学方法。

事实证明，旧的教学观念需要转变。学生的"学"也是教法的一部分。因为教师的"教"归根到底是要通过学生的主体活动来获得效能。学生这种主体地位的确定，引起人们对学法和学法指导的重视。许多教师都重视学生在教学活动中的地位和作用，强调教师引导下的学生积极、主动学习，从而使学生学会学习。突出代表有上海钱梦龙老师的"三主""四式"语文导读法，辽宁魏书生老师的"课堂六步教法"等。这里体现出的是教学民主的思想。在这一思想的指导下，还出现了便于学生自学的教材，如四川颜振遥老师主编的《语文自学辅导实验教材》，在试教中取得了良好的效果。20 世纪 90 年代初，还出版了专门指导学法的专著——王光龙主编的《语文学习方法学》。

教学方法是教学要素之一，也历来是教改中最活跃的因素之一。教法的改革不单单是方法问题，它基于对教学过程本质和效能的科学认识，是教育观念、教育思想的体现。20 世纪 80 年代的语文教学方法的改革，教学模式的创造，推动了语文教育改革的蓬勃发展，也为以后的改革奠定了基础。

3. 深入思考阶段

这一阶段大体指 20 世纪 90 年代以来。语文教学科学化的探索，多种教学模式的创立，使语文教学改革向前迈进了一步，但也在一定程度上产生了程式化的倾向。加上"应试教育"的影响，使语文教学的人文性受到了削弱。于是，90 年代人们又发出了"弘扬人文精神，回归本体"的呼声。有人指出，语文课应教成"人"课。语文教学除了要使学生学会理解和运用祖国的语言文字外，还应在道德情操、审美情趣、意志理想的培养方面发挥独特功能。因而强调语文教学中学生非智力因素的培养和调动，在情意熏陶方面下功夫。这一研究视角，使人们对语文教材的编制和使用情况分外关注。人们开始把讨论的焦点从 80 年代的教学方法方面，转到了教学内容上，集中对语文教材进行研究。散见的文章不少，还出现了一些专门以语文教材为研究对象的专著。以出版先后为序，主要著述有：朱本轩、冯守仲主编的《中学语文教材研究》，周庆元主编的《中学语文教材概论》，顾黄初、顾振彪合著的《语文教材的编制与使用》，王相文、韩雪屏、佟士凡主编的《中学语文教材研究导论》，朱绍禹主编的《中学语文教材概观》，王松泉著《阅读教材论》，朱绍禹、张文颖合著《初中语文教科书指要》等。这些专著从理论上对语文教材的性质、地位、作用、编写原则、使用方法等进行了较为系统的阐述。一些文章还从教材内容的选取、结构方式、中国内地与港、台地区语文教材的比较等方面进行了专题研究。

这些研究，使人们对语文教育本体的认知和改革的推进更为深入一步。

二　研讨中的热点

20 年来，语文教育改革经历了几个阶段，各个阶段都有其关注的热点。但有几个基本问题，始终贯穿其中，并且一直困扰着语文教育工作者，成为研讨的中心。

1. 语文学科的性质和课程目标

语文学科的性质如何界定，语文教学究竟是干什么的？这是每一个语文教师必须首先面对的。它决定着语文教学的目的、内容、原则和方法。20 年来，恰恰就在这个问题上分歧最多，尤其是近几年，争论更剧。代表观点有如下几种说法。

（1）工具说

这是新时期以来占主导地位的看法。他们以叶圣陶、吕叔湘、张志公的教育思想为指导。吕叔湘先生说："通观圣陶先生的语文教育思想，最重要的有两点。其一是关于语文学科的性质：语文是工具，是人生日用不可缺少的工具。其二是关于语文教学的任务：教语文是帮助学生养成使用语文的良好习惯。过去语文教学的成绩不好，主要是由于对这两点认识不清。"[1]

"语文是工具"，这是叶老的一贯思想，这在他的著作和实践中可以明显看出。解放后，特别是新时期以来，国家教育行政部门制定的《语文教学大纲》都体现出这一思想。我国正式颁发实行的第一部语文教学大纲——1986 年的大纲指出："语文是从事学习和工作的基础工具。普通教育阶段的各门学科都是基础学科，语文则是学习各门学科必须掌握的基础工具。"1990 年修订的大纲指出："语文是学习和工作的基础工具。语文学科是学习各门学科的基础。"1992 年颁发的《九年义务教育全日制初级中学语文教学大纲（试用）》指出："语文是学习和工作的基础工具。语文学科是学习其他各门学科的基础。"1996 年颁发的《全日制普通高级中学语文教学大纲（供实验用）》指出："语文是最重要的交际工具，也是最重要的文化载体。"

在工具性为语文学科的基本属性的思想指导下，语文学科的主要课程目标界定在培养和提高学生"正确理解和运用祖国的语言文字"的能力上。1986 年的大纲指出："中学语文教学必须以马克思主义为指导，教学生学好课文和必要的语文基础知识，进行严格的语文基本训练，使学生热爱祖国语言，能够正确理解和运用祖国的语言文字，具有现代语文的阅读能力、写作能力和听说能力，具有阅读浅易文言文的能力。在语文教学的过程中，要开拓学生的视野，发展学生的智力，培养学生的社会主义道德情操、健康高尚的审美观和爱国主义精神。"1992 年的大纲指出："在小学语文教学的基础上，指导学生正确理解和运用祖国的语言文字，使他们具有基本的阅读、写作、听话、说话的能力，养成学习语文的良好习惯。在教学过程中，开拓学生的视野，发展学生的智力，激发学生热爱祖国语文的感情，培养健康高尚的审美情趣，培养社会主义思想品质和爱国主义精神。"1996 年的大纲指出："高中的语文教学，要在初中的基础上，进一步提高学生正确理解和运用祖国语言文字的水平。要对学生进行有效的语文训练，指导学生学好课文和必要的语文知识，使他们具有适应实际需要的现代文阅读能力、写作能力和听说能力，具有初步的文学鉴赏能力和阅读浅易文言文的能力；掌握基本的学习方法，养成自学和运用语文的良好习惯，具有分析问题、解决问题的能力。在教学过程中，指导学生进一步开阔视野，增长知识，陶冶情操，发展智力，发展个性和特长，培养学生热爱祖国语言文字、热爱中华民族优秀传统文化的感情，培养健康高尚的审美情趣和一定的审美能力，培养社会主义思想道德和爱国主义精神。"

从以上引文可以看出，新时期以来颁发的大纲，虽然也提到了审美情趣、道德情操、爱国主义精神、社会主义觉悟等思想教育、人文教育的内容，但却始终是以"工具性"为指导思想，以培养学生的听说读写能力为主要教学目的。在大纲指导下的语文教材编写、语文教学评估也基本倾向此说。

（2）人文说

20世纪90年代以来，人们对单纯的"工具性"提出了疑问，并提出了语文学科具有"人文性"的特质。著名语文教育家于漪在理论研究、现实分析的基础上得出结论："语文学科作为一门人文应用学科应该是语言的工具训练与人文教育的结合。"[2]

上海青年语文教师程红兵指出："长期以来语文的工具性一说一直统治着语文教育界，人们都认为这是毫无疑义的，但现在碰到了理论和实践两方面的挑战。从实践而言，按照工具说这一性质确定的评价标准，影响了语文课堂教学，导致语文教学效率不高这一客观现实。以写作为例，如果我们单纯侧重于工具性，从写作形式去训练学生，那么我们就会发现，经过一段时间认真有效的训练，学生的作文审题把握住了，结构也比较合理，语言通顺流畅，但从总体上看却不是好文章，普遍存在大同小异的现象，没有写出独到的情感体验。这个问题的关键在于我们的训练是从单一的工具形式着手的，而忽略了文章的人文性感情内核，文章没有独到的情感体验，如同人没有流动的血液一样，只能是僵尸一具。……从理论而言，工具说首先受到来自语言学界自身的冲击。语言学界一些学术新人提出语言是人性的最高表现，语言构成人的最直接的象征（符号）世界和最重要的文化环境，直接塑造了人的文化心理，毫无疑问是人之所以为人的根本源泉，因而语言是所有人类活动中最足以表现人、人性的特点的，是打开人类心灵深处奥秘的钥匙。他们倡导汉语的人文化，注重从语言的功能意义、内容、价值的角度贴近和解释语言事实，这对于以往形式化的语言研究倾向是一个很好的纠正。"进而程红兵得出结论："语言是工具性与人文性的统一体，文化内涵本是语文的固有根基，教材中的任何课文都是思想内容和语言形式的统一体，不可分割，而忽略语文的人文性，必然只强调语文工具而看不到使用语文工具的人，学语文不是只学雕虫小技，而是学语文学做人。语文教育就是教文育人。"[3]

这些看法，对于语文学科性质的深层思索和科学阐释，以及语文教改的深化，都带来了新的启示。

（3）思想统率说

持这一说的江苏省教师马智强认为："传统道德和文化是语文教学的根本任务，思想性、人文性是它的本质属性。抛开了思想性和人文性而大谈'工具性'，是将它的浅层属性，误认作了深层属性，必然导致语文教学迷失方向。"[4]他指出："语言是思想文化的载体，传统和现实，规定了语文教学必须在传播文化的过程中去掌握载体，而不能为了追求载体放弃道德文化教育。这正是语文教学不同于任何一种外语教学之处，也是它民族性之所在、中国特色之所在。"[5]他还以中国历代的教育实践为依据，从教育的本质方面进行了论证："历代的教育，都把培养、造就社会所需要的人才当作根本任务。教育的作用，对于个人首先就是要修身养性，成为有理想道德与人格规范的人；对于社会就是要治国平天下。正因为如此，历朝历代从未有过把教育的性质定格为某类'工具'的；要说'工具'，那也是教化之工具、治国之工具。"[6]"从教育的本质来看，它是传递人类文明的重要手段。人类文明的重要一部分是精神文明，而精神文明的核心是人类在自身的发展过程中累积形成的具有人文价值的道德观念。中外古今的教育都十分重视道德教育，把它放在教育的首要位置。"[7]"可以说，中国历史上的教育家，无一不是道德教育的专家。"[8]他进而分析说："'工具说'的谬误，在于把语文教学的形式上的任务当作了根本性的任务，把具有丰富思想内涵的教育，当作只供技术操作的'工具'来看待。按照这一说法，学生只要学会了使用'工具'，教学任务即告完成。这种认识上的谬误已经造成实践上的严重后果。"[9]文中列举了如今道德水准下降的种种表现，指出，"这种状况的产生，如前所说责任固然不全在教育，但‘学校者，风化之源’，学校的教育，尤其是逃避了传递道德文明职责的语文教学，应该负有重大责任。"[10] 马智强疾呼："语文教学拨乱反正的头一件重要工作，就是必须抛弃‘工具论’，把培养具有道德修养、高尚人格、健康心态的人当作自己的首要任务。"[11]

2. 语文教学内容的"律"与"序"

20 世纪 80 年代，人们强调语文教学的科学化，试图按照学科自身的内在逻辑联系，形成一个完整清晰的学科体系，使语文也如自然科学一样，以极少或较少的内容把知识、定义、方法讲清楚，学生通过反复练习，掌握使用这个工具的规律，以解决更多的问题。

鞍山十五中学语文教师欧阳黛娜首先作了大胆探索。她从 1979 年开始进行教学改革，编写出《初中语文能力过关实验教材》。认为"过关"的含义就是指听、说、读、写四个方面语文能力基本达到管用；语、修、逻、文四个方面语文知识基本上达到国家规定的高中毕业程度。其教材分为《阅读》《写作》两套。《阅读》教材包括听与读的能力训练，即理解能力的训练；《写作》教材包括说与写的能力训练，即表达能力的训练。这两条线，各自为序，又互相照应，把语文能力训练分为 97 个训练点，每个训练点以若干篇课文组成一个单元。语、修、逻、文等基础知识分为 40 个专题，分别穿插在有关单元之中。以能力训练为经线，以传授知识为纬线，二者有机结合。既有明确的训练程序，又作适当的循环，形成螺旋上升的阶梯式训练序列。

西安六中语文教师董敏堂创造了"四为"体系，自编教材，进行实验。他提出"以语文知识为主干，以课文为范例，以思维训练为中心，以培养能力发展智力为目的"。其中知识统率课文，指导练习，所以要系统、全面、适用；文选为知识服务，相当于理科教材的"例题"；思维训练以逻辑知识为指导，训练学生的思路。他把初中三个年级的知识分解、量化为以下明确目标：识字 1182 个；积词 1981 个；练习 754 题；背语体文 80 篇（段）；背古诗 60 首；译古文 61 篇；写作人均 135 篇。

辽宁盘锦实验中学语文教师魏书生提出语文教学科学化的口号。他把初中语文知识分为 4 部分，22 项，131 个点；并以"知识树"的形式教给学生，让学生系统掌握这些知识。

广大语文教师的这些探索和实践，为学生准确把握知识、形成能力作出了成功的范例。但是，随着语文教学改革的深入，教学测评的不断科学化，人们反思、重估，觉得一些"科学化"努力的结果，反而造成了语文教学整体的破坏，课文被肢解，思想教育、情感熏陶受到影响。

于是，20 世纪 90 年代，人们提出了回归本位的本然教学观。这种观点的代表、福州一中语文教师陈日亮认为："（语文）是一门以掌握和运用语言文字以表情达意的技能型工具学科，而不是以认知为主的反映型学科。它的学习过程，很难列出一个严格的先后次序来。"[12] "也正由此，语文教材（具体篇目）具有很强的客观独立性和主观随意性。它们都是不同的作者，为了不同的目的，在不同的社会背景或时代写成，而又被课本编者为了某种需要选编起来的。这一奇特的'编选'过程，是语文课本区别于其他任何学科的'独一无二'的特点。"[13] "语文课本的'无序化'和'非线性'结构"，使得"学习阅读并没有什么必然的、严谨的主次先后顺序；重要的在于历练一些基本的方法，并使之'习惯成自然'；积累一定的语言、文化信息，大而化之，终身受用"，[14] "从而把绝大多数语文课都上成自习课或自习辅导课，使语文真正上成以学生自学为主的语言实践课。"[15]

这些体验，都值得认真审视。

3. 语文教学的评估和测试

测评，作为检测教师和学生教、学效果的手段，历来被大家重视，尤其在"应试教育"的背景下，作为为上级学校选拔人才的唯一方式（"唯一"是对绝大多数学生而言，还有保送的方式，但人数极少），更是教学的指挥棒。在人们对学科的性质、学科课程目标展开热烈的讨论时，自然也要触及语文教学这一关键性环节。

随着教学改革的深入，教学科学化的研讨，考试的科学性、系统性也在一个时期成为关注的热点。客观性试题越来越走俏，这种试题的逐渐增多，使师生们整天泡在题海里，反复历练。有人说，中国的考试制度已成为最完美的求同训练，它促使人们都朝着一个共同的标准答案努力。近年来，有人对这种考试提出了批评："现在的语文评价标准有三个特征：一是无论考试内容还是考试形式，都侧重于考查学生的语文认知水平，而无以检测学生的情意态度、动机等内在因素；二是有统一的评价标准控制操纵着整个评价过程，不但评价对象处于被告地位，而且连评价者的主观意愿也难以介入；三是重视检测结果，专注终极考试（高考）的一次性验证，而忽略平时，忽略对学生作动态考查，忽视考查本身的过程。这其实是一种定量测评，这种测评以自然科学的实证理论为依据，着重于工具性，把语文教育活动从特定的人文背景中抽出，以定量来定质，以定量代替定性，忽略了学生的主体作用。"[16] 提出理想的"语文测评不但要检测学生的语文认知水平，还要考查学生对语文的兴趣态度和学习语文的动机意志，不但要重视评价结果本身，更要重视过程，注意在活动中所充满的纵横交叉的人际关系；既要有客观统一的标准，但又不是僵死、绝对的教条，而应该是弹性的机制；不但评价者的主观意愿可以介入，而且还要重视评价对象对自己的看法，并鼓励他们自我评价，以充分发挥评价应有的效用；既有定量的考查又有定性的评价。"[17]

人们提出考试的内容和形式都应做较大的改革。近两年，首先在考试内容的改革上进行了实验，如有的地区只考一篇作文；有的地区考三大块：现代文阅读、文言文阅读、作文，取消或减少客观性试题及机械记忆性的试题，语文知识不单独出题等。总之，考试内容中的主观性试题量加大，重在考查能力。但也有人对这种考试方法提出疑问，如著名语文专家张中行先生即主张作文分数的比重不要太大，因为它毕竟是主观性试题，评分的主观性也强，难以做到客观准确。

对于考试的改革，人们还提出了一些设想，如："3＋X"，即国家统考三大科（数、语、外），再由招生院校或考生自选一些科目进行考试；考试分两次进行，一次按大纲内容出题，另一次考生根据特长加试某科；外语＋相关科目＋其他科目（基本科目）；各省自行组织考试；九大学科都由命题集团集中命题，招生学校自选其中的几科进行考试等。这些测评方法的提出，虽然有些还只是设想，但是他们的生成，无疑对语文教育改革思路的扩展和力度的增强具有促进和激活的作用。

三 未来走向的思考

纵观新时期语文教育改革的发展历程以及当前人们关注的焦点和热点，笔者对未来语文教育改革的走向提出如下一些思考。

1. 学科性质的特殊性

语文究竟是什么？语文教育究竟要干些什么？叶圣陶先生说："口头为语，书面为文。"这话说得十分明了、确当。其实中国人通常所说的语文就是指汉语的口头语言与书面语言。其外在表现形式为汉语口头语言的语音、语气、语调和汉语书面语言的文字、文句、文章。语文的应用形态口语方面表现为听与说，书面语言方面表现为读与写。这个最基本的内涵昭示我们：语文教育是为帮助人们掌握语言文字服务的。它要通过对学生进行口头语言的语音、语气、语调训练和书面语言的文字、文句、文章训练，让他们学会运用口头语言去听与说，运用书面语言去读与写。

联合国教科文组织提出，作为一个能正常生活的世界公民必须具备五大生活技能：听、说、读、写、算。前四种技能主要在语文学习中获得。可见，学习语文的目的是为了更好地生存，为了掌握一种谋生和为社会服务的手段。语文学习的任务就是接受听、说、读、写训练，在训练的过程中，逐渐获得一种熟练运用语言的感受，形成习惯，并借此获得听、说、读、写的技能。这种技能的外在表现形式就是听、说、读、写能力。所以，语文教育主要是进行语言训练。既需要进行分解训练，也需要进行整体的综合训练；在训练中既需要理论、方法的指点，也需要实际操作的锻炼；既需要感觉、习惯的培养，也需要技能、技巧的传授。总之，语文教学的主要任务在训练，按照大纲的要求，依据教科书提供的范例，学生接受训练，教师组织、指导训练。武汉六中洪镇涛老师构建的"学习语言"语文教学新体系即体现了这一精神。许多语文老师也在运用这一方法。实践证明，它是行之有效的。

语文的含义、语文教学的任务既然如此明确、简单，为什么人们在说到它的性质、它的教学任务时却又往往纠缠不清呢？这正是由于语文学科的性质又具有特殊性和复杂性所决定的。即语文学科除了具有"工具性"这一基本属性之外，还具有其他的一些重要属性，如人文性、审美性等。而这些性质又由于其内容的明确性、鲜活性，从而能够对学习者产生强烈的吸引力和影响力，甚至有时超越工具性的特质而自然的、鲜明地表现出来。因此，便常常引发或造成对教与学总体目标理解上的模糊性。

语言，从形式上说，是思想与思维的工具，是承载信息的工具，也是交际与交流的工具。从内容上说，承载的信息、交流交际的信息都是思维的结果，是人类文明的体现，因而语言具有人文性。作为学习语言的语文课，当然也具有人文性。并且，为学校在整个社会中的地位和作用所决定，这里所承载、交流的信息更应是人类文明、进步的最高、最新的结晶，所以对信息质量的要求就应更高、更严。没有哪一类信息能够比学校传播、交流的信息对人类本身的发展更重要，因为学校是人类文明得以传续的最主要阵地。因而，人文性当然也就应该成为学校教育所具有的重要标志。所以在语文教学中，工具性与人文性应当是一种有机地整合的体现。语文是承载与传播人类文明的工具；学生学语文是为了掌握这种工具去接受和传达人类文明。当然，掌握工具在总体目标上是直接目的，而接传人类文明是间接目的；但是，无可否认的事实是，在教学的过程中，只有在接传人类文明的训练中才能实现对工具的掌握，也只有在掌握工具的过程中，才能逐渐更好地接传人类文明，二者相辅相成。许多优秀语文教师在教育实践中，正是以这一辩证统一的原则指导着自己的教学。持"工具性"观点的老师，没有忘记在教学中对学生进行人文教育；持"人文性"观点的老师，也从未放松过对学生进行严格的语言基本训练。他们的成功，是对语文学科性质特殊性的最好证明。

语文学科性质的这一特殊性是客观存在的，是不以任何人的意志为转移的。不管人们怎样理解它，怎样扭曲它，它都在以自己的内在规律或明、或暗、或优、或劣的发挥着作用。语文教育发展史，特别是新时期以来的语文教育实践，给人们留下的这方面的丰富经验和教训多多，足够反思。

语文学科性质的特殊性，对语文教育理论工作者和语文教育实践工作者都提出了更高要求。它告诫我们：施教者清醒地认识这一特殊性，把握好基本属性与其他属性的辩证统一关系，始终坚持正确的教育、教学方向，对于切实推进语文教学改革至关重要。

2. 能力培养的综合性

受语文性质特殊性的制约，语文能力的培养是一项综合性工程。一个人语文能力的提高，仅仅靠相应的语言文字方面的学习还不够，它还有赖于相应的认识能力、分析能力、实践能力的提高，而这之中便包含着人的思想素质、文化素质等方面的提高。所以，语文虽然是工具，但使用这个工具的技能，绝不像训练使用锹镐、电钻等工具那样单纯，因为这个工具是活的，是重要的文化载体。在培养学生能力的过程中，至少要处理好两个关系。

（1）知识与能力的关系

知识与能力，被称为语文教学的双基，这是对的。任何一种能力的形成，都要有来自两方面的支持，一是理论指导，二是实践训练。而前者，体现在语文教学中即是知识。传统的语文教学，知识是不单独提出来的，因为那是文、史、哲，甚至是文、理不分的"大教育"。人们在反复的历练当中形成能力，所谓"读书破万卷，下笔如有神""吟会唐诗三百首，不会作诗也会吟"，即是这个意思。但没有给学生单独提出知识进行教学，并不等于知识不存在。人们在无意中已在使用知识，如古代的"属对"那种严格的对仗训练等。人们是在暗中进行摸索，通过大量的实践去和已经存在的知识"谋和"，从而形成能力。近现代教育时期，由于学习了外国分科教学、系统教学的经验，才把古老的语文学科进行了整理，提取了其中规律性的东西——知识，作为人们学习语文的指导。应该说，这是一个很大的进步。因为这终于可以明里探讨了。事实证明，知识对于能力的形成是非常重要的。以现在的中小学生的语文学习来说，他们的学习是母语的学习，母语的学习不是从零开始的，一个孩子从牙牙学语开始，就有了说话、听话的能力，两三岁的孩子即能背诵多首诗歌，幼儿园的孩子能讲出他们所喜欢的故事。上了小学，语言能力更是飞速发展。但是，人们会发现，在他们的交际中，有很多不规范、不正确的语言现象。而语文教学，正是做这项工作，即在发展他们语言能力的同时，也要规范他们的语言运用；到了高一点的年级，还要指导他们进一步学会修饰语言，使之在正确表达的基础上具有文采，使语言的表达更具说服力和感染力。而这些能力的形成，光靠反复历练是实现不了的，还要靠语言、读写、听说知识的指导。

当然，在能力的培养中，现在问题的关键倒不是要不要语文知识，而是要什么样的语文知识，要多少语文知识，这些知识在教科书中如何组合以及如何进行知识的教学与测评等问题。现在语文教科书中的知识，虽然力图做到"精要、好懂、有用"，但实际上并不完全符合学生的接受能力和认知水平，也并不全都有用。要建立一个难易适度、实用的语文知识体系，不必求系统、全面。有人提出加强字、词、读写知识，降低语法、修辞知识的难度，有相当的道理。现在教科书中的语文知识是分散编排在各个单元之中的，相当多的情况是这种编排与单元内容并无必然的联系，而且一项知识后又缺少必要数量和确有效率的练习题，如有专家提出，一个生字需要在学后反复见到 8 次，才能牢固记忆。而在我们的教科书中，许多生字"一闪即逝"，再无谋面机会，学生怎么会记得住呢？这对于学生把知识迅速转化为能力显然是不利的。测评是教学的导向。语文知识的考核不应该考概念、定义，而应侧重引导学生综合运用语文知识进行听说读写。这样，既考查了运用语文工具的水平，又考察出思想水平、认识水平。这样的测试才能测出学生的综合能力。

（2）教与学的关系

教师的教与学生的学，在能力形成的过程中是重要的不可偏废的两翼，同样不能过分强调一方而忽略另一方。"学生为主体，教师为主导"的原则，虽然有人提出在哲学上不是一个范畴的概念，但它在教学上，却是从不同的角度对课堂教学中的两个主要要素角色的界定，是合乎规律的。

从学习方面说，主体当然是学生。外界多少努力、多少帮助，都要作用于这个主体，才能收到效果。那么怎样才能使学习的主体焕发出积极主动的精神，搞好学习呢？这个关键又在于教师的"导"，从这个角度来说，教师就是主要的了，所以称"主导"。

人们的认识往往存在偏颇。说到"主体"，就排斥教师的作用，认为以学生为主体，教师就要退到一边，任凭学生自己去"发现"、去"设计"。近年来有人设计的"语文实验室"，即是这种思想的体现。其实，这并不是新的发明。早在20世纪20年代，美国的"道尔顿"制就是改课堂为作业室，让学生"自由"学习，教师只是"顾问"，学生问就顾，不问就不顾。这种完全放任的教学方法无疑是受了杜威"儿童中心"教学思想的影响。我国当时也有这类实验和与之相仿的改革，但实践证明效果不佳。因为它削弱甚至排斥了教师主导作用的发挥。

现代科学技术的发展（如影视、计算机、多媒体进入课堂），为教师提供了更多的手段，但归根结底教学效率要在教与学二者之间的交流中获得。因而正确的方法自然应当是师生之间的亲密合作，从而使学生能够学得主动，教师能够教得扎实。而教师的"导"又主要体现在"导的适时、适度、适量"。

3. 教学内容的开放性

素质教育对人的能力提出了更高要求，未来世界的发展要求人的素质必须是从多方面提高的，因而语文课的内容也应该丰富多彩；同时，语文学科性质的特殊性和语文能力培养的综合性也决定，语文教学的内容必须具有开放性。

首先，语文教学内容改变了过去一本书、一张卷、一个答案的大一统局面，在课程设置上呈现出多层次的状况。1996年的大纲把语文课程设置的结构分为学科类课程和活动类课程两大类；学科类课程分为必修课、限定选修课、任意选修课三类；活动类课程以多种形式延伸语文课的内容。这不同层次、不同类型的课程，既可保证学生都能达到国家要求的标准，又可满足为获得进一步发展的学生（包括有兴趣、有特长的学生）学习的需要。

其次，就具体教学内容而言，也呈现出开放性。一本教科书不能满足学生学习的需要。语文学习的外延和生活的外延相等。许多有识之士在教学实践中已扩展了教学内容。吉林毓文中学赵谦翔老师创设的"东方时空课""文学精品课"，把学生的语文学习引入了一个广阔的空间；

魏书生老师把文质兼美、学生喜欢的报刊和人物传记介绍给学生，不仅使学生开阔了眼界，增长了知识，而且还使他们从英雄、模范及成功人物身上体悟到人生的价值和意义，为学生选择道路、树立理想、磨炼意志，更好地学习和成长提供了不竭的动力；李元昌老师把学生关注、思考的视点引向当地社会的实际问题，使他们的语文"习题""试卷"成为家乡两个文明建设的"蓝图"和"砖瓦"。

他们的成功实践，无一不体现出大语文教育观。现当代成功的范例证明，语文是一门综合性学科，语文能力的形成和培养也是综合性的。一个人语文素质的高低，不仅仅是他的语言、文字素养的表现，同时还是他的思想认识、品德修养、文化知识积累、生活体验，甚至还包括思维方式等方面情况的综合表现。所以，要搞好语文学习，必须要求学生认识正确、思路清晰、头脑敏锐。要视野开阔一些，知识面宽一些，接触的生活内容丰富一些。这也就要求学校和教师，在语文教学过程中要创造条件，引导学生把语文学科类课程的学习同语文活动的参与结合起来；把课堂上的学习同阅读报纸杂志、听广播、看电视这些社会信息的汲取有意识地结合起来。教师要冲破内容单一、方式封闭的教学模式，开辟新的途径，创造新的方法，让学生在动态的鲜活的教学流程中逐渐形成和提高理解与运用祖国语言文字的能力和水平。

20 年来，无数语文教育工作者作了大量的努力，付出了大量的心血，创造了许多好的教学模式，总结出许多成功的经验。这些新的思维，既有其独创性，又在人才培养方面显现出可贵的共识。这使我们今天的教改不需从零开始，而是有了一个更高的起点。我们应当将这些宝贵的财富加以汇总、梳理，使之成为大家共享的教育资源，从而作为语文教育深入改革获得新的突破的基础。"欲穷千里目，更上一层楼"。愿我们的语文教育能够真正面向新的世纪，以崭新的面貌同未来接轨。

[**参考文献**]

[1] 叶圣陶：《叶圣陶语文教育论集》序，教育科学出版社 1980 年版。

[2] 于漪：《弘扬人文，改革弊端》，《语文学习》1995 年第 6 期。

[3] 程红兵：《关于提高语文教学效率的理论思考》，《中学语文》1997 年第 5 期。

［4］马智强：《语文教学的世纪性思考》，《中学语文教学》1996 年第 4 期。

［5］同上。

［6］同上。

［7］同上。

［8］同上。

［9］同上。

［10］同上。

［11］同上。

［12］许更生：《一种回归本然的教学观——陈日亮语文教学思想述评》，《中学语文教学》1996 年第 11 期。

［13］同上。

［14］同上。

［15］同上。

［16］程红兵：《关于提高语文教学效率的理论思考》，《中学语文》1997 年第 5 期。

［17］同上。

［18］朱绍禹：《语文教育序文集》，北京师范大学出版社 1993 年版。

［19］佟士凡、蔡宗隽：《中学语文教改实例评介》，北方妇女儿童出版社 1991 年版。

［20］庞学光：《完整性教育的探索》，重庆出版社 1994 年版。

［21］20 世纪 80 年代、90 年代各出版社出版的语文教学改革经验编选、论文集。

［22］1990—1998 年的《中学语文教学》《语文学习》《中国教育报》《中国青年报》《光明日报》等报纸杂志登载的有关文章。

［注］本文原载吉林省中等学校教师继续教育教材《语文》，原题为《语文教育新思维》，吉林教育出版社 1999 年版。

［作者简介］刘莉萱，1950 年生，女，辽宁省葫芦岛市人，东北师范大学人文学院教授。

语文教师素养对小说教学效果的影响研究

闫振宇

[摘要] 随着社会发展和素质教育对课堂教学要求的不断提高，语文教师的教学素养变得越来越重要，本文以人教版高中语文教材为例，对高中语文名师的小说教学进行了研究，针对特定阶段、特定内容进行了探讨，在帮助教师形成适合学生学情、适合教师自身发展、适合语文学科特征的教学方法及教学手段的同时，对有效提升高中生对语言美的感知能力、对文学经典的审美能力、对自主学习的实践能力以及对学科发展的创造能力做了详细的分析。

[关键字] 高中语文；教师素养；小说教学

在我国人教版高中语文必修教材中，总共有两个小说单元，分别是必修3第一单元和必修5第一单元，必修3第一单元中选取了美国作家海明威的《老人与海》，是一篇略读课文，必修5第一单元则选取了俄国作家契诃夫的《装在套子里的人》，是一篇寓意深刻的短篇小说。在人教版高中语文必修教材中，必修3第一单元截取了《红楼梦》的第三章，必修5第一单元截取了《水浒传》的第十章，这两个章节在人物刻画、环境描写方面均有突出表现。必修教材中还有两篇现当代小说选文，分别是鲁迅的《祝福》和沈从文的《边城》。

一　外国小说教学中体现出的教师素养

我们所说的外国小说，是指除了中国以外的其他国家小说的总称，其实外国小说也可以根据地域划分出诸多类别。例如，欧洲小说主要包括英国、法国、德国等国家，欧洲小说的起源是古代希腊罗马神话，其雏形是英雄史诗；还有俄国小说，这是少数有资格以国家为单位划分的文学，不仅在世界文学史上占有重要的地位，在我国的普及率也比较高，影响比较大；再比如，北美小说包含了美国、加拿大和墨西哥等，由于历史短暂导致其在近当代的成就比较突出，且具有多元化的特点；拉丁小说则体现出明显的魔幻现实主义风格；日本小说则兼具中西双方的特征；除此之外，还有地中海小说、阿拉伯小说、印度小说等。人教版高中语文选修教材《外国小说欣赏》中则摘录了来自美国、英国、法国、俄国、苏联、巴西、印度、日本、德国、意大利、瑞典、哥伦比亚、阿根廷、奥地利的 16 篇作品，均是雨果、高尔基、托尔斯泰、加西亚·马尔克斯、卡夫卡这些卓越作家的名篇，不仅保障了小说的多样性，还兼顾了小说的审美价值、艺术价值和精神价值。我们先来看必修教材中的两篇外国小说。

（一）由知识点拓展到知识面

《老人与海》讲述了主人公古巴渔夫圣地亚哥和马林鱼的斗争，它相继获得了 1953 年美国的普利策奖和 1954 年的诺贝尔文学奖，奠定了海明威在世界文坛的地位。

在处理这篇课文时，黄玉峰老师先从诗歌切入，介绍了惠特曼的《草叶集》《我听见美洲在唱歌》，还有美国女作家薇拉·凯瑟的《啊！拓荒者》；再用电影《死亡诗社》吸引学生的注意力，因为可能有不少学生看过这部电影，所以他们能够发现这部电影中关于惠特曼的诗句"啊，船长，我的船长哟"，这种教学手段符合奥苏贝尔将新旧知识联结的理论。除了诗歌和电影，黄玉峰老师还介绍了几个关于美国总统华盛顿、林肯、富兰克林等人的故事，更加直观地向学生展示了拓荒者精神对美国崛起的重大意义,帮助学生理解精神文明对物质文明的推动作用。

黄玉峰老师主张小说教学要"全",要从教材中的选文还原到整本名著中去,切不可将课文肢解。他认为若是怕学生负担过重,则可以选择减少教师的主观分析和讲解,给学生更多的时间去阅读,学生的理解力不能依赖于教师的分析,作品的深邃性也不能依赖于教师的讲解。

(二)联系学生的生活实际

与黄玉峰老师相比,王震宇作为一名新手教师,他的课堂更加中规中矩,符合传统课堂教学模式。首先他选择播放 1958 年版《老人与海》电影中圣地亚哥和大马林鱼搏斗的片段,极具震撼力,因为电影片段和教材选段并非同一情节,所以王震宇没有从故事情节切入,而是请同学们找出和电影片段一样使人感到惊心动魄的段落,并阐述这么选的原因。接下来提出了一个很精彩的问题:大家能够产生这种惊心动魄,甚至是身临其境的感觉,是受到了哪些词的影响?这一问题极为巧妙地将学生的注意力转移到炼字用词的学习中来,由学生自己发现"踩""扎""倚""悬""掉"等字眼的精妙之处,远比教师直接找出并讲解的效果更好。

在探讨完"哪里好"以后,王震宇老师继续提出了"好在哪里"的问题——为什么海明威能写得如此精彩?作家为什么"会"写作?有的同学就发现了,海明威有过真实的捕鱼经历,可见作家的"会"是源自于对生活的细致观察。从上课开始,王老师提出的问题并不算太多,但是环环相扣,具有很强的连贯性,可见他十分善于引导学生的思维发展方向。如果说课堂的上半节是分析课文的外在,那么下半节分析的就是课文的内在,即主人公的心理描写,王震宇老师在这一部分的处理陷入了传统模式的泥淖——分段、勾画、让学生逐字逐句谈感受,与拓展延伸环节相比略显逊色。拓展延伸环节之所以使人眼前一亮,首先是因为体现出了对名著完整性的重视,王震宇老师请读过《老人与海》整部小说的同学说说还有哪些令人印象深刻的片段,这种做法不仅能够激发其他同学的兴趣,还有利于对教材中课文的宏观把握;其次是通过对圣地亚哥各个时期的表现来分析他究竟是一个什么样的人,有哪些特质,凸显了"老人"所蕴含的内在精神力量；最后是由圣地亚哥的虚拟经历延伸到海明威的现实经历，介绍了关于海明威的种种传奇事迹，甚至可以说《老人与海》这部作品是"海明威与生活"的映射，深化了文学源于生活这一理念。

除此之外，王震宇老师的教师素养还体现在他善于用表扬的手法增强学生自信心、自尊心，他的表扬不是简单的"好"或者"很棒"，而是十分具体、言之有物，比如，"你的联想能力很强啊""你读出了文字背后的东西，了不起""同学们的掌声就是对这位同学深入思考的鼓励"，针对不同的回答均有不同的赞扬。

（三）鼓励学生表达个人观点

《装在套子里的人》塑造了一个受专制制度毒化的"守法良民"形象——别里科夫，不仅控诉了封建政治制度的残酷，还从人性的角度阐述了人类尊严和人类文明在夹缝中生存的窘境。

本案例是李镇西老师于2005年在四川省成都市盐道街中学外语学校上的一节课，此时的他已经是一名极为成熟的语文教师了，不再拘泥于新手教师的授课模式，他在长期的教学实践中形成了自己的艺术风格——简洁。这种简洁首先体现在他将学习的自主权交到了学生的手中，近些年来越来越多的教育研究人员提倡在教学过程中突出学生的主体地位，将"教师教"的局面扭转为"学生学"，然而这一美好的期待难以落实到课堂实践中，尤其是高中的语文教学，但是李镇西老师却勇于让学生在民主中学会民主，他的"老规矩"是先请同学们谈一谈自己的看法，然后在学生的讨论中发现问题、解决问题。

第一个发言的同学是从人物形象的角度切入的——"我觉得这篇文章写了一个奇怪的人"，李镇西老师认为"奇怪的人"这个表述不够清晰，但是没有提出批评，而是选择了引导学生找出主人公的名字、职务，这位同学在发言的最后提到了心理描写却找不出具体的段落，面对这种局面李老师没有直接给出答案，并请同学们帮着一起找找，这是一种教学机智的体现，轻松化解发言同学的尴尬，还将更多的同学带入到对问题的思考中来。

第二位发言的同学提出"作为同样被束缚的人，别里科夫不仅不像祥林嫂那样令人同情，反而使人生厌"，还给出了自己讨厌这个人物形象的具体原因，其他同学接着也纷纷说出了对别里科夫的看法：被束缚、被禁锢、禁锢自己、妨碍他人、胆小等。此时李镇西老师提出对人物的评价要有理有据，可见他是不愿学生的思维停留在抽象分析的层面，所以引导学生贴近文本实际，立足于课文本身展开思考。面对不同的观点，李老师也采取了包容的态度，在大多数同学都认为别里科夫不讨喜的时候，有一位同学却认为别里科夫不算坏，在听完这位同学给出的理由以后，李老师不仅没有反对，还表示出一丝赞同的意味。接下来马上有同学对别里科夫的"不算坏"给出了更深层次的解读，课堂似乎成为了一个小型的辩论场，持有不同观点的同学都踊跃发言、各抒己见，此时李镇西老师依据同学们的言论提出了一个承前启后的问题："别里科夫有点儿像《祝福》里的哪个人？"这种联结新旧知识的手法非常高明，不仅巩固了已经学过的内容，加深学习印象，还能够帮助学生在已学知识的基础上展开对新知识的探索，有一定的借鉴作用。

在分析完人物特征之后展开的是人物悲剧性成因的分析，在这里李老师提出了这样一个问题："别里科夫是个老穿着雨鞋、拿着雨伞的老师，是个小人物，为什么却能够辖制学校，甚至是辖制全城？"他在本课的教学反思中表示这个问题是一个比较得意的处理，认为对这个问题的探索有利于引导学生更深入地理解当时的社会环境以及那种环境给人们造成的负面影响，然而在课堂中同学们的观点很多、很杂，有时还会表述不清，始终抓不住问题的关键，由于此时已经接近下课时间，所以李镇西老师选择了当机立断，直接亮出了自己的观点，并且有理有据有节地证明了自己的观点，向同学们介绍了自己在假期看的《哈维尔文集》，用其中的例子影射《装在套子里的人》这篇课文，并联系生活实际谈了这篇课文的现实意义。

回顾整堂课的教学过程，我们可以发现出现了许多关于《祝福》这一课的信息，《祝福》是人教版高中语文必修3第一单元中的第二篇课文，《装在套子里的人》则是人教版高中语文教材必修5第一单元的第二篇课文，然而在导入本课时李镇西老师却说："我们昨天学习了《祝福》",由此可见他对教材重新进行了规划整合,将《祝福》和《装在套子里的人》放到一起,以便于相互比较,借祥林嫂的悲剧解析别里科夫的悲剧,再辅之以《变色龙》《凡卡》《小公务员之死》,这些短篇小说中的人物塑造得都很成功,是悲剧人物、悲剧环境的典型代表,有助于学生理解《装在套子里的人》一文的深刻内涵。

也有人认为,在课堂的尾声,李镇西老师给出了自己对于小说思想内涵的观点违背了其所提倡的学生自主探究原则,实则不然。认为教师没有发言权是对"以学生为主体"的片面理解,永远不可能存在纯粹的客观教学,尤其是在语文教育领域。

当今时代,教师的价值主要体现在两个方面,一是为学生创设有益于自主探究、合作共享的学习环境,并鼓励学生勇于表达自己的观点、勇于创新、勇于实践;二是在学生误入歧途或是犹豫不决时为学生指引方向,引导学生正确的理解文本内涵,既要允许不同看法的存在,又要保证不违背文本的基本内涵,这种引导是为了拓宽学生的思路、扩大学生的视野,并非以一种高高在上的姿态要求学生接受自己的观点。

(四) 明确问题的逻辑线索

接下来的这篇案例是金传富老师的课堂实录,本篇案例受到了王荣生教授的大力推崇,并收录在他的著作《阅读教学设计的要诀——王荣生给语文教师的建议》中,对语文教师具有极大的借鉴作用。这一篇教学设计主要是由问题来引领整个课堂活动环节,教学导入十分简洁,要求每个学生根据预习至少提出两个问题,教师归纳提取其中有价值的问题应用于教学展开环节。金传富老师最终选取了 4 个重点问题,第一个是主人公是如何把自己装进套子里的?体现在哪些方面?第二个问题是除了别里科夫,文中有没有其他人也把自己装进套子里?第三个问题是什么原因导致了主人公被装在套子里?如何看待当时的俄国社会?第四个问题是这篇课文给我们以怎么样的启迪?当今社会中的我们如何才能避免被装进套子里?这四个问题的顺序是有内在逻辑的,层层递进、层层深入,由最开始立足于文本内容升华逐步升华为超脱文本内容,以人物影射时代,借虚拟启发现实。

这个案例是问题式教学法的典范，让学生自己提出问题是一个十分高明的手法，与其勉强学生将注意力集中到教师的设计中来，不如从学生感兴趣的问题出发，要教学生想学的，而不是教老师想教的，这才是对以学生为主体、尊重学生的主体地位的表现。同时，这种思路清晰、环环相扣的课堂教学过程也体现出了金传富老师娴熟的教师素养，以提出问题、分析问题、解决问题为线索，有针对性地设立本课的重点与难点，在课后作业的布置上，金老师采取了比较学习的手法，请同学们找一找《装在套子里的人》和《变色龙》的相似之处，《变色龙》是人教版初中语文教材九年级下册中的一篇课文，同样是契诃夫的作品，因此这种比较不仅能够将新旧知识融合，更有利于同学们了解契诃夫的文学风格、理解什么是批判现实主义。

二 中国小说教学中体现出的教师素养

从时间脉络划分，中国小说主要可分为古典小说和现当代小说。上古神话传说一般被认为是中国古典小说的萌芽，魏晋南北朝时期的志人志怪小说则是古典小说不断成长的有力证明，至唐朝，唐传奇的出现标志着中国古典小说的成熟，而将小说推向成就顶峰的则是明清时期的章回体小说，我国四大名著正是成书于这一时期。人教版高中语文选修教材《中国小说欣赏》则以时间和主题为脉络，共划分出十一个单元，每单元两篇选文。作为选修教材，《中国小说欣赏》极其注重与必修教材的衔接，除了母语教学、人文内涵、艺术技巧，还对"阅读快感"给予了更多的关注，尽量契合学生的阅读趣味，突出阅读与日常生活的联结。

（一）创新教学情境的设置

《祝福》是一篇短篇小说，同时也是鲁迅的代表作之一，借祥林嫂悲剧的一生抨击了封建礼教对人性的迫害，这篇小说收录于鲁迅第二部小说集《彷徨》，位列第一篇。自这篇小说问世以来，随着时代的变迁，语文教学领域对它的解读也在不断变化。

全国语文优秀教师、江苏市语文学科带头人袁卫星老师的研究方向是"生命教育",本篇教学案例是他在《祝福》这一课的第二课时的表现,我们看看他是如何从生命的角度解读"祥林嫂之死"。

在课堂伊始,袁卫星老师便在黑板上写了大大的"祥林嫂死了!"几个字,叹号的书写也比较特别,上半部分的竖好似一把匕首,而下半部分的点则像一滴鲜血,直观、形象地表达了《祝福》这篇文章的核心事件——祥林嫂之死,这是板书艺术的表现。这种表达也暗示了袁老师接下来这个问题的答案:"一个人的死亡一般可以划分为四种情况,自杀、他杀、自然死亡、意外死亡,祥林嫂的死属于哪一种?"这个问题也是这个课的核心问题,袁老师所有的教学设计都是依据这个问题而展开的。同学们的答案自然是"他杀",但是在问及具体凶手是谁时,却没有了统一的答案,有的同学认为是鲁四老爷,有的同学认为是柳妈,还有的同学认为是祥林嫂的婆家人。在同学们指出"嫌疑犯"以后,袁卫星老师还要同学们给出"犯案证据",加强了学生与文本之间的联系,使同学们的分析都依托于文本,这便于对具体语句的分析。有同学以"你放着罢,祥林嫂!"这一句指证四婶是帮凶,此时袁老师却发现了这句话的特别之处,问同学们这一句是什么句式,既从语气上明确了是感叹句,还从语序上明确了是倒装句,这里很好地表现出了教师的教学机智,适时地将一些零散的内容穿插到整体教学中,且又自然妥帖,不显生硬。

袁卫星老师还引导学生进行了多样化思考,在大家一面倒的寻找凶手时,他却问有没有不同的意见,巧妙地营造了一种为被告人寻找辩护律师的感觉,使得整个课堂像一个小法庭,在场的每一个人都是原告、每一个人都是证人、每一个人都是辩护律师,同时每一个人又都是法官。有一个同学就认为柳妈不应该是凶手,她只不过是受阶级出身和阶级意识的影响,是一种好心办坏事儿的典型代表,就算是杀人也是无意识杀人。

这节课的一大亮点是关注到了语文学科与其他学科的联结,袁卫星老师没有直接总结出柳妈的特征,而是提出"用你们历史书上的话来说,这叫什么?"这种学科联结意识在目前来看是比较少见的,虽然有教育研究人员提出这种教学手法的优越性,但是由于经验不足、对其他学科的了解较少,所以教师在实践中的应用情况并不乐观。接下来以一个同学认为祥林嫂是"自杀"为线索展开辩论，由对祥林嫂的心理状态逐步讨论到当时的社会环境对祥林嫂人生中重大选择的影响，由此引出造成祥林嫂死亡的最大因素——社会环境。并依据课文描写和课下注释描绘出了当时的社会环境究竟是什么样的，最终得出是封建礼教杀害了祥林嫂的结论。

在本节课的结尾，袁卫星老师依然延续了"虚拟法庭"的风格，庄严而不失幽默地说道："我们下节课将对'祥林嫂被杀'一案进行公开审理，请在座的各位同学对以四叔为代表的封建礼教提起公诉，并下达判决书。"以这种方式来收尾体现出了教学语言的艺术魅力，同学们也必将对自己"当律师、做法官"的经历印象深刻。

（二）促进读写的相互作用

来自四川省邛崃市平乐中学的田俊老师对《祝福》这一课第二课时的教学可以用一句话来概括——"写"出一个生命的悲哀，在关于《祝福》的诸多教学实录中，田俊老师的教学设计是比较特别的，他的教学手法是以写带读、读写结合。田老师主张语文应该慢慢学、不宜急功近利，在慢中才能品出真。他没有选择直接的分析人物，而是请同学们对人物的容貌展开描写，对祥林嫂死时的环境展开描写，为文本的解读加上了想象的翅膀。

这堂课中的"写"并非是毫无章法、让学生想到哪里写到哪里的，而是要求同学们先阅读文中相应的片段，依据已有片段展开描写。就连对问题的回答，田老师也采取了以"写"作答的方式，"面对祥林嫂的死去，人们分别是一种什么态度？从这些态度中，你读出了什么？"用写来回答这个问题，不仅能够深化学生对封建礼教的认识，还是一个极佳的议论文题目，十分巧妙地将阅读与写作融会贯通。

（三）整合教材文本的主题

《边城》是著名作家沈从文的代表作，以兼具抒情诗和小品文的优美笔触闻名于世，借船家少女翠翠的爱情故事描绘了一幅美丽的湘西画卷，彰显了人性的善良与美丽，表现出了深刻的美学艺术。

在《我的语文课堂》（下）这本书中，前三个教学实录分别是《祝福》（2005 年 3 月 25 日至 28 日）、《装在套子里的人》（2005 年 3 月 29 日）、《边城》（2005 年 4 月 1 日），在上文中我们就注意到李镇西老师重新整合规划了高中语文必修教材的学习顺序，且发现他十分注重课与课之间的联结，善于用已学知识来导入新课，在本篇教学案例中也不例外。李老师上课提出的第一个问题是："昨天我们看了《祝福》，同学在读了小说以后再看电影有什么感觉？"同学们普遍认为小说要比电影好，更接近真实的生活，而电影在经过改编后却有些变了味道，接下来师生双方就电影改编究竟好不好这个问题讨论了约 5 分钟，李老师对讨论做出了总结性评价，然后口风一转，"好，我们今天再来认识一位女性，现在一起来看《边城》"。这个导入看似突兀，但是李镇西老师精确地抓住了《祝福》和《边城》的共性，那就是讲的都是女性的故事。

在这节课中，李老师依然保持了他简洁的教学风格，直接提问同学们在读过本文后有什么感觉，学生纷纷表示"没怎么看懂""感觉朦朦胧胧"，在这种局面下，李镇西老师没有选择直接讲课文，反而表示这是一篇自读课文，不会讲太多，不过却要好好讲讲沈从文，他花费了大约 3 分钟的时间，向同学们介绍了《边城》在文学史上的地位，介绍了沈从文放弃写作转而研究中国古代服饰，介绍了沈从文小说中所蕴含的人性美，用"迎面吹来凉爽的风"这句歌词概括自己对沈从文作品的感觉，还介绍了沈从文对自己作品的评价。

在此之后，李镇西老师展开了一种普通而又特别的教学活动，说它普通是因为活动形式是朗读，说它特别却是因为李老师放弃了教材的选段，直接拿起原著进行朗读，但是受时间限制，有的地方读原文，有的地方只读片段，有时还会边读边展开评论，这种做法对教师而言是一种考验，一是在考验教师的普通话和朗读水平，二是在考验教师的审美水平，三是考验教师对这部小说的整体把握和深入理解。就这样，李镇西老师用两节课的时间读完了整部小说，最后引用了钱理群教授对鲁迅和沈从文的比较性评价，并请同学们结合教材第 24 页小方框里的话，品味沈从文在写这篇文章时的内心世界。同时，李老师也在当天下午找时间为大家播放了由《边城》改编的电影，他十分喜欢这种文本和电影相互比较的方式，在讲《祝福》这一课的时候也运用了这一手法。在教学的第二课时，李镇西老师开始将视线着眼于教材中的课文选段，请同学们随便谈关于这部作品的相关看法，也可以谈电影与原著的差异。李老师的课堂在大多数的时候都是不会预设问题的，而是以学生自己提出的问题为线索展开教学，但并非是随着学生的思路毫无章法的乱讲，而是在潜移默化中引导学生、影响学生向课文的核心靠拢。

李镇西老师的课堂教学还有几个十分明显的特征。第一，他对学生的表扬是十分具体的，针对学生的某一点予以肯定，在一堂课中绝不会出现两次完全相同的表扬。第二，他的课堂是没有批评的，只有反对意见，就算学生的看法再离谱他也不会直言"你错了"或者"这么想是不对的"，而是引导其他同学深入思考，进行反驳，在学生思维混乱时给出自己的观点，所给出的观点一定也是有强大的理论依据的。第三，他对文本的展开面十分广阔，对课文的解读也是立体的，在本节课中，李镇西老师甚至可以由湘西美好淳朴的风土人情展开至人类文明的发展，与学生探讨人类物质文明与自身精神文明之间的关系。

在课后反思中，李老师解释了他这节课这么上的用意，《边城》作为一篇自读课文，没必要过于深入、过于细致地展开讲解，它更重要的意义在于激发学生对课外阅读的兴趣，之所以要介绍那么多关于沈从文的事迹，是希望能够引起学生的好奇心，主动去阅读《边城》这一整部作品以及沈从文的其他作品，甚至是更多的经典文学。在这一点上，黄玉峰老师和李镇西老师拥有相同的观点，对课堂教学活动的设计也采取了相同的处理方式。

（四）开展小组合作的活动

有很大一部分教师都喜欢在课堂伊始明确地罗列出本节课的教学目标，便于学生把握方向，高效地完成任务。张朝霞老师不仅将这一节课的教学目标写在了黑板上，还要求学生齐读一遍，这种做法无疑能够加深学生对教学目标的记忆，为深化理解做好准备。这三个教学目标其一是品读重要情节，感受湘西的风俗之美；其二是分析人物形象，体会作品的人性之美；其三是探讨小说主题，领悟悲剧的艺术魅力。我们能够发现，这三个目标的层次是依次递进的，逻辑关系也十分严密，全面地概括了学生在学习小说过程中所必须要掌握的知识点。

这节课的开展形式，是以学生的展示交流、合作学习为主。张朝霞老师不仅在组际间合理分工，还形成了有效的评价机制，以加分的方式鼓励在课前预习中课堂任务完成度较高的小组，并给予表现良好的小组优先发言权。在这一节课中，基本形成了以教师为主导，以学生为主体的自主展示活动，学生能够做到依据自己制定的导学案，相对独立地向同学展示出自己对这一篇课文的认识与解读。

三 结 语

如今，部分教育研究人员认为高中语文小说的教学质量与课程标准的要求有一定差距，这意味着我们的高中小说教学还有很大的提升空间。目前高中语文小说的教学，普遍轻视了小说对学生人格塑造、审美养成的作用，忽视了小说对学生语文学习能力的帮助。因此，高中语文的小说教学需要转变传统的教学思维，从教师素养的角度来研究如何提升高中语文小说教学的质量，借鉴名师名家的艺术理念和艺术手法，推动高中语文小说教学的创新。教育实践经验的积累与教育理论的发展，是教师素养研究取之不尽用之不竭的源泉。近些年来，广大一线教师致力于教学改革，大胆创新，勇于做出新的尝试，不断提升自身的教学素养，对自己的成功经验进行概括总结，并无私地与教育界的其他同僚共享自己的经验。

[参考文献]

[1] [苏] 苏霍姆林斯基：《给教师的建议》，长江文艺出版社 2014 年版。

[2] 黄玉峰：《上课的学问·方法篇·语文教学优质资源的获取和运用》，江苏凤凰科学技术出版社 2015 年版。

[3] 莫林辉：《论中学语文课堂教学模式的沿革及反思》，硕士学位论文，湖南师范大学，2014 年。

［4］吕叔湘：《中学图书馆文库——语文常谈》，生活·读书·新知三联书店 2008 年版。

［作者简介］闫振宇，1993 年生，男，吉林省白山市人，东北师范大学人文学院教师。

后　记

　　这本《汉语言文学论集》，是东北师范大学人文学院的专业教师，近年来进行学术研究的部分重要成果。它是文学院中文系、对外汉语系两个系部，教师们从事专业研究的智慧结晶。它在一定程度上展示了我们现代视野中的前沿学术观点，以及在语言文学领域的探索现状。在某些学科领域可以说新意迭出、亮点闪烁，具有一定的领先性。

　　学术研究是一个大学教师文化素质的重要因素，是教学和科研创新的驱动力。学术研究所探索到的科学规律和全新理念，可能会成为认知世界的重要工具和手段，并成为科学世界观的核心灵魂。学术研究又是专业教学的基础，它是教师进行创新教学的前提，并决定其专业教学的深广度。没有学术研究的教师，不断重复着教材上的话语，只不过是一个僵化的、传声筒式的教书匠而已。这些年中国语言文学专业所获得的一系列重要成果，吉林省高等院校特色专业、品牌专业，教育部精品视频课程，吉林省高校2个教学名师、2个优秀教学团队、3门精品课程、5门优秀课程，都是学术研究给我们注入了发展能量和活力。

　　目前，学术研究的理念正在渗透所有的专业教学环节之中。我们正在加强创意写作课程的分量，推行学生的研究性学习，使用课程论文的形式来取代知识性考试方式。中文专业的核心技能写作、文本解读、话语表达、聆听，也只有在学术研究氛围中才能得到真正、切实的提升。国外大学的教学改革成果，已经有力地证明了这一点。

　　新媒介给中国语言文学的研究，带来了全新的理念、视野和革命性手段。专业和学科的传统边界正在模糊和瓦解，相互渗透和侵犯边界将成为一种常态。传统的一些理论和观念正在被颠覆，专业学科将被重组和整合。我们的学术研究会面临一个前所未有的新起点。不管是专家学者，还是年轻教师，都将在新时代的起跑线上开始新的学术探索的征程。

学术研究永远没有止境。学术的新问题层出不穷、应接不暇。我们中文专业教师，在学术研究方面做了非常有限的工作，就像是学术史长河中的一截水流，前后没有开端和终点，只是长链中的一个环节。希望后来者能够承前启后，超越我们的工作，在中国语言文学领域里开拓出全新的景观。

本学术论集的目录排序按照语言、文学、综合的顺序编排，语言和文学按照从古代到现代，从宏观到微观的体例进行编排，综合内容的论文涉及语文教育、大数据分析等交叉学科，是语言、文学在新时期应用领域的创新与发展。

在本论文集编集、出版过程中，中国社会科学出版社罗莉、刘艳编辑对文集的体例、格式等问题，提出了富有建设性的指导意见，在此表示谢忱。

编　者

2017 年 10 月 25 日